O poder da empatia

Roman Krznaric

O poder da empatia
A arte de se colocar no lugar do outro
para transformar o mundo

Tradução:
Maria Luiza X. de A. Borges

9ª reimpressão

Copyright © 2014 by Roman Krznaric

Tradução autorizada da primeira edição inglesa, publicada em 2014
por Rider, um selo da Ebury Publishing, parte da Random House Group
Company, de Londres, Inglaterra

*Grafia atualizada segundo o Acordo Ortográfico da Língua Portuguesa
de 1990, que entrou em vigor no Brasil em 2009.*

Título original
Empathy: A Handbook for Revolution

Capa
Estúdio Insólito

Preparação
Mariana Oliveira

Indexação
Gabriella Russano

Revisão
Eduardo Monteiro
Eduardo Farias

CIP-Brasil. Catalogação na publicação
Sindicato Nacional dos Editores de Livros, RJ

	Krznaric, Roman
K96p	O poder da empatia: a arte de se colocar no lugar do outro para transformar o mundo / Roman Krznaric; tradução Maria Luiza X. de A. Borges. — 1ª ed. — Rio de Janeiro: Zahar, 2015.
	il.
	Tradução de: Empathy: A Handbook for Revolution.
	Inclui bibliografia e índice
	ISBN 978-85-378-1451-2
	1. Empatia. 2. Relações humanas. I. Título.

	CDD: 152.41
15-21311	CDU: 159.942

[2022]
Todos os direitos desta edição reservados à
EDITORA SCHWARCZ S.A.
Praça Floriano, 19, sala 3001 — Cinelândia
20031-050 — Rio de Janeiro — RJ
Telefone: (21) 3993-7510
www.companhiadasletras.com.br
www.blogdacompanhia.com.br
facebook.com/editorazahar
instagram.com/editorazahar
twitter.com/editorazahar

Poderia haver maior milagre do que olharmos com os olhos do outro por um instante?

HENRY DAVID THOREAU

Sumário

O poder radical da empatia   9

HÁBITO 1: Acione seu cérebro empático   31

HÁBITO 2: Dê o salto imaginativo   64

HÁBITO 3: Busque aventuras experienciais   98

HÁBITO 4: Pratique a arte da conversação   127

HÁBITO 5: Viaje em sua poltrona   160

HÁBITO 6: Inspire uma revolução   192

O futuro da empatia   224

Notas   237
Referências bibliográficas   247
Agradecimentos   256
Índice remissivo   259

O poder radical da empatia

A revolução das relações humanas

A empatia tem a reputação de ser uma emoção vaga, agradável. Muitos a equiparam à bondade e sensibilidade emocional e à atitude afetuosa e atenciosa para com os outros. Este livro propõe uma concepção muito diferente. A empatia é, de fato, um ideal que tem o poder tanto de transformar nossas vidas quanto de promover profundas mudanças sociais. A empatia pode gerar uma revolução. Não uma daquelas revoluções antiquadas, baseadas em novas leis, instituições ou governos, mas algo muito mais radical: uma revolução das relações humanas.

Ao longo da última década, houve uma explosão de pensamento e ação empáticos no mundo todo, gerada por ativistas políticos e autores de colunas de conselhos pessoais, gurus dos negócios e líderes religiosos. Manifestantes que participaram do movimento Occupy na Grã-Bretanha e nos Estados Unidos ergueram "tendas da empatia" e promoveram oficinas sobre "ativismo empático". Uma novela de rádio em Ruanda, acompanhada toda semana por 90% da população, insere em seu enredo mensagens sobre hutus e tútsis que vivem em aldeias vizinhas, num esforço para evitar um ressurgimento da violência étnica. Centenas de milhares de crianças em idade escolar aprenderam habilidades empáticas por meio do Roots of Empathy, um programa canadense de educação hoje também praticado na Grã-Bretanha, na Nova Zelândia e outros países, que coloca bebês em sala de aula e os transforma em professores. Um empreendedor social da Alemanha criou uma rede mundial de museus em que guias cegos conduziram mais de 7 milhões de visitantes por exposições mergulhadas em total escuridão, para que passassem pela experiência de ser um deficiente visual. Todas essas iniciativas são parte de uma onda histórica de empatia que está desafiando nossas culturas extremamente individualistas e obcecadas por si mesmas, em que nos tornamos, na maioria, excessivamente absortos em nossas próprias vidas para dedicar muita atenção a qualquer outra pessoa.

Mas o que é exatamente empatia? E como ela é na prática?

Em primeiro lugar, vamos deixar claro o significado: *empatia é a arte de se colocar no lugar do outro por meio da imaginação, compreendendo seus sentimentos e perspectivas e usando essa compreensão para guiar as próprias ações.*[1] Portanto, a empatia é distinta de expressões de *compaixão* – como piedade ou o sentimento de pesar por alguém –, pois estas não envolvem a tentativa de compreender as emoções ou o ponto de vista da outra pessoa. A empatia tampouco é o mesmo que a Regra de Ouro, "Faça para os outros o que gostaria que eles fizessem para você", pois isto supõe que seus próprios interesses coincidem com os deles. George Bernard Shaw observou isso em seu estilo característico ao gracejar: "*Não* faça aos outros o que gostaria que eles lhe fizessem – eles podem ter gostos diferentes dos nossos." A empatia é uma questão de descobrir esses gostos diferentes.

Se você quer compreender exatamente o que significa dar o salto imaginativo da empatia, permita que eu lhe apresente Patricia Moore, uma figura pioneira para os ativistas empáticos de hoje. Em 1979, Moore trabalhava como designer de produtos na mais importante empresa de Nova York, a Raymond Loewy, responsável pela criação da sinuosa garrafa de Coca-Cola e pela icônica logomarca da Shell. Com 26 anos e recém-formada na faculdade, ela era a única designer do sexo feminino entre 350 homens no escritório em Manhattan. Durante uma reunião de planejamento com o propósito de promover ideias para um novo modelo de geladeira, fez uma pergunta simples: "Não poderíamos projetar a porta de tal maneira que uma pessoa com artrite pudesse abri-la com facilidade?" Um de seus colegas mais velhos virou-se para ela e respondeu com desdém: "Pattie, não projetamos para essas pessoas." A jovem ficou furiosa. O que ele queria dizer com "essas pessoas"? Exasperada com a resposta do colega, ela decidiu conduzir o que veio a ser um dos mais radicais experimentos sobre empatia do século XX. Iria descobrir como era ser uma mulher de 85 anos.

"Eu não queria ser apenas uma atriz fingindo ser uma pessoa idosa", disse-me ela, "queria uma verdadeira imersão da personagem, uma personagem empática, através do qual eu pudesse realmente me pôr na pele de outra pessoa." Assim, com a ajuda de um maquiador profissional, Moore se transformou. Aplicou sobre o rosto camadas de látex que a fizeram parecer velha e enrugada, usou óculos velados que lhe borravam a visão, obstruiu os ouvidos de modo a não poder ouvir bem, colocou suspensórios e enrolou bandagens em volta do torso para ficar encurvada, prendeu nos braços e pernas talas que a impediam de flexionar seus membros e arrematou o disfarce com sapatos desiguais que a obrigavam a ter um andar trôpego e precisar de uma bengala.

Agora estava pronta.

Patricia Moore, quando jovem, em seus vinte anos, e transformada em uma senhora de 85 anos.

Entre 1979 e 1982, Moore visitou mais de cem cidades da América do Norte encarnando seu personagem, com o objetivo de entender o mundo à sua volta e descobrir quais eram os obstáculos cotidianos que os idosos enfrentavam e como eles eram tratados. Tentou subir e descer escadas íngremes de metrô, viajar em ônibus lotados, empurrar portas pesadas de lojas de departamentos, atravessar ruas movimentadas antes que o sinal fechasse para pedestres, usar abridores de latas e, é claro, abrir geladeiras.

O resultado dessa imersão? Moore levou o design internacional de produtos para uma direção completamente nova. Com base em suas experiências, foi capaz de projetar uma série de produtos inovadores que se prestavam a ser usados por pessoas idosas, inclusive aquelas com mãos artríticas. Uma de suas invenções foi uma linha de descascadores de batatas e outros utensílios de cozinha com grossos cabos de borracha, que agora podem ser encontrados em quase toda casa. Ela é considerada a fundadora do design "inclusivo" ou "universal", em que produtos são projetados para pessoas com todos os tipos de deficiência, quer tenham cinco ou 85 anos. Moore foi além, transformando-se numa especialista no campo da gerontologia e numa influente militante pelos direitos dos cidadãos idosos: ela contribuiu para a aprovação da Lei dos Americanos Portadores de Deficiências (ADA, na sigla em inglês). Ao longo de toda a sua carreira, foi motivada mais pelo desejo de melhorar a vida de outras pessoas do que pelos atrativos do sucesso financeiro. Agora na casa dos sessenta anos, seu mais recente projeto é o planejamento de centros de reabilitação nos quais soldados americanos que retornam do Afeganistão e do Iraque com membros amputados ou lesões cerebrais possam reaprender a viver de maneira independente, praticando as mais diversas atividades, da compra de alimentos ao uso de um caixa eletrônico.

Moore tornou-se famosa por seu "modelo empático", que inspirou toda uma geração de designers, que agora reconhecem a importância de tentar olhar através dos olhos das pessoas que usarão os produtos que criam. "O design universal é movido pela empatia", diz ela, "uma compreensão de que o tamanho único não serve para todos – e foi em torno disso que toda a minha carreira girou."[2]

O poder radical da empatia

Seu experimento de viagem no tempo através de gerações é uma referência para "empatistas" do futuro. O esforço para olhar através dos olhos do outro pode ser pessoalmente desafiador – e por vezes extremamente divertido –, mas tem também extraordinário potencial como uma força para a mudança social.

Os seis hábitos de pessoas extremamente empáticas

Patricia Moore descobriu o poder da empatia nos anos 1970. Então por que de repente tantas pessoas começaram a falar sobre isso agora? A ideia da empatia não é nova. Ela ganhou proeminência pela primeira vez no século XVIII, quando o filósofo e economista escocês Adam Smith escreveu que nossa sensibilidade moral origina-se de nossa capacidade mental para "trocar de lugar com o sofredor na imaginação". Mas a recente explosão de interesse deve-se em grande medida a descobertas científicas revolucionárias sobre a natureza humana.

Nos últimos trezentos anos, pensadores influentes, de Thomas Hobbes a Sigmund Freud, vêm nos dizendo que somos criaturas egoístas por definição, preocupadas em se autoproteger, voltadas para seus próprios fins individualistas. Com o tempo, esta sombria descrição dos seres humanos tornou-se a concepção dominante na cultura ocidental. Na última década, porém, ela foi deixada de lado por evidências de que somos também *Homo empathicus* – fisicamente equipados para sentir empatia.[3] A recente descoberta de nosso ego empático é uma das histórias mais extraordinárias na ciência moderna. Vou contá-la no próximo capítulo, mas houve, em suma, avanços sem precedentes em três frentes. Neurocientistas identificaram em nosso cérebro um "conjunto de circuitos da empatia" com dez seções que, se danificado, pode restringir nossa capacidade de compreender o que outras pessoas estão sentindo. Biólogos evolucionistas mostraram que somos animais sociais que evoluímos naturalmente para ser empáticos e cooperativos, como nossos primos primatas. E psicólogos revelaram que até mesmo crianças de três anos são capazes de sair de si mesmas e ver a partir das perspectivas de outras pessoas. É evidente então que temos em nossa natureza um lado empático, tão forte quanto nossos impulsos internos egoístas.

Essa mudança radical em nossa concepção de quem e do que somos começou a se infiltrar na vida pública, inspirando um novo modo de pensar sobre como educar nossas crianças, como organizar nossas instituições e o que realmente precisamos para nosso bem-estar pessoal. "Cuidar de si mesmo" está se tornando uma aspiração ultrapassada à medida que começamos a perceber que a empatia está no cerne do ser humano. Estamos no meio de uma grande transição da era cartesiana de "Penso, logo sou" para uma era empática de "Você é, logo sou".[4]

No entanto, a despeito de toda a cobertura da mídia e da discussão pública sem precedentes sobre a empatia, resta uma questão vital sobre a qual poucas pessoas estão falando – e ela está no cerne deste livro: *Como podemos expandir nosso potencial empático?* Podemos, sem dúvida, ser fisicamente equipados para a empatia, ainda assim precisamos pensar em como ativar nossos circuitos.

Passei os últimos doze anos buscando uma resposta para essa questão, explorando pesquisas sobre a empatia em campos que vão da psicologia experimental à história social, da antropologia a estudos literários, da política à ciência do cérebro. Ao longo do caminho investiguei as vidas de "empatistas" pioneiros, muitos dos quais você encontrará nestas páginas, inclusive um revolucionário argentino, um romancista americano bestseller e o mais famoso jornalista investigativo da Europa. Fiz também trabalho de campo, conversando com pessoas de todos os meios sobre suas experiências de empatia, ou a ausência delas. Quer tenham sido enfermeiros de trauma ou banqueiros de investimento, policiais, moradores de rua do centro de Londres ou abastados donos de *plantations* da Guatemala, quase todos têm uma história para contar sobre colocar-se no lugar de outra pessoa.

O que descobri é que pessoas extremamente empáticas têm algo comum. Elas se esforçam para cultivar seis hábitos – um conjunto de atitudes e práticas diárias que animam os conjuntos de circuitos empáticos em seus

O poder radical da empatia

cérebros, permitindo-lhes compreender como outros veem o mundo. O desafio que enfrentamos, se tivermos a esperança de realizar plenamente o *Homo empathicus* que reside dentro de cada um de nós, é desenvolver esses seis hábitos o melhor que pudermos.

OS SEIS HÁBITOS DE PESSOAS EXTREMAMENTE EMPÁTICAS

Hábito 1: Acione seu cérebro empático
Mudar nossas estruturas mentais para reconhecer que a empatia está no cerne da natureza humana e pode ser expandida ao longo de nossas vidas.

Hábito 2: Dê o salto imaginativo
Fazer um esforço consciente para colocar-se no lugar de outras pessoas – inclusive no de nossos "inimigos" – para reconhecer sua humanidade, individualidade e perspectivas.

Hábito 3: Busque aventuras experienciais
Explorar vidas e culturas diferentes das nossas por meio de imersão direta, viagem empática e cooperação social.

Hábito 4: Pratique a arte da conversação
Incentivar a curiosidade por estranhos e a escuta radical, e tirar nossas máscaras emocionais.

Hábito 5: Viaje em sua poltrona
Transportarmo-nos para as mentes de outras pessoas com a ajuda da arte, da literatura, do cinema e das redes sociais na internet.

Hábito 6: Inspire uma revolução
Gerar empatia numa escala de massa para promover mudança social e estender nossas habilidades empáticas para abraçar a natureza.

Há hábitos que condizem com todos os temperamentos e personalidades, quer você seja extrovertido ou introvertido, um aventureiro disposto a correr riscos ou um *connaisseur* da intimidade e de emoções sutis. Torná-los parte de sua vida cotidiana mudará a maneira como você pensa, sente e o que faz. Você ficará fascinado ao entrar na mentalidade das pessoas e tentar descobrir por que elas pensam como pensam – seus motivos, aspirações e crenças. Sua compreensão sobre o que as move se expandirá sem limites e, como muitos dos que são extremamente empáticos, talvez você comece a achar os outros mais interessantes do que você mesmo.

Não há nada de utópico em viver segundo esses seis hábitos: a capacidade de empatizar é um dos maiores talentos ocultos que quase todo ser humano possui. Quase todos nós o temos – mesmo que nem sempre o utilizemos. Apenas uma minúscula proporção das pessoas exibe o que o psicólogo Simon Baron-Cohen chama de "zero grau de empatia". Entre elas estão os psicopatas, que têm a capacidade cognitiva de entrar em nossas mentes, mas não estabelecem ligação emocional conosco (pense em Hannibal Lecter), e pessoas com distúrbios do espectro do autismo, como síndrome de Asperger. Juntas elas correspondem a não mais do que cerca de 2% da população geral. Os outros 98% da humanidade nasceram para empatizar e são equipados para estabelecer conexão social.[5]

Também experimentamos empatia com frequência muito maior do que jamais imaginaríamos. Em geral exercitamos nosso cérebro empático todos os dias, embora muitas vezes não tenhamos consciência disso. Quando você percebe que uma nova colega de trabalho está nervosa antes de uma apresentação, tente talvez imaginar a ansiedade e a insegurança que ela está sentindo e tranquilizá-la. Você vê alguém mendigando debaixo de uma ponte, mas em vez de apenas apiedar-se (lembre-se, isso é compaixão), pense sobre como é dormir ao relento numa noite fria de inverno, com pessoas passando a seu lado sem sequer se dar ao trabalho de olhá-lo nos olhos. Mas a empatia não envolve apenas uma consciência da dor e do sofrimento à nossa volta. Ao escolher um presente de aniversário para sua tia favorita, você pensa sobre o tipo de coisa que ela realmente adoraria –

alguém com seus gostos particulares, da sua idade e meio social –, e não sobre o que você pessoalmente poderia desejar ganhar.

Estou convencido de que não podemos explicar um grande número de esferas da vida social sem reconhecer a realidade e a importância da empatia do dia a dia. Tente simplesmente imaginar um mundo em que ela não exista. Isso é quase impossível. Mães ignorariam o choro de fome de bebês recém-nascidos. Instituições filantrópicas que combatem a pobreza infantil fechariam as portas por falta de donativos. Poucos fariam o esforço de ajudar um cadeirante a abrir a porta de uma loja. Seus amigos bocejariam de tédio quando você estivesse lhes contando sobre o fim de seu casamento.

Esse mundo insensível não é aquele em que vivemos. Abra os olhos para a empatia e perceberá que ela está por toda parte, é a matéria em meio à qual nos movemos. Mas se é assim, qual é o problema? Por que deveríamos nos preocupar em cultivar os seis hábitos das pessoas extremamente empáticas? Porque neste momento da história estamos sofrendo de um "déficit de empatia" crônico, tanto na sociedade quanto em nossa vida pessoal.

Como atacar o déficit de empatia

Nas vésperas das eleições presidenciais de 2008 nos Estados Unidos, Barack Obama fez da empatia um de seus principais temas de campanha:

> Fala-se muito neste país sobre o déficit federal. Penso, porém, que deveríamos falar mais sobre nosso déficit de empatia – nossa capacidade de nos colocarmos no lugar de outra pessoa, de ver o mundo através dos olhos daqueles que são diferentes de nós: a criança que sente fome, o metalúrgico que perdeu o emprego, o imigrante que limpa seu quarto no dormitório universitário... Vivemos numa cultura que desestimula a empatia, uma cultura que com demasiada frequência nos diz que nossa principal meta na vida é ser rico, magro, jovem, famoso, seguro e estar sempre se divertindo.[6]

Embora a administração Obama possa ter tido um desempenho irregular no combate ao déficit de empatia (o campo de detenção de Guantánamo continuou aberto durante todo o seu primeiro mandato, apesar da promessa de fechá-lo), ele sem dúvida estava certo ao destacá-lo como um importante problema social. Um estudo feito na Universidade de Michigan revelou enorme declínio nos níveis de empatia nos jovens americanos entre 1980 e hoje, com a queda mais acentuada nos últimos dez anos. A mudança, dizem os pesquisadores, deve-se em parte ao fato de mais pessoas morarem sozinhas e passarem menos tempo envolvidas em atividades sociais e comunitárias que promovem a sensibilidade empática. Psicólogos perceberam também uma "epidemia de narcisismo": um em dez americanos exibe traços narcisistas de personalidade que limitam seu interesse pelas vidas de outras pessoas. Muitos analistas acreditam que países europeus estão experimentando declínios semelhantes em empatia e aumentos no narcisismo à medida que a urbanização continua a fragmentar comunidades, o engajamento cívico diminui e ideologias de livre-comércio aprofundam o individualismo.[7]

Essas tendências são especialmente preocupantes porque se acredita que o desenvolvimento de redes sociais e da cultura on-line está nos tornando mais conectados e globalmente conscientes do que em qualquer momento na história. O Facebook pode ter atraído mais de um bilhão de usuários, mas não serviu para reverter o declínio empático, e talvez esteja até contribuindo para ele. As redes sociais são boas para disseminar informação, mas – pelo menos até agora – menos competentes em difundir empatia.

Evidências do déficit de empatia na sociedade estão em toda parte. No mês em que escrevo estas palavras, mais de 5 mil civis foram mortos na guerra da Síria. Abro o jornal e leio sobre o escândalo dos padres católicos na Irlanda, acusados de molestar crianças. Novos números revelam que dois terços dos países com alta renda têm um abismo entre ricos e pobres maior do que tinham em 1980, enquanto um estudo da Universidade da Califórnia mostra que quanto mais rico você é, menos empático tende a ser – parece que nada como a riqueza para nos tornar insensíveis à privação e

O poder radical da empatia   19

ao sofrimento humano.[8] E não esqueça as negociações internacionais para reduzir as emissões de carbono que continuam sem progresso, evidência de nossa incapacidade de nos pôr no lugar de futuras gerações que terão de enfrentar as consequências de uma crise ecológica por cuja criação somos coletivamente responsáveis.

Violência política e étnica, intolerância religiosa, pobreza e fome, abusos dos direitos humanos, aquecimento global – há uma necessidade urgente de utilizar o poder da empatia para enfrentar essas crises e transpor as divisões sociais. Isso exige que pensemos sobre a empatia não apenas como uma relação entre indivíduos – como é tipicamente descrita em livros de psicologia –, mas como uma força coletiva que pode alterar os contornos da paisagem social e política.

Estou esperançoso com relação às possibilidades. Olhando para trás através da história, não há dúvida de que podemos ver momentos de enorme colapso empático, da matança das Cruzadas aos horrores do Holocausto e do genocídio ruandês. Mas houve também ondas de florescimento empático coletivo, como a revolução humanitária na Europa do século XVIII, com o desenvolvimento do movimento em prol da abolição da escravidão, o declínio da tortura no sistema judiciário, melhores condições carcerárias e crescente interesse pelos direitos das crianças e dos trabalhadores. Essa revolução moral, escreve Steven Pinker, teve raízes no "desenvolvimento da empatia e do respeito pela vida humana".[9] Deveríamos nos voltar para exemplos como este – e para outros que descreverei neste livro – em busca de inspiração e pôr a empatia a serviço do enfrentamento das grandes questões de nosso tempo.

Ao lado do déficit de empatia que aflige a sociedade contemporânea há outro menos óbvio que existe no nível de nossas vidas individuais. Esse déficit mais pessoal toma a forma de um fracasso em agarrar a enorme oportunidade que a empatia nos oferece para melhorar a qualidade de nossa existência cotidiana. Precisamos reconhecer que a empatia não apenas nos torna bons – ela nos faz bem, além disso. Muitos especialistas em bem-estar começam a reconhecer esta regra fundamental da arte de viver. Entre eles está o economista Richard Layard, que defende "o cultivo deliberado do instinto primitivo da empatia" porque "se você se importa mais com os outros que consigo mesmo, tem maior probabilidade de ser feliz". De maneira semelhante, o pensador sobre desenvolvimento pessoal Stephen Covey afirma que a "comunicação empática" é uma das chaves para o aperfeiçoamento das relações interpessoais.[10] Sendo assim, o que a empatia pode realmente fazer por nós?

Para começar, ela tem o poder de curar relações desfeitas. Tantas relações se desfazem porque pelo menos uma pessoa sente que suas necessidades e seus sentimentos não estão sendo ouvidos e compreendidos. Uma dose saudável de empatia, dizem os conselheiros de casais, é um dos melhores tratamentos disponíveis. A empatia pode também aprofundar as amizades e ajudar a criar outras – o que é especialmente útil num mundo onde uma em quatro pessoas sofre de solidão. O pensamento criativo também melhora com uma injeção de empatia, pois ela nos permite ver problemas e perspectivas que de outra maneira permaneceriam ocultos. E, como as histórias deste livro vão revelar, não há nada como olhar com os olhos do outro para nos ajudar a questionar nossas suposições e preconceitos e incitar novas maneiras de pensar sobre nossas prioridades na vida.[11]

Estes são os tipos de benefício que estão estimulando um número crescente de pessoas a adotar a empatia como filosofia de vida, transformando seus déficits pessoais de empatia num saudável excedente. Elas podem seguir o exemplo da designer Patricia Moore, que me explicou exatamente por que a empatia é tão importante:

> A empatia é uma consciência constante do fato de que nossos interesses não são os interesses de todo mundo e de que nossas necessidades não são as necessidades de todo mundo, e que algumas concessões devem ser feitas a cada momento. Não acho que empatia seja caridade, não acho que seja sacrifício pessoal, não acho que seja prescritiva. Acho que a empatia é uma maneira em permanente evolução de viver tão plenamente quanto possível, porque ela expande nosso invólucro e nos leva a novas experiências que não poderíamos esperar ou apreciar até que nos fosse dada a oportunidade.[12]

O *poder radical da empatia* 21

A empatia pode por certo ser um caminho para a boa vida, mas deveríamos também reconhecer como ela pode nos tornar bons, moldando nossas visões éticas. Há muito filósofos e pensadores sociais consideram a empatia uma das maneiras mais eficazes que temos de expandir as fronteiras de nossos universos morais. Logo após os ataques de 11 de setembro, o romancista Ian McEwan escreveu: "Imaginar como é ser uma pessoa que não nós mesmos está no cerne de nossa humanidade. É a essência da compaixão e é o princípio da moralidade."[13] Mas talvez a declaração mais famosa e influente sobre esse assunto tenha sido feita por Mahatma Gandhi, pouco antes de seu assassinato, em 1948. Ela é conhecida como o "talismã de Gandhi":

Sempre que estiver em dúvida, ou seu ego pesar demais em você, aplique o seguinte teste. Lembre-se do rosto do homem mais pobre e mais fraco que possa ter visto e pergunte a si mesmo se o passo que está pensando em dar será de alguma utilidade para ele. Ganhará ele alguma coisa com isso? Isso lhe devolverá algum controle sobre sua vida e seu destino? Em outras palavras, isso conduzirá a *swaraj* [liberdade] para os milhões de famintos e espiritualmente carentes? Você verá então suas dúvidas e seu ego desaparecerem.[14]

O experimento mental empático de Gandhi oferece um poderoso – ainda que desafiador – guia moral segundo o qual viver. Imagine só se o "talismã" estivesse enquadrado numa moldura sobre a mesa de trabalho de cada líder político, grande banqueiro e barão da mídia. Ou mesmo na nossa.

Antropólogos descobriram também que há pensamento empático na base de códigos morais em culturas pelo mundo todo. Um provérbio dos indígenas americanos cheyennes aconselha: "Não julgue seu vizinho antes de caminhar com os mocassins dele." A maior parte das línguas faladas nas ilhas do Pacífico possui expressões que denotam o sentimento de preocupação baseado na capacidade de compreender as emoções de outra pessoa e de olhar o mundo a partir de sua perspectiva, como a expressão *te nanoanga*, usada pelo povo banabano de Fiji.[15] No sul da África, a filosofia humanista do Ubuntu é conhecida por seus elementos empáticos. "Na ética do Ubuntu", explica Desmond Tutu, "ficamos diminuídos quando outros são humilhados ou diminuídos ... Ubuntu tem a ver com nossa interconexão."

Em última análise, a melhor razão para desenvolver o hábito de empatizar é que ele pode criar os laços humanos que fazem valer a pena viver. Depois que realmente reconhecemos que somos *Homo empathicus*, animais sociais que florescem em conexão, não no isolamento, faz pouco sentido reprimir o lado empático que possuímos. Nosso bem-estar depende de sairmos de nossos próprios egos e entrarmos na vida de outros, tanto pessoas que nos são próximas quanto estranhos distantes. Os prazeres que isso proporciona são reais e profundos. Sem laços empáticos somos seres menores, e apenas parte do que poderíamos ser. Ou, como se expressou o poeta John Donne no século XVII:

> Nenhum homem é uma ilha, isolado em si mesmo; cada homem é um pedaço do continente, uma parte do todo. Se um torrão é arrastado pelo mar, a Europa fica menor, tal como se fosse um promontório, tal como se fosse o solar de teus amigos ou o teu próprio: a morte de qualquer homem me diminui, porque faço parte do gênero humano, e por isso nunca procures saber por quem os sinos dobram; eles dobram por ti.

Da introspecção à "outrospecção"

Aonde chegamos até agora? Em poucas palavras, empatia é importante. Precisamos ir além de uma compreensão científica da empatia e reconhecer que ela é uma ferramenta poderosa que pode tanto criar mudança social radical quanto dar maior profundidade e significado às nossas vidas. Isso deveria ser causa suficiente para colocá-la bem no topo de nossa "lista de tarefas". Mas antes de dar início à exploração dos seis hábitos de pessoas empáticas, há um panorama que precisamos levar em consideração, uma razão abrangente pela qual a empatia merece estar no centro de nosso

O poder radical da empatia

modo de abordar a arte de viver: ela é o antídoto para o individualismo absorto em si mesmo que herdamos do século passado.

Penso no século XX como a Era de Introspecção. Foi a era em que a indústria da autoajuda e a cultura da terapia promoveram a ideia de que a melhor maneira de compreendermos quem éramos, e como deveríamos viver, era olhar para dentro de nós e nos concentrarmos em nossos sentimentos, experiências e desejos. Essa filosofia individualista, que passou a dominar a cultura ocidental, não conseguiu proporcionar a boa vida à maioria das pessoas. Por isso o século XXI precisa ser diferente. Em vez de introspecção, deveríamos criar a Era da Outrospecção, na qual encontramos um melhor equilíbrio entre olhar para dentro e olhar para fora. Por "outrospecção" entendo a ideia de descobrir quem somos e como devemos viver saindo de nós mesmos e explorando as vidas e perspectivas de outras pessoas.[16] E a forma de arte essencial para a Era da Outrospecção é a empatia. Não estou sugerindo que deveríamos rejeitar por completo a introspecção. Podemos claramente aprender muito sobre nós mesmos por meio de autorreflexão, e um exame cuidadoso de nossos pensamentos e ações pode ajudar a nos libertar de preconceitos e traços egoístas que refreiam nossa empatia. O problema é que o pêndulo avançou demais em direção à introspecção. Permita-me explicar.

Uma das consequências da revolução freudiana foi popularizar o olhar para dentro, em especial a ideia de solucionar problemas pessoais investigando o mundo interior inconsciente de nossa infância, de nossos sonhos e lembranças esquecidas. Essa crença na importância de buscar dentro de nós tornou-se um princípio essencial de várias formas de psicanálise e terapia que se desenvolveram nos anos após a morte de Freud, em 1939.

O rápido desenvolvimento da cultura da terapia foi impressionante, em particular nos Estados Unidos. Em 1940, 4% da população americana havia tentado a psicoterapia, mas no final dos anos 1950 esse número crescera para 14%. Entre 1950 e 1975 o número de terapeutas em atividade multiplicou-se por oito. Mais extraordinária ainda foi a crescente proporção de pessoas que frequentava um psicoterapeuta não para lidar com doenças mentais como a depressão, mas para encontrar sentido e conexão humana em suas vidas. "Os americanos estavam cada vez mais substituindo aqueles que tradicionalmente ajudavam a resolver o problema – amigos e confidentes – por terapeutas de curto prazo", segundo o estudioso da medicina Ronald W. Dworkin, de modo que nos anos 1970 "o terapeuta havia se tornado na vida americana um amigo substituto para pessoas infelizes".[17]

Um observador astuto desse fenômeno foi o filósofo australiano Peter Singer. Após mudar-se para Nova York nos anos 1970, ele ficou impressionado com o grande número de colegas acadêmicos que estavam fazendo terapia. Muitas vezes eles viam seu terapeuta diariamente, e alguns chegavam a gastar até um quarto de seus salários anuais para desfrutar o privilégio. Singer achou estranho que essas pessoas não parecessem nada mais nem menos perturbadas que seus amigos e colegas de trabalho em Melbourne ou Oxford. Diante disso, perguntou-lhes por que faziam aquilo. "Eles disseram que se sentiam reprimidos", lembrou Singer, "ou tinham tensões psicológicas não resolvidas, ou achavam a vida sem sentido."

O problema, escreveu Singer, é que temos pouca probabilidade de encontrar sentido e propósito olhando para dentro de nós mesmos:

> Pessoas passam anos em psicanálise, muitas vezes de maneira completamente infrutífera, porque os psicanalistas são formados no dogma freudiano que os ensina a situar os problemas nos estados inconscientes dos próprios pacientes e a tentar resolver esses problemas por introspecção. Assim os pacientes são orientados a olhar para dentro de si mesmos quando deveriam, na realidade, estar olhando para fora ... A obsessão com o eu foi o erro psicológico característico da geração dos anos 1970 e 1980. Não nego que problemas do eu sejam vitalmente importantes; o erro consiste em procurar respostas para esses problemas concentrando-se no eu.

Singer pensava que seus colegas estariam se sentindo muito mais felizes caso se dedicassem a uma causa que fosse maior do que eles mesmos. "Se esses nova-iorquinos competentes e afluentes tivessem apenas se levantado dos divãs de seus analistas, parado de pensar sobre seus próprios problemas e saído para fazer alguma coisa com relação aos problemas reais

O *poder radical da empatia*

enfrentados por pessoas menos afortunadas em Bangladesh ou na Etiópia – ou mesmo em Manhattan", escreveu ele, "eles teriam se esquecido de seus problemas e talvez tornado o mundo um lugar melhor também."[18]

Singer foi longe demais em sua rejeição à introspecção. A maioria de nós reconhece que olhar para dentro, e para o passado, pode ajudar a descobrir muitíssimo sobre quem somos. Igualmente, a boa terapia tem o poder de transformar nossas vidas (como fez com a minha). No entanto, Singer foi um dos primeiros pensadores a perceber que talvez não estejamos sabendo equilibrar as coisas, e que estaríamos precisando de um movimento para fora – o que chamo de "outrospecção" – para descobrir a boa vida.

Ele não estava sozinho em sua atitude cética em relação à introspecção. A seu lado estava o crítico cultural Tom Wolfe, que descreveu os anos 1970 como a "década do eu", quando a obsessão com o ego atingiu novos níveis históricos:

> O velho sonho alquímico era transformar metais sem valor em ouro. O novo sonho alquímico é: transformar a própria personalidade – refazer, remodelar, elevar e polir nosso próprio ego ... e observá-lo, estudá-lo e babar por ele. (Eu!)[19]

Wolfe afirmou que trinta anos de prosperidade econômica pós-guerra haviam libertado um bom número de pessoas de preocupações materiais cotidianas para criar um *boom* no narcisismo. Um número cada vez maior de gente estava olhando no espelho de seus próprios sentimentos e desejos. Isso era expresso não apenas na popularidade da psicanálise, mas em movimentos comunais de terapia como Grupos de Encontro e o EST (Erhard Seminars Training), bem como círculos de ioga e retiros para meditação.

A introspecção começou a permear a sociedade ocidental. Expressões como "autoaperfeiçoamento", "autorrealização", "autoajuda" e "fortalecimento pessoal" tornaram-se parte da conversa cotidiana. O radicalismo político dos anos 1960 deu lugar, pouco a pouco, a uma preocupação com o "estilo de vida" individual. Acrescentada à mistura havia a crescente influência da cultura de consumo, que se alimentava da maior obsessão pelo eu ("Compre um carro que expresse quem você é!"). Cada vez mais, as pessoas expressavam sua identidade pessoal por meio do consumo de luxo, que lhes dava uma prova de fortuna, status e privilégio. Foi um ideal sintetizado pelo slogan da artista Barbara Kruger: "Compro, logo sou."[20] O resultado foi toda uma geração atraída pela ideia de que a satisfação do interesse pessoal – especialmente a satisfação de desejos materiais – era o caminho ideal para a felicidade. "O que há aí para mim?" tornou-se a questão que definia a época.

Essa abordagem introspectiva, auto-orientada, à arte de viver refletiu-se na nova onda de pensamento sobre a "felicidade" que emergiu no final dos anos 1990. Suas figuras fundamentais formulavam tipicamente a busca da felicidade como uma atividade individualista e punham a satisfação pessoal num pedestal. Por exemplo, o livro de Martin Seligman *Felicidade autêntica* (2002) tem o subtítulo "Usando a nova psicologia positiva para a realização permanente", ao passo que *Seja mais feliz* (2007), de Tal Ben-Shahar, tem o subtítulo "Aprenda os segredos da alegria de cada dia e da satisfação permanente". Esses livros são sobre "eu", não sobre "nós". Eles são os descendentes diretos da "década do eu" dos anos 1970.

Ben-Shahar, cujo curso sobre felicidade em Harvard foi um dos mais requisitados na história recente da universidade, é franco sobre sua filosofia: "Não sou nenhum altruísta", insiste ele, "a principal razão para que eu faça alguma coisa – seja passar o tempo com meus amigos ou realizar um trabalho filantrópico – é o fato de ela me fazer feliz." Nossas ações, escreve ele, "deveriam ser guiadas pelo interesse pessoal", não pela "moralidade do dever". As ideias de Ben-Shahar refletem as da pensadora libertária de direita Ayn Rand – ele fundou uma organização em Harvard para difundir as ideias dela – e exemplificam a abordagem extremamente individualista e autocentrada preferida por muitos dos gurus da felicidade de hoje.[21] Embora alguns pensadores sobre a felicidade como Martin Seligman tenham uma perspectiva mais ampla e discutam a importância de ter empatia e compaixão pelos outros, para a maioria traços como estes raramente estão no centro do palco, e são em geral considerados um meio para o fim da realização pessoal.[22]

A tragédia é que a Era da Introspecção, com seu intenso foco no eu, não conduziu a sociedade ocidental à terra prometida da felicidade. Apesar das prateleiras cheias no setor de autoajuda das livrarias e de uma avalanche de conselhos bem-intencionados de especialistas em felicidade, inúmeras pessoas ainda sentem que falta alguma coisa em suas vidas, e que elas não estão levando tudo a que têm direito do raro dom da existência. As evidências são esmagadoras. Os níveis de satisfação com a vida praticamente não se elevaram nos países ocidentais, apesar de mais de meio século de crescente abundância material. Mais da metade dos trabalhadores sentem-se insatisfeitos em seus empregos. A taxa média de divórcio alcançou 50%. E há uma maré crescente de depressão e ansiedade: cerca de uma em quatro pessoas na Europa e nos Estados Unidos experimentará um problema de saúde mental em algum ponto da vida.[23] Isso dificilmente poderia ser descrito como uma situação feliz.

Chegou a hora de ir além da Era da Introspecção e tentar algo diferente. Há mais de 2 mil anos, Sócrates aconselhou que o melhor caminho para viver bem e com sabedoria era o "conhece-te a ti mesmo". Pensamos

Para conhecer a si mesmo é preciso tanto
introspecção quanto outrospecção.[24]

convencionalmente que isso exige autorreflexão: que olhemos para dentro de nós e contemplemos nossas almas. Mas podemos também passar a nos conhecer saindo de nós mesmos e aprendendo sobre vidas e culturas diferentes das nossas. É hora de forjar a Era da Outrospecção, e a empatia é nossa maior esperança para fazer isso.

O desafio empático

Mas não sejamos ingênuos. A empatia não é uma panaceia universal para todos os problemas do mundo, nem para todas as lutas que enfrentamos em nossas vidas. É importante ser realista com relação ao que ela pode e não pode realizar. É por isso que, à medida que explorarmos os seis hábitos de pessoas extremamente empáticas, estarei também tratando dos desafios. É possível ter excesso de empatia? A empatia não pode ser usada para manipular pessoas? Podemos realmente aprender a nos tornar mais empáticos? E o que dizer sobre a tendência de nos preocuparmos muito mais com os que estão mais próximos de nós e nos são mais caros do que com aqueles que vivem em lugares distantes sobre os quais pouco sabemos?[25]

Esses desafios também existem para mim num nível pessoal. Não estou escrevendo este livro como alguém que dominou a arte da empatia e que pratica todos os seis hábitos com facilidade. Longe disso.

Comecei a me interessar por empatia aos vinte e poucos anos, após viver um curto período com indígenas maias refugiados na selva guatemalteca, logo ao sul da fronteira mexicana. Vi crianças morrendo por não ter acesso algum a cuidados médicos. Ouvi casos sobre massacres levados a cabo pelo Exército. O fato de testemunhar a privação e a insegurança que eles enfrentavam na vida diária fez com que eu despertasse para a empatia. Mais tarde, como cientista político e sociólogo, convenci-me, pouco a pouco, de que a maneira mais eficaz de promover uma profunda mudança social não era pelos meios tradicionais da política partidária e pela introdução de novas leis e políticas, mas pela mudança do modo como as pessoas se tratavam umas às outras num plano individual – em outras palavras, por meio da empatia.

Mas foi só depois de deixar o mundo acadêmico e pesquisar a empatia por cerca de cinco anos que finalmente compreendi por que ela era tão importante para mim. Um dia eu estava pensando sobre como fora afetado pela morte de minha mãe, quando eu tinha dez anos. Não só perdi a maior parte de minhas lembranças de antes dessa idade – como ocorre com frequência em casos de trauma na infância –, mas me tornei também muito arredio emocionalmente. Achava difícil me sensibilizar com o sofrimento de outras pessoas, assim como sentir suas alegrias. Eu raramente chorava, e sentia-me extremamente distante de todos. Enquanto meditava sobre isso, de repente tive uma epifania. Meu interesse por empatia não se devia simplesmente ao que eu havia visto na Guatemala ou a quaisquer conclusões acadêmicas a que tinha chegado sobre mudança social, mas originava-se realmente de um desejo inconsciente de recobrar o eu empático que havia perdido quando criança.

Assim continuo procurando maneiras para acionar os circuitos empáticos embutidos no meu cérebro e atingir meu potencial empático o mais plenamente possível.

O conceito de empatia tem diferentes conotações morais. Mas quando mergulhamos na exploração dos seis hábitos podemos pensar na experiência de empatia mais como uma forma original e estimulante de viagem. Por que não ser ousado e viajar para a vida de outra pessoa, e ver como isso afeta quem você é e quem deseja ser? Em vez de se perguntar "para onde posso ir da próxima vez?", pergunte "no lugar de quem posso me pôr da próxima vez?". Espero que este livro o inspire a embarcar em inesperadas viagens empáticas, conduzindo-o a destinos que não podem ser encontrados em nenhum guia turístico. Se um número suficiente de nós nos tornarmos viajantes empáticos, é provável que descubramos que estamos transformando o mundo em que vivemos.

HÁBITO 1

Acione seu cérebro empático

Ficção científica ou fato científico?

Stardate 3196. A nave espacial USS *Enterprise*, sob o comando do capitão James T. Kirk, foi enviada para uma colônia mineradora no planeta Janus VI para investigar relatos sobre uma estranha criatura que havia recentemente matado cinquenta mineiros e estava destruindo equipamento precioso. O capitão Kirk e seu leal imediato vulcano, Spock, deparam com a criatura, que se parece com um pedaço de rocha fundida, num profundo túnel subterrâneo. Eles disparam nela suas pistolas *phaser*, e a criatura ferida foge precipitadamente. Logo depois, Kirk tropeça numa câmera cheia do que parecem ser milhares de pedrinhas redondas de silício – e lá está a criatura de novo. Mas agora está ferida e não representa grande ameaça. Como Kirk gostaria de poder se comunicar com ela para compreender seu comportamento violento, Spock se oferece para ajudar.

– Capitão, já ouviu falar da técnica vulcana de unir duas mentes? – pergunta ele. Em seguida Spock põe lentamente as mãos sobre a criatura, fecha os olhos e concentra-se em conectar-se com a mente dela. – Dor! Dor! Dor! – grita de repente, cambaleando para trás.

A partir desse breve momento de contato empático, Spock fica sabendo que a criatura se chama Horta e está angustiada porque os mineiros, sem perceber, têm esmagado seus bebês – que estão prestes a eclodir das "pedras" redondas de silício espalhadas por toda parte na mina. Fora unicamente para proteger seus ovos que Horta os atacava.

Tendo descoberto isso, o capitão Kirk diz aos mineiros para simplesmente deixar os ovos de Horta em paz, e com isso ela os deixará em paz para desenterrar o precioso mineral que procuram. Assim termina "O diabo na escuridão", um clássico episódio de 1968 da série original de *Jornada nas estrelas*. As habilidades vulcanas de "fusão mental" de Spock foram a salvação.

Ficção científica ou fato científico? Os seres humanos podem não ter a habilidade empática da espécie vulcana de pôr os próprios dedos sobre o crânio de outra pessoa e compreender seus pensamentos e emoções, no entanto, uma das mais empolgantes descobertas da ciência moderna é que somos muito mais parecidos com os vulcanos do que jamais havíamos imaginado. Esqueça a ideia darwiniana tradicional de que somos basicamente motivados por interesse pessoal e uma pulsão agressiva de autopreservação – uma visão de nós mesmos como *Homo autocentricus*. A imagem da natureza humana que está surgindo é que somos, exatamente na mesma medida, *Homo empathicus*, com uma capacidade natural para unir nossas mentes com outras.

O desenvolvimento de nossas capacidades empáticas requer a apreensão dessa realidade sobre quem somos. Precisamos mudar nossa atitude subjacente – o que o sociólogo alemão Karl Mannheim chamou de nossa *Weltanschauung* ou "visão de mundo" – e reconhecer essa parte de nós que a cultura ocidental vem negligenciando há tanto tempo. Se continuarmos dizendo que somos pouco mais do que criaturas egoístas, temos uma chance exígua de nos tornarmos algum dia diferentes disso em algum grau. Uma das melhores maneiras de mudar nosso pensamento é aprender sobre a fascinante descoberta do *Homo empathicus*. Por isso este capítulo revela a história pouco conhecida de como finalmente encontramos nossos egos empáticos. Ela começa com as teorias de um filósofo do século XVII e nos leva às mais recentes pesquisas cerebrais sobre neurônios-espelho, passando pela história da psicologia, estudos de bebês que ficaram órfãos e a vida emocional de chimpanzés.

O primeiro hábito de pessoas extremamente empáticas é "acionar o cérebro empático", isto é, abraçar essa compreensão mais sofisticada da natureza humana. Trata-se de reconhecer duas coisas. Primeiro, que a capacidade de empatizar é parte de nossa herança genética, com raízes pro-

Hábito 1: Acione seu cérebro empático

fundas em nosso passado evolucionista. E, segundo, que a empatia pode ser expandida ao longo de nossas vidas – nunca é tarde para nos incorporarmos à revolução da empatia. Implantar essas ideias de modo profundo em nossas psiques é o alicerce perfeito para desenvolver os outros cinco hábitos das pessoas extremamente empáticas, preparando nossas mentes para nos pormos no lugar de outras pessoas.

Por onde devemos começar a aprender sobre nosso cérebro empático? Explorando as origens de uma das mais poderosas peças de propaganda cultural na história moderna: que os seres humanos são essencialmente egoístas.

Isso é da natureza humana, não é?

Tendemos a ser pessimistas, até cínicos, com relação a outras pessoas. Dados de levantamentos realizados em todos os países ocidentais mostram que costumamos pensar que "a maioria das pessoas não merece confiança" e "as pessoas em sua maioria só cuidam de si mesmas".[1] O pressuposto de que somos essencialmente egoístas está tão arraigado em nossas mentes que mal o notamos. "Oh, isso é da natureza humana", dizem – uma expressão reservada para descrever comportamento ofensivo, autocentrado ou negativo sob algum outro aspecto. Por outro lado, quando testemunhamos gestos de cuidado e generosidade, nunca damos de ombros e dizemos: "Bem, o que você esperava? É simplesmente da natureza humana ser generoso."[2] Empatia, bondade e outras formas de comportamento benevolente são vistas em geral como exceção, não como regra.

Não é surpreendente, no entanto, que essa visão da natureza humana seja tão difundida. Em parte ela reflete a realidade de que temos de fato um lado inato egoísta e agressivo. Mas é também a história sobre a natureza humana que nos foi vendida por pensadores influentes por mais de três séculos – é nossa herança cultural, uma ideologia que se infiltrou pouco a pouco em nosso imaginário coletivo. Revelar quem é responsável por ela é o início da redescoberta de nossos egos empáticos. Há quatro suspeitos principais.

No pensamento ocidental moderno, a narrativa do egoísmo começa com o filósofo inglês Thomas Hobbes, cujo livro *Leviatã*, de 1651, afirmou que se seres humanos fossem deixados num "estado de natureza" – sem nenhuma forma de governo – o resultado seria uma "guerra de todos contra todos" e a vida seria "solitária, pobre, sórdida, embrutecida e curta". Sua conclusão foi que criaturas inerentemente egoístas e violentas como nós precisavam de um governo autoritário para controlá-las. Embora Hobbes estivesse tentando fazer afirmações universais, suas ideias eram em grande parte um produto de seu tempo: o retrato negativo que traçou da natureza humana foi, sem dúvida, influenciado pelo fato de ter escrito o livro durante a sangrenta Guerra Civil Inglesa. Isso não impediu, porém, que *Leviatã* se tornasse uma das obras mais importantes da história intelectual ocidental – ela ainda estava no topo da bibliografia exigida quando estudei política no final dos anos 1980.

Durante o século XVIII, a ideologia do egoísmo encontrou um novo defensor no pensador escocês do Iluminismo Adam Smith. Ele é uma figura incomum nesta história, pois também desempenhou um papel decisivo na construção do modo de compreender a empatia. No entanto, suas ideias sobre o assunto (que serão reveladas em breve) foram quase completamente eclipsadas por sua teoria radical do egoísmo que apareceu em *A riqueza das nações* (1776). Smith sustentou que se compradores e vendedores numa economia se dedicassem a maximizar seu ganho, os bens e os serviços seriam distribuídos por uma "mão invisível" atendendo ao interesse da comunidade como um todo da melhor forma. "Buscando o próprio interesse", escreveu Smith, um indivíduo "muitas vezes promove o da sociedade mais efetivamente do que quando realmente pretende promovê-lo". O poder dessa ideia estava em oferecer uma justificativa econômica e política enfática para que se agisse em conformidade com os próprios interesses pessoais, o que explica a popularidade de Smith em meio às elites empresariais e políticas durante a Revolução Industrial. A mão invisível tornou-se mais tarde um pilar do pensamento econômico neoclássico, que alcançou a proeminência na segunda metade do século XX e encontrou sua expressão política nas ideologias do livre-comércio

Hábito 1: Acione seu cérebro empático / 35

do thatcherismo e do reaganismo. Seus principais expoentes, como o aristocrata austríaco Friedrich von Hayek, fizeram eco a Smith afirmando que "se formos guiados unicamente pelo esforço para ganhar, mais beneficiaremos nossos semelhantes".[3]

Considerou-se que *A origem das espécies*, de Charles Darwin, publicado em 1859, confirmava tudo o que Hobbes e Smith afirmavam. A teoria da seleção natural e da "luta pela existência" reforçou a narrativa sobre o egoísmo humano inato: competição, e não cooperação, era a força condutora de nossa história evolucionária. Essa interpretação simplista das ideias de Darwin – ele tinha, na realidade, uma visão mais nuançada da natureza humana – foi popularizada por "darwinistas sociais" como o filósofo inglês Herbert Spencer, que cunhou a expressão "sobrevivência dos mais aptos". Os ricos, acreditava Spencer, não precisavam se sentir culpados por sua riqueza, pois ela era o resultado inevitável de seu talento e superioridade naturais. Seus livros foram um sucesso de venda nos Estados Unidos. "Spencer foi o evangelho americano", escreveu o economista John Kenneth Galbraith, "porque suas ideias eram condizentes com as necessidades do capitalismo americano."[4] As teorias de Darwin ganharam uma nova interpretação nos anos 1970 quando o biólogo evolucionista Richard Dawkins sugeriu que os seres humanos eram, na realidade, "máquinas para passar genes adiante".[5] Sua metáfora do "gene egoísta" – embora ele nunca tenha pretendido sugerir que os genes tinham de fato vontades próprias – tornou-se um slogan célebre da ciência pop que corresponde estreitamente à longa história da ideia de que o egoísmo estava profundamente incorporado em nossos seres.

Uma última figura decisiva cuja obra ajudou a cimentar essa história em mentes ocidentais foi Sigmund Freud. Em textos como *O mal-estar na civilização* (1930), Freud estava decidido a despir a natureza humana de quaisquer ilusões românticas, especialmente à luz da Guerra Mundial por que a Europa acabara de passar. Foi mordaz, em particular, em relação ao mandamento de "amar ao próximo como a si mesmo", pois "nada contraria tão fortemente a natureza original do homem". "Os homens não são criaturas bondosas", escreveu ele, tendo antes uma "inclinação à agressão".

Até bebês, afirmou, tinham uma cruel tendência a buscar seu interesse pessoal. Como Hobbes, Freud acreditava que sem controles adequados o homem se torna "um animal selvagem para quem a consideração de sua própria espécie é algo estranho". Ele é impelido por sua libido e agressão não a amar seu próximo, mas "a usá-lo sexualmente sem seu consentimento, a apoderar-se de seus bens, a humilhá-lo, causar-lhe dor, torturá-lo e a matá-lo".[6] Não sobra muito lugar para a empatia nessa visão erotizada da natureza humana.

Portanto cá estamos nós no início do século XXI, saturados há mais de trezentos anos pela mensagem preponderante de que o interesse pessoal define em última análise o que somos. E há pouca dúvida de que essa mensagem foi plenamente absorvida pela cultura ocidental. Nossa linguagem está juncada de expressões que reforçam uma imagem sombria da humanidade, de "cada um por si" a "os bonzinhos se dão mal". Faça um curso de economia e o pressuposto central será que os seres humanos são atores racionais e egoístas. Abra um jornal e terá maior probabilidade de ler notícias de conflitos que de cooperação – atos de empatia raramente fazem as manchetes. Os filmes de Hollywood especializam-se em nos servir uma dieta de violência cotidiana e brutalidade, muitas vezes sob o eufemismo de "filmes de ação". As crianças passam rapidamente da leitura de histórias sobre os bichinhos da fazenda para o jogo de videogame em que o objetivo costuma ser atirar e matar, como se estivessem presas num pesadelo hobbesiano. De alguma maneira consideramos tudo isso perfeitamente normal.

Sob o contínuo ataque intelectual desse quarteto de poderosos pensadores – Hobbes, Smith, Darwin e Freud – e seus seguidores, a ideia de que podemos ser fisicamente equipados para a empatia tanto quanto para o egoísmo teve pouca chance de emergir e florescer. A grande tragédia é que, até agora, só nos apresentaram uma descrição parcial da natureza humana – uma descrição que se concentra em nossos egos egoístas, *Homo autocentricus*. Como se explica então que hoje estejamos ouvindo falar tanto do *Homo empathicus*? Qual é a história de como descobrimos nossos cérebros empáticos?

Psicologia infantil e a descoberta do *Homo empathicus*

Surpreendentemente, quando buscamos as raízes do pensamento empático na cultura ocidental, descobrimos que elas remontam a alguns dos mesmíssimos autores cujos escritos foram usados para nos vender a narrativa da busca do interesse pessoal. Adam Smith pode ter afirmado, em *A riqueza das nações*, que a busca do interesse pessoal era boa para a sociedade, mas em outra obra publicada dezessete anos antes, *Teoria dos sentimentos morais* (1759), ele ofereceu uma descrição mais complexa e completa da motivação humana, que foi em parte um revide à visão pessimista de Hobbes do estado de natureza.[7] "Por mais egoísta que se suponha o homem", diz Smith, "evidentemente há alguns princípios em sua natureza que o fazem interessar-se pela sorte dos outros e considerar a felicidade deles necessária para si mesmo, ainda que nada extraia dela senão o prazer de contemplá-la." Isto é seguido pela primeira teoria da empatia – na época chamada de "compaixão" – plenamente desenvolvida do mundo, em que Smith afirmou que temos uma capacidade natural para nos pormos no lugar de outras pessoas, o que ele descreveu memoravelmente como "trocar de lugar com o sofredor na imaginação". Suas ideias foram reforçadas por seu contemporâneo escocês, o filósofo David Hume, que afirmou existir em cada um de nós "alguma partícula da pomba, misturada à nossa estrutura, junto com os elementos do lobo e da serpente".

Darwin também estava perfeitamente ciente de que a vida cotidiana não era permeada por um egoísmo empedernido, e reconheceu que temos um lado mais benevolente. Ele percebeu a sociabilidade de muitos mamíferos – por exemplo, a maneira como cães e cavalos ficavam infelizes quando separados de seus companheiros – e acreditava que havia também um "instinto social" enraizado nos seres humanos, o que explicava por que alguém pode se precipitar num edifício em chamas para salvar um estranho, mesmo que com isso ponha a própria vida em risco. Nos anos seguintes à publicação de *A origem das espécies*, Darwin se convenceu de que cooperação e reciprocidade eram tão essenciais quanto a competição para o processo evolucionário. Lamentavelmente, esse lado mais empático de seu pensamento, que apareceu em livros como *A descendência do homem* (1871), foi levado muito pouco em conta na época, e agora estamos apenas começando a recuperá-lo.[8]

Smith e Darwin simplesmente não podiam ignorar a verdade óbvia de que somos animais sociais que se importam profundamente com outras pessoas e com frequência agem no interesse delas, muitas vezes em detrimento de si mesmos. Eles podiam ver isto no interesse pelas próprias famílias e amigos, mas foram também testemunhas do surgimento de organizações humanitárias nos séculos XVIII e XIX, como as destinadas a combater o abandono de crianças. No entanto, vozes poderosas na sociedade estavam pouco dispostas a ouvir o que eles tinham a dizer sobre o *Homo empathicus*. A história sobre o egoísmo era muito mais convincente, especialmente para políticos que estavam apenas minimamente interessados no bem-estar humano e para industriais que precisavam de mão de obra barata para encher suas fábricas.

Foi só no início do século XX, quando a psicologia estava se tornando uma ciência estabelecida, que o conceito de empatia começou a receber a atenção que merecia. As origens da palavra inglesa *"empathy"** podem ser encontradas no termo alemão *Einfühlung*, que significa literalmente "sentir em". O termo foi popularizado no século XIX por um filósofo alemão, hoje esquecido, chamado Theodor Lipps (que era muito admirado por Freud), como um conceito em estética filosófica que se referia à nossa capacidade de "sentir em" obras de arte e na natureza e ter uma reação emocional, em vez de racional, a elas. Em 1909, o psicólogo americano Edward Titchener decidiu que era hora de *Einfühlung* ter um equivalente inglês, por isso inventou a palavra *"empathy"* (baseada no grego antigo *empatheia*, que significa *"in"* + *"sofrimento"*). Desse momento em diante, o significado de *empathy*** sofreu uma série de metamorfoses, criando uma herança linguística complexa que requer algum esclarecimento.

---

* Da qual provavelmente deriva a nossa palavra "empatia", segundo o dicionário Houaiss. (N.T.)

** A palavra empatia, traduzindo *empathy*, só foi introduzida na língua portuguesa em 1958, segundo o dicionário Houaiss. (N.T.)

Hábito 1: Acione seu cérebro empático

Os psicólogos rapidamente passaram a usá-lo fora da esfera da arte para denotar uma forma de mímica. Um livro-texto de psicologia muito difundido nos anos 1930 contém a fotografia de um atleta de salto com vara transpondo a barra, com espectadores de pé abaixo dele levantando inconscientemente a perna no ar e retesando o rosto, como se estivessem dando o salto eles mesmos. A foto tem a legenda "Empatia". Em seguida o autor conta sobre como é comum a plateia imitar as expressões faciais de um orador de pé à sua frente – as pessoas podem, por exemplo, sorrir involuntariamente quando o orador sorri. Isso também é descrito como um exemplo clássico de empatia.[9]

Dos anos 1940 em diante, porém, esses dois significados iniciais – como uma maneira de apreciar arte e como mímica emocional – deram lugar às duas abordagens à empatia que você encontrará com mais frequência em livros de psicologia atualmente: empatia como *adoção de perspectiva* (por vezes chamada "empatia cognitiva") e empatia como *resposta emocional compartilhada* (conhecida como "empatia afetiva"). Sendo assim, o que significam e de onde vêm esses conceitos?

A grande guinada no pensamento sobre empatia cognitiva se deu em 1948, quando o psicólogo infantil suíço Jean Piaget publicou os resultados de um experimento conhecido como "A tarefa das três montanhas". Um modelo tridimensional de uma cena de montanhas era apresentado a crianças de várias idades, que em seguida eram solicitadas a escolher qual de várias imagens representava o que um boneco veria a partir de várias posições no modelo. As crianças com menos de quatro anos tenderam a escolher a visão do modelo a partir de sua própria perspectiva, não daquela do boneco, ao passo que crianças mais velhas foram capazes de se colocar no lugar do boneco. A interpretação que Piaget deu a isso foi que as crianças mais novas ainda eram incapazes de considerar o ponto de vista de outra pessoa.

O consenso atual na pesquisa sobre empatia, que se baseia nos estudos pioneiros da percepção visual de Piaget, é que crianças de dois ou três anos têm uma capacidade rudimentar de imaginar outras perspectivas além da sua própria.[10] Vi isso em meus filhos gêmeos. Quando eles tinham cerca de dezoito meses, se meu filho chorava, a irmã tentava consolá-lo dando-lhe seu próprio cachorrinho de brinquedo. Mas depois que chegaram aos 24 meses, se ele estivesse chorando, a irmã não lhe oferecia mais seu próprio cachorrinho, mas compreendia que ele ficaria muito mais feliz se ela lhe oferecesse o gatinho de brinquedo favorito dele. É isso que está em jogo na empatia cognitiva, ou adoção de perspectiva (por vezes conhecida também como "teoria da mente"). Ela envolve a realização de um salto imaginativo e o reconhecimento de que outras pessoas têm gostos, experiências e visões de mundo diferentes dos nossos. O fato de a empatia cognitiva desenvolver-se naturalmente na primeira infância – no momento em que a distinção entre eu e outro começa a surgir – nos revela que os seres humanos são inerentemente criaturas sociais fisicamente equipadas para a empatia. Não é só o dr. Spock que é capaz de ler a mente de outra pessoa.

O segundo tipo de empatia, "empatia afetiva", envolve menos a capacidade cognitiva de compreender "as razões por trás do comportamento de

A empatia cognitiva é uma questão de ver o mundo
da perspectiva de outros, tal como neste experimento
arquitetônico dos anos 1950. Estudantes projetaram
móveis gigantescos para compreender como uma criança
poderia perceber e vivenciar o quarto de um adulto.

Hábito 1: Acione seu cérebro empático 41

uma pessoa" do que a de compartilhar ou espelhar suas emoções. Assim, quando vejo minha filha chorar angustiada e também sinto angústia, estou experimentando empatia afetiva. Se, por outro lado, percebo sua angústia, mas sinto uma emoção diferente, como piedade ("Oh, pobrezinha", eu poderia pensar), estou sentindo compaixão, não empatia. A compaixão refere-se tipicamente a uma reação emocional não compartilhada. Talvez você tenha notado que a definição de empatia que usei no início deste livro combina os elementos tanto afetivos quanto cognitivos: empatia envolve pôr-se na pele de outra pessoa, ganhando uma compreensão de seus sentimentos (o aspecto afetivo) e perspectivas (o aspecto cognitivo), e usar essa compreensão para guiar nossas ações. Na prática, ambas as formas de empatia estão estreitamente entrelaçadas.

Esta definição dual que reconhece tanto a forma cognitiva quanto a afetiva de empatia ajuda a elucidar duas confusões comuns. Primeiro, uma crítica frequente à empatia é que ela pode ser usada para "manipular" pessoas. A preocupação aqui é que um *serial killer* poderia tentar compreender a mente de suas vítimas para atraí-las para a morte. Mas o que o assassino psicopata faz é dar apenas o passo cognitivo para se pôr na pele de outra pessoa, sem nenhum compartilhamento afetivo de suas emoções ou preocupação com seu bem-estar. Usar percepções cognitivas para manipular pessoas com fins interesseiros não pode ser interpretado como empatia por nenhuma definição sensata e completa da palavra.

Uma segunda confusão é que as pessoas muitas vezes usam os termos empatia e compaixão como se fossem intercambiáveis. Embora se sobreponham em alguns aspectos, são conceitos distintos. A origem latina da palavra "compaixão" significa "sofrer com outrem". Isso é diferente de empatia, que pode incluir o compartilhamento tanto do sofrimento quanto das alegrias de outra pessoa. Além disso, a ênfase em compaixão incide sobre a conexão afetiva com o outro – sentir suas emoções – e em geral não inclui dar um salto cognitivo para compreender como suas crenças, experiências e ideias podem ser diferentes das nossas. A palavra compaixão é também usada com frequência para designar reações compassivas como piedade ou misericórdia, que estão fora da esfera da empatia. Apesar dessas diferenças, em algumas tradições culturais e religiosas empatia e compaixão estão estreitamente interligadas. As noções budistas de compaixão, por exemplo, geralmente enfatizam a importância de compreender empaticamente as perspectivas e visões de mundo de outras pessoas. Em geral, porém, deveríamos resistir a usar empatia e compaixão como sinônimos.

A distinção entre empatia cognitiva e afetiva pode nos ajudar a pensar sobre uma questão muito debatida: as mulheres são mais naturalmente empáticas que os homens? O psicólogo Simon Baron-Cohen pensa que sim. Após constatar que as mulheres em geral têm pontuações mais altas que os homens em testes usuais de empatia, ele fez uma declaração ousada: "O cérebro feminino é predominantemente equipado para a empatia. O cérebro masculino é predominantemente equipado para compreender e construir sistemas." Em sua concepção, as mulheres são boas em relacionamentos e emoções, ao passo que os homens são relativamente melhores em tarefas analíticas e mecânicas. Essa divisão entre os gêneros, evidente desde tenra infância, não poderia a seu ver ser plenamente explicada por forças culturais como o ataque maciço de anúncios de brinquedos estereotipados segundo o gênero ou comportamentos e expectativas dos pais.[11]

Por acaso isso significa que você deveria jogar este livro longe, pois se for homem não adianta tentar empatizar, e se for mulher tem de qualquer maneira uma habilidade natural para isso? Claro que não. Para início de conversa, estudos como o de Baron-Cohen não dizem que mulheres são melhores que homens para empatizar, mas que isso ocorre em média – ou seja, alguns homens são extremamente empáticos, assim como algumas mulheres não são. Além disso, a maioria das mensurações é projetada para avaliar mais a empatia afetiva que a cognitiva. Elas se concentram em nossa capacidade de reagir aos sentimentos uns dos outros, por isso fazem perguntas como "Você percebe se alguém está mascarando suas verdadeiras emoções?" ou "Você fica perturbado se vê pessoas sofrendo em noticiários?".[12] Há poucas evidências de que homens e mulheres diferem substancialmente na capacidade cognitiva de se colocar no lugar de outra pessoa. Uma razão final para abordar diferenças de gênero com cautela é que a verdadeira questão não é o grau de empatia com que nascemos,

Hábito 1: Acione seu cérebro empático

mas quanto estamos dispostos e somos capazes de aumentá-lo. Aumentar nossa capacidade de ver o mundo através dos olhos do outro tem muito mais a ver com os passos que damos do que com o sexo a que por acaso pertencemos.

Retornando à história de como o conceito de empatia se desenvolveu na psicologia moderna, por volta da mesma época em que Piaget experimentava com bonecos, pesquisadores faziam descobertas surpreendentes – e perturbadoras – sobre como as emoções e a sociabilidade se desenvolvem na primeira infância, em especial a capacidade de empatia afetiva. Em 1945, o psicanalista austro-americano René Spitz conduziu um dos primeiros estudos sobre privação maternal e emocional, em duas creches diferentes nos Estados Unidos. A primeira era um orfanato em que os bebês eram mantidos limpos e bem alimentados, mas, como era comum em instituições desse gênero na época, tinham o mínimo de contato físico e emocional com seus cuidadores. As amas raramente os pegavam no colo e chegava-se a pendurar lençóis entre os berços para evitar a difusão de germes. As crianças passavam o dia em isolamento quase completo, sem praticamente nenhuma estimulação humana. E o que aconteceu foi isso: apesar de receberem bons cuidados físicos, 34 dos 91 bebês morreram antes de completar dois anos. A outra creche ficava numa prisão, mas todos os dias as mães presidiárias tinham permissão para visitar seus bebês, pegá-los no colo e brincar com eles. Os padrões de higiene podiam não ser igualmente elevados na prisão, mas nenhum dos bebês morreu. Dois anos depois, Spitz argumentou em favor de sua ideia de maneira ainda mais vívida num filme que mostrava bebês que já sorriam ao chegar a um orfanato, mas dentro de semanas haviam se tornado aturdidos e tristes, roendo estranhamente as próprias mãos e perdendo peso; após apenas alguns meses haviam sido reduzidos a pequenas conchas emaciadas, imóveis e inexpressivas.[13]

A chocante pesquisa de Spitz revelou que a afeição humana pode ser ainda mais decisiva para a sobrevivência que alimento e abrigo, ou ter pelo menos igual importância em nossa hierarquia de necessidades. Seu trabalho foi levado um pouco adiante pelo psiquiatra britânico John

Bowlby, cuja "teoria do apego" tentou explicar o que Spitz descobrira. Nos anos 1950, Bowlby mostrou que a relação precoce de uma criança com sua mãe (ou principal cuidador) era decisiva para seu desenvolvimento emocional e mental. Se um bebê não recebe um carinho intenso, em particular em seu primeiro ano de vida, "há risco para sua felicidade e saúde futuras".[14] Esse é um período fundamental no qual o bebê começa a aprender as habilidades básicas da comunicação humana, como ler expressões faciais e também identificar e regular seus sentimentos. Quando o bebê é privado de afeição segura – ou teme perder a figura com quem desenvolveu uma ligação afetuosa, tal como um dos pais –, em anos posteriores pode desenvolver uma série de padrões de comportamento problemáticos, de ansiedade e indiferença emocional a agressão e traços sociopáticos. Portanto, se uma pessoa teve pais indiferentes ou sem disponibilidade emocional na infância (por exemplo, pais que deixam o bebê "chorar até se cansar" quando angustiado), isso pode ter impacto sobre sua própria sensibilidade ao estresse, resultando em acessos de comportamento violento.[15]

O trabalho de Bowlby foi uma contestação direta dos freudianos, que continuavam obcecados pela ideia de que somos motivados basicamente por nossos desejos materiais e sexuais. Em contraste, Bowlby deslocou o pensamento sobre a natureza humana, sugerindo que a necessidade de companhia e sociabilidade estava no cerne de nossa existência, ou que, nas palavras da psicoterapeuta Sue Gerhardt, "todo ser humano nasce buscando uma conexão emocional, uma ligação afetuosa com um adulto protetor que sintonizará com ele e responderá a ele".[16] A pesquisa de Bowlby, juntamente com a de outros psicólogos como Mary Ainsworth, também ofereceu dois achados vitais para nossa compreensão da empatia. Primeiro, a falta de ligação afetuosa segura tolhe o desenvolvimento da empatia, em especial a capacidade de estabelecer conexão emocional com o sentimento de outras pessoas, o que é a base da empatia afetiva. Segundo, uma das maneiras mais eficientes para cultivar capacidades emocionais como empatia em crianças é demonstrar-lhes empatia como figuras parentais. Como explica o psicólogo Alan Sroufe:

Hábito 1: Acione seu cérebro empático

Como se obtém uma criança empática? Obtém-se uma criança empática não tentando ensiná-la e admoestando-a a ser empática, obtém-se uma criança empática sendo empático com ela. A compreensão que a criança tem de relacionamentos só pode ser formada a partir dos relacionamentos que experimentou.[17]

As ideias de Bowlby sobre ligação afetuosa, apesar de terem sido extremamente controversas na época, tornaram-se muito aceitas hoje entre psicólogos infantis e especialistas em educação infantil. Mas para qualquer pessoa interessada em desenvolver empatia, essa poderia ser uma notícia desapontadora. Se não fomos inundados de afeição e empatia quando bebês, significa que temos pouca chance de expandir nossa empatia quando adolescentes ou adultos? Será tarde demais para tornar-se *Homo empathicus*, levando-se em conta o número de uma em três pessoas que cresceu sem relações afetuosas seguras?[18]

Não se inquiete. Ainda que os primeiros anos de vida sejam um período intenso e voltado para o estabelecimento dos circuitos em nossos cérebros, certamente ainda é possível estender nossa empatia quando ficamos mais velhos. Torna-se apenas um pouco mais difícil, pois desenvolvemos maneiras habituais de reagir, pensar e nos comportar que são resistentes ao exercício de nossa imaginação empática. Como Bowlby observou, "a mudança continua ao longo de todo o ciclo da vida" – nas circunstâncias certas, com o estímulo certo, podemos superar os limites da relação afetuosa insegura.[19] Trabalhando a nosso favor existe o fato de que temos todos um potencial empático latente que nos foi introduzido por nossa história evolucionária e nossa composição genética. E isso nos conduz ao estágio seguinte na história de como descobrimos o *Homo empathicus*. Depois dos avanços feitos na psicologia nos anos 1940 e 1950, nas duas últimas décadas biólogos evolucionistas e neurocientistas têm estado na linha de frente de descobertas explosivas sobre as origens e a natureza da empatia.

Entre em contato com seu macaco interior

Em 1902, Piotr Kropotkin – que conseguia ser ao mesmo tempo anarquista revolucionário e célebre cientista – escreveu um livro chamado *Ajuda mútua: um fator de evolução*. Um opositor das ideias darwinianas ortodoxas sobre a luta competitiva pela existência, Kropotkin afirmou que a cooperação e a ajuda mútua são exatamente tão importantes quanto a competição no processo evolucionário. Ele mostrou como a maior parte das espécies animais, de formigas a pelicanos, de marmotas a seres humanos, exibe tendências cooperativas como compartilhamento de comida e proteção mútua contra predadores, o que lhes permite sobreviver e florescer. Cavalos selvagens e bois-almiscarados, por exemplo, formam um círculo em torno de seus filhotes para protegê-los do ataque de lobos.[20]

Assim que *Ajuda mútua* foi publicado, Kropotkin foi considerado um excêntrico, mas ele estava apenas um século à frente de seu tempo. Hoje suas ideias tornaram-se dominantes entre biólogos evolucionistas, muitos dos quais acreditam que a empatia é uma das chaves para a compreensão da história cooperativa que ele identificou. Entre eles se destaca o primatologista holandês Frans de Waal, que foi eleito uma das Pessoas Mais Influentes do Mundo Hoje pela *Time Magazine*. Mas por que um especialista em chimpanzés deveria receber tamanha honraria? Porque sua pesquisa desde meados dos anos 1990 pôs de cabeça para baixo a velha imagem hobbesiana e darwiniana da natureza humana ao mostrar que empatia é uma capacidade natural numa variedade de animais como gorilas, chimpanzés, elefantes, golfinhos – e seres humanos. De Waal fez mais que qualquer outra pessoa no planeta para nos alertar para a existência do *Homo empathicus*.

Perguntei a De Waal por que se interessava tanto pela evolução da empatia. "Ninguém nega que os seres humanos são agressivos – de fato, eu nos considero um dos primatas mais agressivos", respondeu ele.[21] Mas o primatologista acredita que deveríamos tomar o mesmo cuidado para não pensarmos em nós mesmos simplesmente como macacos assassinos: "Ouvimos muitos absurdos sobre sermos inerentemente agressivos e predestinados a fazer guerra." De fato, ele ressalta que somos geneticamente

Hábito 1: Acione seu cérebro empático 47

muito próximos dos pacíficos bonobos, que, com seu jeito hippie, exibem traços empáticos mais fortes que outros primatas, como os chimpanzés. "A empatia é tão instintiva em nós", declara, "que qualquer pessoa desprovida dela nos dá a impressão de ser perigosa ou mentalmente doente."[22]

De Waal afirma que a empatia é tão básica para a espécie humana e se desenvolve em idade tão precoce – como as pesquisas psicológicas de Bowlby e Piaget revelaram – que é improvável que ela só tenha emergido quando nossa linhagem se separou da dos macacos. Por causa de nossa ancestralidade compartilhada, podemos aprender sobre a longa história evolucionária da empatia em seres humanos estudando-a em nossos parentes primatas.

Hoje as evidências da empatia em outras espécies são esmagadoras, explicou-me De Waal. "Desde os anos 1990, tantos estudos foram conduzidos por outros e por minha equipe que está ficando difícil acompanhá-los. Reunimos milhares de observações do chamado comportamento de consolo em chimpanzés. Assim que um deles fica acabrunhado – perdeu uma luta, caiu de uma árvore, encontrou uma cobra – outros se aproximam para tranquilizá-lo. Eles abraçam o chimpanzé aflito ou tentam acalmá-lo com um beijo e penteação." Esse é exatamente o tipo de sensibilidade emocional observado pela primatologista Dian Fossey quando ela passou treze anos, entre as décadas de 1970 e 1980, vivendo com gorilas nas florestas pluviais úmidas das montanhas Virunga, na África Central.

Mas como sabemos que essas respostas são realmente baseadas em empatia e não em alguma outra emoção? De Waal acha muito provável que haja empatia em ação, ideia que defende com uma história sobre uma chimpanzé fêmea bonobo chamada Kuni, que encontrou um pássaro ferido que havia se chocado contra a parede de vidro de seu viveiro no Twycross Zoo, na Inglaterra. Kuni levou o pássaro até o alto de uma árvore, tomando especial cuidado para lhe abrir bem as asas antes de lançá-lo para fora. Como o pássaro não conseguiu alçar voo acima do vidro, Kuni o abrigou até o fim do dia, quando ele finalmente voou para um lugar seguro. Para De Waal essa foi uma demonstração perfeita de alguém se pondo no lugar do outro. "Tendo visto pássaros voarem muitas vezes, ela parecia ter uma noção do que seria bom para ele, dando assim um exemplo antropoide da 'troca de lugar com o sofredor na imaginação' de Adam Smith."[23]

De Waal também me descreveu um de seus últimos experimentos de laboratório revelando evidências de comportamento altruístico motivado por empatia. Dois macacos-capuchinhos foram postos lado a lado. Um deles precisava fazer permutas com os pesquisadores usando pequenas fichas de plástico. O teste decisivo veio quando foram oferecidas aos macacos duas opções de fichas de cores e significados diferentes: uma ficha era "egoísta", a outra, "pró-social". Se pegasse a ficha egoísta, o macaco que fazia as permutas ganhava um pequeno pedaço de maçã em troca de sua devolução, mas seu parceiro não ganhava nada. A ficha pró-social, por outro lado, recompensava os dois macacos igualmente ao mesmo tempo. Pouco a pouco os macacos passaram a preferir a ficha pró-social, mostrando quanto se importavam com o bem-estar uns dos outros. Isso não era baseado no medo de possíveis repercussões, explicou De Waal, porque observou-se que os macacos mais dominantes – com menos a temer – eram na realidade os mais generosos.

Esse experimento assemelhou-se a uma das mais famosas demonstrações iniciais da empatia animal. Em 1964, o psiquiatra Jules Masserman relatou que macacos *Rhesus* se recusavam a puxar uma corrente que lhes dava comida se ela também desse um choque elétrico em um companheiro. Um macaco parou de puxar a corrente por doze dias após ver outro receber o choque – ele realmente se submeteu à inanição para evitar causar dano ao companheiro.[24]

Com base em sua experiência de décadas estudando primatas, De Waal afirma que a empatia provavelmente se desenvolveu nos seres humanos por duas razões. Primeiro, para assegurar que atendêssemos às necessidades de nossos filhos: se a mãe não reagisse apropriadamente aos choros de fome do filho, a vida do bebê seria posta em risco. "Durante os 180 milhões de anos da evolução dos mamíferos", diz De Waal, "fêmeas que atendiam às necessidades de seus filhos tinham prole maior do que as frias e distantes." Segundo, fazendo eco a Kropotkin, para sustentar a assistência mútua exigida pela sobrevivência do indivíduo e do grupo:

Hábito 1: Acione seu cérebro empático

em ambientes primitivos severos, por exemplo, a empatia permitia a seres humanos cooperar para assegurar que todos na comunidade tivessem o suficiente para comer. "Uma cooperação satisfatória requer uma fina sintonia com os estados emocionais e os objetivos de outros", observa De Waal.[25] Suas ideias sobre a importância da cooperação no processo evolucionário foram corroboradas pelas crescentes evidências de que ela existe até no nível celular. Algumas das bactérias mais primitivas formavam cordões em que certas células em cada filamento morriam para alimentar suas vizinhas com nitrogênio.[26]

De Waal não se satisfaz, contudo, enterrando seus achados em artigos para revistas acadêmicas. Como seu predecessor Piotr Kropotkin, que pensava que a sociedade devia ser organizada em bases mais comunais e cooperativas para refletir as tendências cooperativas existentes na natureza humana, ele também acredita que seu trabalho tem implicações para a maneira de projetar o tipo de sociedade que pode nos fazer florescer:

> Não suporto as muitas referências à biologia feitas por conservadores nos Estados Unidos. Eles usam a biologia como uma conveniente justificativa para suas políticas, dizendo que como a natureza se baseia numa "luta pela vida", devemos construir nossas sociedades em torno do egoísmo e da competição. Eles leem o que querem na natureza, e sinto que é meu dever mostrar que entendem tudo errado. Há muitos animais que sobrevivem graças à cooperação, e nossa espécie em particular provém de uma longa linhagem de ancestrais que dependiam uns dos outros. Empatia e solidariedade estão incutidas em nós, logo, o projeto de nossa sociedade deve refletir esse lado da espécie humana também.

Em sua visão, é um erro considerar a economia de livre-comércio de certa forma "natural". Na verdade, "é preciso arrancar a empatia das pessoas mediante doutrinação para chegar a posições capitalistas extremas", ele sustenta.[27] De Waal acredita também que a empatia tem o poder de erodir nossas culturas da violência e do racismo e de expandir as fronteiras de nossa preocupação moral. "A empatia é uma arma presente no repertório humano capaz de nos livrar da maldição da xenofobia", segundo De Waal. "Se pudéssemos conseguir ver as pessoas de outros continentes como partes de nós, atraindo-as para nosso círculo de reciprocidade e empatia, estaríamos desenvolvendo nossas naturezas, em vez de ir contra elas."[28]

As pesquisas de De Waal são daquelas que operam mudanças de paradigma. No século XVII, Galileu chocou a sociedade europeia demonstrando que a Terra não estava no centro do Universo, com o Sol e os planetas girando à nossa volta. De Waal revelou algo igualmente revolucionário: que a natureza humana não gira simplesmente em torno do interesse pessoal. A empatia está no centro de quem somos. Faz centenas de milhares de anos que o *Homo empathicus* anda pela Terra. Nossa tarefa é criar o tipo de mundo que permita, em vez de impedir, o florescimento de nosso eu empático.

O cérebro empático dissecado

Graças às descobertas dos psicólogos infantis e primatologistas, demos grandes passos em nossa compreensão da empatia no último século. A descrição hobbesiana convencional da natureza humana não parece mais sustentável, ou sequer sensata. Mas há outra fonte de evidências à qual ainda estamos por recorrer: a atividade neural dentro de nosso cérebro. Desde a virada do milênio, a neurociência tem sido o campo mais criativo na pesquisa da empatia. Está claro agora que até o cérebro de Thomas Hobbes estava fisicamente equipado para a empatia. Mas o que os cientistas realmente descobriram dentro de nosso crânio? E o que suas descobertas revelam – ou deixam de revelar – sobre o modo como a empatia realmente funciona em seres humanos?

Nosso ponto de partida deve ser um laboratório na Universidade de Parma, na Itália, em agosto de 1990. Uma equipe de neurocientistas liderada por Giacomo Rizzolatti estava conduzindo experimentos em macacos do gênero *Macaca*, em cujos cérebros havia sido implantado um eletrodo fino como um fio de cabelo. Eles registraram que uma região particular do

Hábito 1: Acione seu cérebro empático

córtex pré-motor era ativada quando um macaco pegava um amendoim. Depois, num desses bizarros momentos de serendipidade científica, notaram que a mesma região se iluminou quando o macaco viu por acaso um dos pesquisadores pegar uma castanha – embora o próprio macaco não tivesse se movido um centímetro. O cérebro reagia como se o macaco tivesse ele mesmo pegado a castanha. Rizzolatti e seus colegas simplesmente não acreditaram no que viram. Mas experimentos subsequentes com macacos, e também com seres humanos – usando mapeamento funcional por ressonância magnética (fMRI, na sigla em inglês) –, produziram exatamente os mesmos resultados.

Eles haviam descoberto acidentalmente os "neurônios-espelho". Trata-se de neurônios que são ativados tanto quando estamos experimentando algo (como dor) como quando vemos outra pessoa passando pela mesma experiência. Pessoas com grande número de células-espelho tendem a ser mais empáticas, em especial em termos de compartilhar emoções. Segundo Rizzolatti, "os neurônios-espelho nos permitem compreender as mentes de outros não por meio de raciocínio conceitual, mas por meio de simulação direta". O eminente neurocientista Vilayanur Ramachandran comparou a descoberta dos neurônios-espelho com a revelação da dupla-hélice: "Prevejo que neurônios-espelho farão pela psicologia o que o DNA fez para a biologia."[29]

Uma das figuras mais importantes na pesquisa contemporânea do neurônio-espelho é Christian Keysers, chefe do Social Brain Lab no Netherlands Institute for Neuroscience, que fez parte da equipe de Rizzolatti em Parma. Pedi-lhe que explicasse o que torna os neurônios-espelho tão importantes:

A questão que me fascina é como compreendemos outras pessoas. Muitas vezes eu simplesmente olho minha mulher e sei no mesmo instante como ela se sente (e, assim, se estou em apuros ou não...). Os filmes de Hollywood são um bom exemplo também: o coração bate mais depressa quando você vê uma tarântula rastejar pelo peito de James Bond no filme *Dr. No*, as mãos suam e a pele formiga sob as patas do animal. Sem esforço, você sente o que

Bond sente. Como? Foi isso que descobrimos ao identificar os neurônios-espelho: nosso cérebro espelha o estado de outras pessoas. Compreender o que elas sentem torna-se então uma questão de compreender o que você sente agora no lugar delas. A neurociência descobriu a empatia.

Permita-me ser ousado e dizer que isso nos conta uma nova história sobre a natureza humana. Como ocidentais, em particular, fomos criados para centrar nosso pensamento em indivíduos – direitos individuais, realizações individuais. Mas se você chama o estado de seu cérebro de sua identidade (e eu o faria), o que nossa pesquisa mostra é que grande parte dessa identidade é de fato o que acontece nas mentes de outras pessoas. Minha personalidade é o resultado de meu ambiente social. O destino de outros colore meus próprios sentimentos e, por conseguinte, minhas decisões. Eu é na realidade nós. A neurociência reintroduziu o "nós" no cérebro. Isso não é uma garantia (e minha mulher vai concordar) de que algumas de minhas ações não serão egoístas e interesseiras, mas mostra que o egoísmo e a busca do interesse pessoal não são as únicas forças que dirigem nossos cérebros. Somos animais sociais num grau que a maioria não suspeitava apenas uma década atrás.[30]

Você consegue sentir esta aranha rastejando pela sua pele?

Hábito 1: Acione seu cérebro empático

A existência de neurônios-espelho sugere uma redefinição radical do que significa ser humano: os limites do eu estendem-se muito além da constituição física de carne e osso. Se Keysers e seus colegas estiverem certos, estamos em perpétuo estado de fusão mental vulcana sem sequer percebermos, e nossos cérebros estão refletindo constantemente o que sentimos no mundo à nossa volta, seja o rosto de uma criança que chora ou uma aranha que rasteja pelo peito de Sean Connery. Nossa constituição neurológica também molda nosso comportamento ético, como nossa capacidade de seguir a Regra de Ouro. "A neurociência nos mostra os limites de nossa empatia natural", afirma Keysers, "por isso éticas que sugerem 'trate os outros como eles gostariam de ser tratados' são mais difíceis de seguir que aquelas que sugerem 'trate os outros como você gostaria de ser tratado'."

Embora sejam sem dúvida fascinantes, os neurônios-espelho são apenas o início de nossa compreensão do cérebro empático. Na verdade, alguns pesquisadores acreditam que eles estão recebendo mais atenção do que merecem. Isso ocorre em parte porque os estudos sobre os neurônios-espelho se concentram em geral no modo como compartilhamos emoções (empatia afetiva), mais do que na adoção da perspectiva do outro (empatia cognitiva), dando-nos uma explicação desequilibrada do modo como a empatia funciona no nível neurológico. Mas ocorre também porque, nas palavras do psicólogo Steven Pinker, de Harvard, a descoberta de neurônios-espelho criou "uma extraordinária bolha de sensacionalismo". Neurocientistas e jornalistas científicos, ele ressalta,

> anunciaram os neurônios-espelho como a base biológica da linguagem, da intencionalidade, da imitação, do aprendizado cultural, dos modismos e das modas, do entusiasmo dos fãs de esportes, da oração pelo outro, e, é claro, da empatia. Um probleminha para a teoria do neurônio-espelho é que o animal em que esses neurônios foram descobertos, o macaco *Rhesus*, é uma especiezinha má, sem nenhum traço discernível de empatia.[31]

O psicólogo e especialista em autismo Simon Baron-Cohen, de Cambridge, embora seja menos crítico que Pinker, também recomenda cautela.

"Algumas pessoas concluem rapidamente que somente neurônios-espelho podem ser igualados a empatia", diz Baron-Cohen, mas na realidade o sistema de neurônios-espelho "talvez encerre apenas os elementos básicos para a empatia". Os neurônios-espelho estão, por exemplo, envolvidos na mímica – como quando bocejamos involuntariamente ao ver alguém bocejar, ou do mesmo modo abrimos nossa boca quando, ao alimentar um bebê, o vemos fazer isso. Mas "a empatia parece ser mais do que esse mero espelhamento automático", sugere Baron-Cohen. Ela abrange certamente um envolvimento ativo na compreensão das emoções e dos estados mentais do outro, e no modo como eles se relacionam com os nossos.

A grande ideia de Baron-Cohen – a qual está se tornando o consenso neste campo de estudo – é que os neurônios-espelho são parte de um "circuito da empatia" muito mais complexo, compreendendo pelo menos dez regiões cerebrais interconectadas. Se uma dessas regiões é danificada ou não se desenvolve da maneira apropriada, nossas capacidades empáticas podem ficar prejudicadas. Um famoso paciente neurológico conhecido como S.M., que apresenta um dano muito específico na amígdala, é incapaz de reconhecer a emoção de medo nos rostos de outras pessoas, apesar de possuir uma inteligência normal sob os demais aspectos. De maneira semelhante, pessoas com transtorno de personalidade limítrofe, que normalmente apresentam baixos níveis de empatia, podem ter amígdalas menores que a média, uma falta de ligação de neurotransmissores com um dos receptores de serotonina e relativamente pouca atividade neural no córtex orbitofrontal e no córtex temporal.[32]

Neurocientistas da Universidade de Washington ampliaram nossa compreensão do circuito. Eles encontraram áreas cerebrais essenciais estreitamente associadas com a empatia cognitiva, ou de adoção de perspectiva, que estimulam a atividade em regiões conhecidas como cingulado posterior/pré-cúneos e a junção temporoparietal direita. Na prática isso significa, por exemplo, que partes específicas do cérebro ficam ativas quando pensamos em prender o dedo numa porta; quando pensamos sobre isso acontecer com outra pessoa, porém, além de algumas das mesmas regiões processadoras de dor ficarem ativas, outras zonas sensíveis para a empatia

Hábito 1: Acione seu cérebro empático 55

cognitiva são ativadas também. Segundo os pesquisadores, essas maneiras distintivas segundo as quais nosso cérebro reage à nossa própria dor e à de outras pessoas revelam que "a empatia não envolve uma fusão Eu-Outro completa", e pode ser "o que nos permite distinguir nossas respostas empáticas a outros de nosso próprio sofrimento pessoal".[33]

O neurologista e economista Paul Zak vai além mostrando que o hormônio oxitocina (aquele que as mães liberam quando amamentam, mas que está também presente em homens) pode gerar ação empática. A oxitocina é bem conhecida por seus efeitos sociais. Estudos com arganazes-do-campo, que formam vínculos monogâmicos vitalícios, mostram que eles liberam mais oxitocina durante o sexo que outras espécies que não o fazem; o bloqueio do hormônio em arganazes-do-campo impede a formação de relações exclusivas duradouras entre macho e fêmea. Em se tratando de seres humanos, situações particulares, como ver alguém em sofrimento moderado, provocam a liberação de oxitocina no cérebro – juntamente com as substâncias neuroquímicas serotonina e dopamina – que nos incitam então ao envolvimento social. Ele chama isso de Circuito Humano da Empatia Mediada pela Oxitocina (Home, na sigla em inglês). Um elevado nível de estresse pode bloquear a liberação de oxitocina, uma reação que faz pleno sentido, afirma Zak, pois "se estamos em apuros, não temos muitas condições de investir tempo e recursos para ajudar outra pessoa". Em circunstâncias normais, porém, "a oxitocina gera a empatia que impele o comportamento moral". Pessoas sem oxitocina mostram um alto grau de egoísmo e concentração no interesse pessoal e baixos níveis de preocupação empática. Embora oxitocina e empatia pareçam estreitamente relacionadas, alguns cientistas enfatizam que a relação entre elas é extremamente específica do contexto e da pessoa, por isso não imagine que borrifando um pouco de oxitocina em seu chefe agressivo você o transformará imediatamente num modelo de empatia.[34]

Mas, então, para onde leva toda essa pesquisa? Precisamos reconhecer a complexidade dos processos associados à empatia no cérebro. Fenômenos como neurônios-espelho são apenas uma parte de um "circuito da empatia" mais amplo que permite que nos conectemos com as mentes de outras pessoas. A neurociência fez sem dúvida um grande progresso: teria sido impossível imaginar, apenas umas duas gerações atrás, que poderíamos apontar com precisão partes do cérebro humano responsáveis pelos sentimentos de empatia. Mas a verdade é que ainda estamos apenas começando a aprender como tudo isso realmente funciona e se relaciona com nosso comportamento cotidiano.[35] Armados com máquinas para escanear nosso cérebro, somos como os primeiros astrônomos no século XVII, que eram capazes de ver novas estrelas com seus poderosos telescópios, mas estavam longe de ter uma compreensão completa sobre aquilo de que eram feitas, ou por que e como se moviam. Nossas maiores descobertas sobre o *Homo empathicus* talvez ainda estejam por vir.

Podemos aprender a ser mais empáticos?

Se somarmos este acúmulo de evidências e achados da psicologia, da biologia e da neurociência, é muito provável que sejamos criaturas sociais definidas por nossa capacidade de empatizar. Junto a nosso lado hobbesiano preocupado somente com nossos próprios interesses, há nossa outra metade vulcana. Somos ao mesmo tempo serpentes e pombas.

Mas talvez haja uma preocupação aflitiva no fundo de nossa mente: será realmente possível tornarmo-nos *mais* empáticos e expandir nossa capacidade de olhar com os olhos de outra pessoa? Poderiam minhas capacidades empáticas estar fundamentalmente limitadas pelo tipo de cérebro com que por acaso nasci? E se eu não tiver recebido cuidados maternos suficientes quando bebê para desenvolver profunda sensibilidade empática?

Com relação a estas questões existe uma esmagadora concordância entre os especialistas de que nossa cota pessoal de empatia não é fixa: podemos desenvolver nosso potencial empático ao longo da vida. Nosso cérebro é surpreendentemente maleável ou "plástico", permitindo-nos reequipar nosso circuito neural.[36] A capacidade empática é um pouco como a habilidade musical – em parte dom inato, em parte adquirido. Algumas pessoas parecem realmente ter nascido com habilidades musicais inatas – têm

Hábito 1: Acione seu cérebro empático

afinação perfeita ou podem pegar quase qualquer instrumento e tocá-lo incrivelmente bem. Mas a musicalidade é também aprendida. É melhor se começamos jovens, mas a maioria das pessoas ainda pode aprender a tocar violão bastante bem aos 45 anos, contanto que pratique com muito empenho. O mesmo se dá com a empatia.

Psicólogos mostraram repetidamente que adultos podem tirar proveito de suas habilidades empáticas latentes graças ao mero esforço consciente para se concentrar nas mentes de outros. Num experimento projetado por Adam Galinsky e Gordon Moskowitz, mostrou-se a fotografia de um rapaz afro-americano para um grupo de estudantes universitários americanos e pediu-se que escrevessem uma narrativa curta sobre um dia típico na vida daquele jovem. Para um terço deles – o grupo de controle – foi dada unicamente essa instrução. Para outro terço, também foi pedido que fizessem um esforço para se livrar de quaisquer preconceitos estereotípicos que pudessem ter com relação à pessoa. E o terço final foi enfaticamente instruído a adotar uma perspectiva empática: "imagine um dia na vida desse indivíduo como se você fosse essa pessoa, olhando para o mundo através dos olhos dele e andando pelo mundo em seu lugar." O resultado foi que os que adotaram a perspectiva do rapaz mostraram as atitudes mais positivas em relação a ele, seguidos pelo grupo que procurou suprimir preconceitos e, finalmente, pelo grupo de controle. O experimento foi repetido com a foto de um homem branco idoso, com o mesmo resultado.[37]

Em outro famoso estudo do poder transformador da empatia mediante a adoção da perspectiva de outra pessoa, C. Daniel Batson pediu a dois grupos de estudantes que ouvissem uma gravação de uma moça que sofria pela morte recente dos pais num trágico acidente de carro. O primeiro grupo recebeu a instrução de ouvir objetivamente os fatos na gravação, ao passo que o segundo foi solicitado a imaginar as experiências e os sentimentos da mulher envolvida. Mostrou-se que o segundo grupo teve níveis mais elevados de empatia relatada que o primeiro. Além disso, quando solicitados em seguida a ajudá-la a levantar fundos para cuidar da irmã e do irmão mais novos que haviam sobrevivido, membros do segundo grupo fizeram doações muito mais generosas. Em mais de três décadas de pesquisa, Batson constatou invariavelmente que "a adoção de perspectiva provou-se eficaz na indução de empatia não apenas para completos estranhos ... mas para membros de grupos estigmatizados", e que ela tende a produzir um comportamento moral ou "pró-social" de ajuda, em vez de deixar as pessoas indiferentes.[38]

Esse tipo de pesquisa sugere que é um erro acreditar que somos prisioneiros das capacidades empáticas com que nascemos e pudemos desenvolver em nossos primeiros anos. Ao contrário, a maioria das pessoas é capaz de expandir sua empatia ao longo da vida – em especial sua empatia cognitiva ou de adoção de perspectiva – praticando cuidadosa atenção aos sentimentos e experiências de outras pessoas.

Nossa capacidade de fazer isso foi confirmada por estudos de treinamento de empatia para médicos, profissionais frequentemente criticados por serem clínicos demais e emocionalmente desligados de seus pacientes. Em 2010, médicos num hospital de Boston participaram de um programa em que eram aconselhados a prestar mais atenção às alterações nas expressões faciais de seus pacientes (por exemplo, se mostravam raiva, desdém, medo ou tristeza), a registrar as modulações de voz e a fazer mudanças simples como olhar para o paciente e não para a tela de computador durante a consulta. Após apenas três sessões de treinamento de uma hora de duração, os médicos que passaram pelo programa mostraram níveis de empatia muito melhores. Seus pacientes disseram que eles os faziam se sentir mais à vontade, mostravam maior interesse e compaixão por eles e tinham uma melhor compreensão de suas inquietações. Os próprios profissionais perceberam os benefícios. Após passar um dia pondo os métodos do programa em prática, uma médica relatou que, embora no início tivesse sido difícil empatizar com o paciente ao mesmo tempo que fazia o diagnóstico, a experiência acabara se tornando divertida, corporificando o tipo de interação pessoal que a atraíra para a medicina antes de mais nada. [39]

Há também uma quantidade crescente de pesquisas em neurociência mostrando que "treinamento em compaixão" – parcialmente centrado no aumento da empatia – pode alterar a configuração neural de certas regiões cerebrais e levar a mais comportamento pró-social. Num estudo coplane-

Hábito 1: Acione seu cérebro empático 59

jado por Matthieu Ricard, um monge budista francês de renome mundial com doutorado em genética molecular, os sujeitos da pesquisa participaram de um treinamento baseado em técnicas de meditação budista. A oficina incluiu práticas como sentar em silêncio e concentrar a atenção e sentimentos positivos primeiro em si mesmo, depois numa pessoa amada, numa pessoa neutra, numa pessoa com quem se tem dificuldades e, por fim, em todos os seres humanos. O resultado do treinamento foi aumentar a atividade cerebral em áreas tipicamente associadas com a conectividade social. O treino foi também usado para reverter sentimentos de angústia emocional dos pesquisados após assistirem a notícias e videodocumentários de pessoas sofrendo em situações tais como desastres naturais ou em razão de ferimentos pessoais. Esse tipo de pesquisa continua em estágio inicial: só na última década neurocientistas se dispuseram a se associar a monges budistas e levar a prática deles a sério. Além disso, os estudos tendem a se concentrar em mulheres, o que distorce os resultados porque são, em geral, mais receptivas a treinamento de compaixão que homens. Apesar disso, está claro que o cérebro é surpreendentemente maleável quando recebe o estímulo apropriado.[40]

Não há nada, portanto, que nos impeça de transformar nosso desenvolvimento empático pessoal numa prática para a vida inteira. Resta pouca dúvida, contudo – como no caso da música –, de que somos mais abertos ao aprendizado quando jovens. Há muitos métodos por aí para ensinar violino ou piano para crianças, mas como fazer para lhes ensinar empatia?

Imagine uma sala de aula do curso primário em Lewisham, em Londres. Os alunos de oito anos estão sentados em torno de um bebê do sexo feminino que está em uma esteira no chão. Eles a observam atentamente e discutem o que ela poderia estar sentindo ou pensando naquele momento, e por que começou a chorar de repente. Em seguida, desenvolvem a atividade de interpretar emoções imitando expressões faciais que as pessoas fazem quando estão zangadas, felizes, amedrontadas ou envergonhadas. Isso leva a uma encenação sobre *bullying*, antes que o bebê vá embora com um presente feito pelas crianças.

Isso é o que acontece numa aula do Roots of Empathy, o programa de ensino da empatia mais bem-sucedido e inovador do mundo. Ele foi fundado no Canadá em 1995 como uma obra de caridade pela especialista em educação infantil Mary Gordon e, até agora, meio milhão de crianças de cinco a doze anos de idade participaram, e os números crescem rapidamente.

A originalidade do Roots of Empathy é esta: o professor é um bebê. Cada turma "adota" um bebê, que a visita regularmente ao longo de um ano escolar com a mãe ou o pai. Junto com o instrutor do programa, os alunos observam o curso do desenvolvimento do bebê, discutindo suas reações emocionais e mudanças na visão de mundo, bem como a relação que ele tem com os pais. As crianças fazem também trabalhos artísticos e teatrais baseados em empatia, o que as ajuda a dar o salto entre a tentativa de compreender os sentimentos e perspectivas do bebê para a tentativa de compreender os de seus colegas e da comunidade mais ampla.

"É muito fácil olhar para o Roots of Empathy e pensar que é bonitinho", diz Gordon, "mas permita-me assegurar-lhe que é muito mais que isso."

Uma aula do Roots of Empathy. O professor está no chão.

Hábito 1: Acione seu cérebro empático

Embora o modelo de ensino centrado no bebê seja único, o que realmente importa é que o programa funciona. Diversos estudos mostraram que ele reduz os comportamentos de *bullying* no pátio, estimula a cooperação, melhora o relacionamento dos alunos com os pais e até eleva suas notas. Estudos feitos na Escócia em 2010 constataram que o programa aumentou em 55% o "comportamento pró-social das crianças", como compartilhar e ajudar, o que levou o governo escocês a expandir o Roots of Empathy por todo o país, implantando-o especialmente nas escolas situadas em áreas de baixa renda e naquelas que enfrentam problemas como *bullying* e agressão. A chave para o sucesso do programa, disse-me Gordon, é a ênfase em aprendizado experimental: ele se baseia no contato real de ser humano com ser humano, não no aprendizado tradicional por meio de livros.[41]

Especialistas em educação reconhecem cada vez mais que o ensino de habilidades empáticas não é só um extra cujo acréscimo é "interessante", merecendo ser parte fundamental do currículo ao lado da leitura, escrita e aritmética. Mary Gordon acredita que a educação para a empatia é vital para o bem-estar das crianças e uma pedra angular da inteligência emocional. Mas ela tem também uma visão mais ambiciosa e a considera essencial para criar uma nova geração de cidadãos globais que se preocuparão com o enfrentamento dos problemas sociais e políticos do mundo, da pobreza infantil à violência armada. "Durante o Julgamento de Nuremberg", ela ressalta, "um dos juízes descreveu os crimes de guerra como um fracasso da empatia. A empatia é parte essencial da solução de conflitos na família, no pátio da escola, na sala de conselho e na 'sala de guerra' de uma empresa. A capacidade de adotar a perspectiva de outra pessoa, de identificar traços comuns através de nossos sentimentos compartilhados, é a melhor pílula da paz que temos."[42]

Reestruturar nossa mente

Como a maioria de nós não teve a sorte de ter um professor bebê para nos ensinar empatia na escola, precisamos encontrar outras maneiras de estimular o potencial empático. O primeiro passo é adquirir o hábito de acionar o cérebro empático. E isso significa sintonizar com uma nova compreensão da natureza humana. Sim, o *Homo autocentricus* está vivo e pulsando dentro de nós, mas é hora de nos pormos em dia com a ciência e reconhecer que o *Homo empathicus* é igualmente parte de quem somos. Possuímos cérebros complexos que estão equipados tanto para o individualismo quanto para a empatia. Nossa constituição individualista foi enfatizada, estimulada e forçada a ficar em primeiro plano por três longos séculos. Vamos agora dar ao nosso conjunto de circuitos empáticos a oportunidade que ele merece de se postar ao lado de seu rival, reconhecendo que somos os orgulhosos possuidores de cérebro social.

A tarefa que temos diante de nós é mudar o que o linguista cognitivo George Lakoff chama de "estrutura" mental. Trata-se das estruturas em nossa mente que moldam a maneira como vemos o mundo. Elas estão profundamente enterradas em nosso inconsciente cognitivo, escreve Lakoff, e influenciam "os objetivos que buscamos, os planos que traçamos, a maneira como agimos e o que conta como um resultado bom ou mau de nossas ações".[43] Na sociedade ocidental, a estrutura dominante para se pensar sobre a natureza humana foi a ideia de que somos fundamentalmente egoístas. Sua influência é tão onipresente que mal podemos percebê-la. Os estudantes estão mergulhados numa cultura de individualismo competitivo e sendo recompensados muito mais por suas realizações pessoais que por sua capacidade de cooperar com os outros. Empresas supõem que seus empregados vão trabalhar com mais afinco se lhes forem dados maiores incentivos financeiros, apesar das evidências contrárias.[44] Governos afirmam que a prestação de serviços públicos vai melhorar se abrirem-se à concorrência do mercado. Como indivíduos, acreditamos que nosso bem-estar depende muito mais da satisfação de nossas ambições pessoais e desejos de estilo de vida do que de dedicação a causas sociais e projetos comunitários.

Precisamos agora absorver e internalizar uma estrutura diferente, que é a ideia de que a empatia se situa no cerne de nós lado a lado com o egoísmo. A questão é como alterar nossa estrutura de pensamento, nossa visão de mundo, de modo que esta imagem mais cientificamente precisa da

Hábito 1: Acione seu cérebro empático   63

natureza humana se implante em nosso cérebro. Aprender sobre a ciência é um bom começo. Mas é também útil aguçar nossa consciência diária de sua realidade. Uma maneira eficaz é recorrer a um método usado na terapia comportamental cognitiva, que consiste em registrar mentalmente todas as vezes em que percebemos um exemplo de pensamento ou ação empáticos em nós mesmos ou em outra pessoa. Talvez você note seu chefe tentando entender o ponto de vista de uma terceira pessoa, ou observe cooperação empática entre seus filhos. Sinta-se como se estivesse se transformando num "detetive da empatia". Com o tempo, suas observações vão compor uma imagem da humanidade que contesta a mensagem cultural dominante. Quanto mais procurarmos empatia com nossas antenas sociais, mais seremos capazes de vê-la, e de erodir a estreita estrutura mental que herdamos das ideias de Hobbes, Smith, Darwin e Freud. Podemos também desenvolver uma consciência dos tipos de contexto que produzem empatia em nós e nos outros. Somos menos propensos a empatizar com pessoas quando estamos estressados ou afobados? Sentimos mais empatia por parentes e amigos ou por estranhos? Esse tipo de trabalho de detetive pode nos ajudar a compreender que a empatia não é um traço fixo de personalidade: ela pode ficar mais ou menos intensa dependendo da situação, e podemos nos exercitar para nos aprimorarmos nela.

Acionar nosso cérebro empático é só o começo. Com uma nova história sobre a natureza humana bem enraizada em nossa psique, estamos prontos para desenvolver os outros cinco hábitos das pessoas extremamente empáticas. Chegou a hora de sair dos laboratórios dos psicólogos, biólogos e neurocientistas e ingressar no mundo cotidiano das relações humanas.

HÁBITO 2

Dê o salto imaginativo

Se a empatia é tão boa para nós, por que não a praticamos mais?

A empatia é reconhecida hoje como um ingrediente essencial do bem-estar humano. Ela ajuda a criar as relações humanas que dão sentido às nossas vidas e expande nossas paisagens mentais, proporcionando-nos novas perspectivas sobre o mundo e sobre nossas próprias vidas. "Um sinal de saúde na mente", escreveu o psicanalista Donald Winnicott, "é a capacidade que um indivíduo tem de penetrar de maneira criativa e precisa nos pensamentos e sentimentos, esperanças e medos de outra pessoa; também de permitir a essa pessoa fazer o mesmo conosco."[1]

Mas se a empatia é tão boa para nós, e se está tão profundamente instalada em nosso cérebro, por que não a praticamos mais? A razão é que enfrentamos quatro barreiras sociais e políticas fundamentais que bloqueiam a plena expressão de nossa imaginação empática. Seus nomes? Preconceito, autoridade, distância e negação. Para termos chance de superá-las, precisamos primeiro compreender por que elas nos impedem de nos colocar no lugar dos outros. Depois poderemos nos voltar para pessoas extremamente empáticas e descobrir o que é preciso para saltar as barreiras. O segredo é este: fazer um esforço consciente para dar o salto imaginativo para os mundos mentais de outras pessoas, seja o de uma criança amuada, um caixa de supermercado ranzinza ou um velho numa aldeia afegã que vislumbramos no noticiário noturno.[2] Eu gostaria de explicar exatamente como elas o fazem com a ajuda de três pessoas que sofreram transformações empáticas surpreendentes: um industrial mulherengo que bebia demais, uma mãe que sofreu uma terrível tragédia pessoal e um advogado que abandonou seu meio social privilegiado e se tornou enfermeiro. Eles serão nossos guias, inspirando-nos a expandir nossa imaginação e nos sintonizar com os sentimentos e pensamentos que se passam na cabeça de outras pessoas.

Antes de conhecê-las, porém, precisamos explorar as quatro barreiras à empatia e nos preparar para desafiá-las.

Preconceito

Dê uma olhada nesta fotografia e se dê trinta segundos para extrair dela tudo o que puder. O que você pode dizer sobre o homem que ela mostra? Quando e onde a foto foi feita? Como ele está se sentindo? Que tipos de interesse e ideias ele pode ter?

Já tem uma ideia de como ele é? Então me deixe revelar a legenda original inserida pelo fotógrafo. A imagem foi feita pelo fotojornalista britânico Thurston Hopkins em 1951 e intitulava-se "Emrys Jones, mineiro e principal tenor da Welsh National Opera Company".

Esta legenda surpreende as pessoas. O que quero demonstrar é simples: a vasta maioria de nós tem pressupostos e preconceitos sobre os outros. Somos propensos a estereotipar, fazendo julgamentos rápidos com base em primeiras impressões, e projetamos nossas tendenciosidades e prejulgamentos sobre pessoas quando sabemos muito pouco sobre a realidade de suas vidas. Fazemos associações banais, supondo, por exemplo, que mineiros são "incultos", que administradores de fundos de cobertura são arrogantes e egoístas, ou que judeus são sovinas – um preconceito que sobreviveu mais de quinhentos anos. Além disso, usamos com frequência rótulos coletivos que mascaram a individualidade das pessoas, como "valentões", "figurões", "marginais", "fundamentalistas", "nerds". Esses rótulos tendem a denegrir, colocando pessoas numa caixa conveniente que torna difícil apreciar a humanidade e a singularidade delas, ou as histórias pessoais por trás das circunstâncias.

Um resultado dessa propensão a estereotipar é nos enganarmos com grande frequência em nossos julgamentos. Veja, por exemplo, como a jornalista australiana Nikki Gemmell recorda um encontro num estacionamento em Londres.

> Todos nós, suspeito, já fomos culpados de falta de empatia em algum momento. Eu fui. Não me orgulho disso ... Londres, cinco anos atrás. Dezembro, três horas da tarde, céu escurecendo. Atrasada e gripada. De mau humor? Ah, sim. Um muçulmano caminha na minha direção, de barba e túnica. Os jornais estavam cheios de avisos de que a Al-Qaeda planejava uma campanha de terror por ocasião do Natal, concentrando-se em pessoas que estivessem viajando durante os feriados. Digamos apenas que eu não estava me sentindo particularmente... aberta naquele momento. Todo o meu ser era um enorme recuo; talvez tenha havido até um olhar mal-humorado. "Gostaria de ficar com meu tíquete de estacionamento,

Hábito 2: Dê o salto imaginativo 67

senhora?" "Como?" "Ele ainda me dá direito a várias horas e estou de partida. Por favor. Fique com ele." Bem, sofri um choque de gentileza. Olhei diretamente para o rosto daquele bom homem, da maneira correta desta vez. Vi não um muçulmano, mas um semelhante que não irradiava outra coisa senão simpatia, camaradagem.[3]

Pense quantas vezes você se enganou redondamente com relação a uma pessoa por estar olhando para ela através das lentes distorcidas do preconceito e do estereótipo. Eu costumava ver regularmente um sem-teto desgrenhado que passava os dias falando sozinho como um maluco e catando pontas de cigarro – nunca me ocorreu que nossas vidas poderiam estar ligadas. Mas um dia conversei com ele (seu nome era Alan Human) e descobri que estudara filosofia em Oxford, e iniciamos uma amizade baseada em nosso interesse mútuo por Nietzsche, Marx e pizza *pepperoni*.[4] Era um amigo pelo qual eu havia passado direto durante anos, sem perceber. Eu poderia encher esta página com muitos outros exemplos.

Alguns livros populares de psicologia, como *Blink: a decisão num piscar de olhos*, de Malcolm Gladwell, afirmam que somos na realidade muito hábeis em fazer avaliações rápidas sobre outras pessoas – como decidir se somos compatíveis com alguém com quem nos encontramos por apenas dois minutos num *speed dating* – e deveríamos confiar mais prontamente em nossos instintos. Mas eles podem ser facilmente corrompidos por suposições herdadas da sociedade e da cultura que penetraram fundo em nossas psiques. Gladwell admite que "nossas atitudes inconscientes podem ser completamente incompatíveis com nossos valores conscientes declarados". Isso ajuda a explicar fenômenos como o fato de que embora poucos brancos reconheçam ter preconceitos contra negros, as evidências contestam isso: conscientemente ou não, em processos seletivos de emprego, entrevistadores brancos discriminam regularmente candidatos negros numa série de áreas.[5]

Talvez os estereótipos mais insidiosos tenham sido produto de ideologias políticas. O Império Britânico foi erguido sobre a noção colonialista de que brancos "civilizados" eram superiores a não brancos bárbaros, fosse na África, na Índia ou na Austrália. Os nazistas criaram a famigerada categoria racial *Untermensch* (subumano), em que incluíam judeus e ciganos. A tendência a estereotipar continua sendo predominante na política contemporânea. Na Austrália, políticos de todo espectro ideológico referem-se frequentemente aos que pedem asilo como "ilegais", embora o Conselho Australiano de Refugiados e a ONU mostrem que esse termo é inadequado, pois não há nada de ilegal em buscar asilo. Segundo o especialista em linguagem política australiano Don Watson, o que leva os políticos a usar palavras como "ilegais" é o desejo de denegrir os que pedem asilo e os refugiados aos olhos do público:

> Se você quer tirar dos refugiados o direito do voto e deixar o público pensando que eles não têm direito algum, chame-os a todo instante de "ilegais". Se a primeira coisa que entra na sua cabeça é um clichê ou algum tipo de preconceito ou alguma frase que lhe foi inculcada, esteja certo de que não haverá espaço para mais nada até que você se livre desse clichê. Portanto se lhe dizem a todo momento que essas pessoas são "ilegais", isso bastará para você pensar nelas dessa forma. Ajuda também a manter qualquer tipo de empatia a distância, de modo que você não precise imaginar o que seria ter sua própria família na situação de quem reivindica asilo.[6]

O que todos os estereótipos têm em comum, quer sejam produto de política, religião, nacionalismo ou outras forças, é um esforço para desumanizar, para anular a individualidade, impedir-nos de olhar alguém nos olhos e saber seu nome. A consequência é criar uma cultura da indiferença na qual a empatia tem dificuldade em penetrar.

Lamentavelmente não podemos desligar nossos preconceitos e pressupostos sobre outras pessoas como um interruptor de luz, pois normalmente eles estão incorporados demais em nossas histórias psicológicas pessoais. Mas podemos, sem dúvida, erodir seu poder sobre nós, um assunto a que retornarei ao discutir como dar o salto imaginativo da empatia.

Autoridade

Além do preconceito, um dos maiores obstáculos à empatia é a tendência humana a obedecer à autoridade. Ao longo de toda a história, os envolvidos em massacres, genocídios e outras violações de direitos se defenderam com a alegação de que estavam "apenas cumprindo ordens". O mais famoso deles, Adolf Eichmann – um dos principais arquitetos do Holocausto –, afirmou em seu julgamento em 1961 não ter nenhuma responsabilidade por suas ações porque estava simplesmente "fazendo o seu serviço". Em seu estudo *Eichmann em Jerusalém*, a teórica política Hannah Arendt mostrou que ele não era nenhum psicopata ou monstro, mas sim um indivíduo bastante típico que "cumpria sua obrigação", e "não apenas obedecia a *ordens*, mas também obedecia a *leis*". "O problema com Eichmann", escreveu Arendt, "era precisamente haver tantos como ele, e o fato de que esses muitos não eram nem perversos nem sádicos, o fato de que eram, e ainda são, terrível e aterradoramente normais." Essa atitude encarnava o que ela chamou de "banalidade do mal".[7]

Terá a Alemanha nazista sido uma era excepcional? Ou a obediência à autoridade é um traço humano mais universal? O psicólogo Stanley Milgram quis tirar isso a limpo. No mesmo ano em que Eichmann foi levado a julgamento, ele conduziu um dos mais controversos experimentos na história da psicologia social. Milgram convidou estudantes e moradores das proximidades da Universidade Yale em New Haven, Connecticut, para participar do que, segundo lhes foi dito, era um estudo dos efeitos da punição sobre a memória e o aprendizado. Sob a orientação de um "experimentador" trajando um jaleco cinza de laboratório, cada participante assumiu o papel do "professor" e foi solicitado a ler pares de palavras como "braço forte" e "cortina preta", que podiam ser ouvidos por um "aprendiz" que ficava em outra sala. Se o aprendiz cometesse um erro ao repetir os pares de palavras, o professor foi instruído a lhe administrar um choque elétrico. A cada resposta incorreta, a força do choque era aumentada. Todo o experimento era na verdade uma completa mentira: o aprendiz era um ator que não recebia nenhum choque elétrico, mas isso só foi revelado aos participantes mais tarde. Quando um participante hesitava em acionar o interruptor elétrico, o experimentador dizia coisas como: "É importante que você siga o procedimento exatamente" ou "Você não tem escolha, *precisa* ir adiante".

Milgram não pôde acreditar nos resultados: 65% das pessoas continuaram administrando choques, mesmo quando ouviam o aprendiz gritar de dor e implorar que o teste fosse interrompido, dizendo coisas como: "Para mim chega! Tire-me daqui. Eu lhe disse que tenho problema cardíaco." Apenas dois meses depois que os experimentos foram iniciados, Milgram foi claro com relação às suas conclusões:

> Os resultados foram aterrorizantes e deprimentes ... Num momento de ingenuidade, algum tempo atrás, perguntei a mim mesmo se nos Estados Unidos um governo corrupto poderia encontrar imbecis morais em número suficiente para atender às exigências de um sistema nacional de campos de concentração, como os que foram mantidos na Alemanha. Agora começo a pensar que todo o corpo poderia ser recrutado em New Haven. Uma proporção significativa de pessoas faz o que lhes é dito para fazer, seja qual for o conteúdo do ato, e sem dores de consciência, contanto que reconheçam que a ordem vem de uma autoridade legítima.[8]

O "teste de Milgram" é muitas vezes citado como uma prova definitiva de que a solicitude empática é facilmente suplantada pela obediência à autoridade.[9] Mas deveríamos ter a cautela de não tirar esta conclusão depressa demais. Para começar, invertendo o resultado, nada menos que 35% dos participantes de fato contestaram o experimento e se retiraram do laboratório antes que o teste terminasse, ainda que tivessem sido pagos para participar e estivessem seguindo as instruções de um cientista pesquisador de aparência muito respeitável na augusta instituição da Universidade Yale. Além disso, quando Milgram fez um pequeno ajuste no experimento, os resultados mudaram radicalmente. Ao realizar o teste numa cidade próxima, em vez de fazê-lo no imponente laboratório de Yale, o número dos que obedeceram caiu de 65% para 48%. Quando o aprendiz ficava visível numa sala adjacente, 60% das pessoas interromperam o teste,

Hábito 2: Dê o salto imaginativo 71

número que se elevou a 70% quando a punição requeria inserir a mão do aprendiz num falso aparelho de eletrochoque. Quando cada participante era acompanhado por dois atores que faziam o papel de colegas professores, e estes dois desobedeciam ao experimentador, 90% desses participantes também desobedeceram – a solidariedade pareceu lhes dar confiança para desafiar a autoridade. Poucos participantes obedeciam sem dar mostras de receio – muitos mordiam os lábios e até gemiam à medida que o experimento avançava. Outros tornavam sua preocupação empática mais explícita: quando o instrutor lhes dizia para aumentar a voltagem, uma pessoa respondeu "Acho que eu não gostaria de sentir na pele o que ele está sentindo neste instante", e rapidamente interrompeu o experimento.

Tentativas subsequentes de reproduzir o teste feitas por outros psicólogos deveriam também nos deixar cautelosos com relação aos resultados de Milgram. Embora alguns tenham obtido níveis de obediência similares, outros não o fizeram. Vários estudos nos Estados Unidos revelaram taxas de obediência não de 65%, mas de até apenas 30%, ao passo que um teste na Austrália gerou somente 28% de obediência, número que caiu para meros 16% quando os sujeitos da pesquisa eram todos mulheres.[10]

Toda essa variação nos mostra que a obediência à autoridade não é simplesmente um traço inato incorporado na natureza humana, mas é extremamente sensível ao contexto e à cultura. Essa era, na verdade, a crença do próprio Milgram. "A psicologia social deste século", escreveu ele, "revela uma importante lição: muitas vezes, não é tanto o tipo de pessoa que um homem é, mas o tipo de situação em que ele se encontra que determina como agirá."[11] Por outro lado, devemos admitir que a disposição de obedecer à autoridade está presente na maioria de nós. Aprendemos isso em tenra idade, e pouco a pouco, à medida que crescemos, absorvemos uma cultura de obediência, dizendo a nós mesmos que devemos "obedecer à lei", "seguir as regras" ou simplesmente nos "comportar", quer seja no local de trabalho ou no campo de futebol. Todos nós internalizamos muito facilmente a submissão à autoridade e abandonamos nossos instintos empáticos. O que diferencia as pessoas extremamente empáticas é o desejo e a capacidade de desafiar a autoridade quando a ação empática o exige.

Distância

O planeta parece estar encolhendo. De acordo com o mito urbano, há apenas seis graus de separação entre cada um de nós. Fomos unificados como nunca antes por uma rede global de conexões de internet, telefones celulares e receptores de satélite. Uma jovem é morta numa manifestação no Cairo e dentro de horas, graças ao Twitter e outras plataformas on-line, centenas de milhares de pessoas no mundo todo veem sua foto e sabem seu nome.

No entanto, a distância espacial continua sendo uma barreira à difusão da empatia. Quando não conhecemos as pessoas, quando suas vidas são distantes e estranhas, é mais difícil despertar nossa capacidade de nos importar com elas. Muitos filósofos, entre os quais Peter Singer, afirmam que a distância não deveria afetar nossos julgamentos morais: devemos nos sentir tão obrigados a ajudar uma criança faminta na África quanto a salvar uma outra que se afoga diante de nossos olhos no parque local.[12] Mas outros pensadores reconhecem que, na realidade, a distância reduz nosso interesse moral. Adam Smith tinha consciência disso no século XVIII:

> Suponhamos que o grande império da China, com todas as suas miríades de habitantes, fosse subitamente engolido por um terremoto, e consideremos como um homem de humanidade na Europa, que não tivesse nenhum tipo de conexão com essa parte do mundo, seria afetado ao receber a informação dessa pavorosa calamidade. Ele iria, imagino, em primeiro lugar expressar sua dor pelo infortúnio daquele infeliz povo, faria muitas reflexões melancólicas sobre a precariedade da vida humana ... E quando toda essa excelente filosofia terminasse, uma vez que todos esses sentimentos humanos tivessem sido adequadamente expressados, ele prosseguiria seus negócios ou seu prazer entregando-se ao repouso ou à diversão de modo tão fácil e tranquilo quanto o faria se nenhum acidente semelhante tivesse ocorrido. O mais frívolo desastre que pudesse recair sobre ele ocasionaria uma perturbação mais real. Se ele viesse a perder o dedo mínimo amanhã, não dormiria esta noite; mas contanto que nunca os visse, roncaria com a mais profunda des-

Hábito 2: Dê o salto imaginativo

preocupação sobre a ruína de 100 milhões de seus confrades, e a destruição daquela imensa multidão parece claramente um objeto menos interessante para ele que esse insignificante infortúnio pessoal.[13]

Não mudou muita coisa. Seja um terremoto na China ou milhões à beira da inanição no Chifre, para a maioria das pessoas é difícil ser levado a agir por notícias sobre acontecimentos trágicos em lugares remotos. Da mesma maneira, quando a distância nos protege de encarar as consequências de nossas ações, parecemos capazes de fazer quase tudo. O piloto que deixou a primeira bomba atômica cair sobre Hiroshima, em agosto de 1945, nunca viu os rostos das 140 mil vítimas, e mais tarde disse que havia desempenhado sua tarefa sem nenhum sentimento de culpa ou remorso.[14]

Para a maioria de nós, nossos mais fortes laços empáticos são com a família e membros de nossa comunidade imediata (embora, é claro, algumas pessoas tenham pouco amor por seus irmãos ou pais). Eu admito sem nenhuma hesitação que me importo mais com meus gêmeos do que com qualquer número de vítimas do último terremoto na China. Talvez seja por isso que a ética confuciana do *ren*, ou benevolência, parece tão intuitivamente atraente. A ideia é que nossas maiores obrigações éticas deveriam ser para com nossos parentes, depois em relação a nossos amigos e vizinhos, depois a sociedade em geral e, por fim, toda a humanidade, em círculos cada vez mais amplos. Os que estão na periferia têm menos direito à nossa compaixão. Embora eu não concorde com isso em princípio, acredito que esta é uma descrição empírica razoavelmente precisa de como a ética de muitas pessoas funciona na prática.

Mas a distância não é apenas um fenômeno espacial: a *distância social* é igualmente uma barreira à conexão empática. Podemos, por exemplo, ter propensão a empatizar com pessoas que se assemelham socialmente a nós de alguma maneira, tendo o mesmo grau de instrução, a mesma raça ou religião. "Longe de ser um guia para o que é certo, a empatia muitas vezes nos desencaminha", escreve o historiador da ciência Mark Honigsbaum, "como quando juízes são mais brandos com criminosos de colarinho-branco que compartilham suas origens sociais."[15] Espelhando esse fenômeno, poderíamos deixar de empatizar com aqueles que estão socialmente distantes de nós, mesmo que morem na casa ao lado. É por isso que pessoas extremamente empáticas se empenham para superar essa barreira, e fazem um esforço constante para olhar através dos olhos de estranhos e de pessoas que estão fora do grupo a que julgam pertencer.

Além da distância espacial e social, uma terceira forma, a *distância temporal*, também enfraquece as possibilidades para empatia. Preocupamo-nos com o bem-estar de nossos filhos e netos. Mas os laços começam a se enfraquecer com relação a nossos bisnetos, e tornam-se quase completamente ausentes quando consideramos as perspectivas para pessoas que viverão daqui a cem anos e com quem não somos aparentados. Com quanta facilidade podemos imaginar o que um adolescente morando em Belfast ou em Mumbai em 2100 poderá pensar e sentir com relação ao aquecimento global, e em que medida isso realmente nos importa? Temos enorme dificuldade de nos projetar em suas vidas e experimentar uma conexão emocional profunda com ele. O biólogo evolucionista J.B.S. Haldane reconheceu o problema da distância temporal quando disse, só aparentemente em tom de brincadeira: "Eu morreria alegremente por três de meus filhos ou seis de meus netos." Nossa capacidade de empatia através do tempo permanece rudimentar, emperrada nos primeiros estágios da evolução psicológica. Essa talvez seja uma das maiores deficiências morais da humanidade.

O desafio empático que enfrentamos, portanto, é estreitar essa distância tanto quanto possível de modo que os que estão longe de nós no espaço, no tempo e de nosso meio social sejam atraídos para nosso círculo de interesse, permitindo-nos tocá-los mais facilmente com nossa imaginação.

Negação

Com que frequência você olhou para a foto de uma criança faminta num país distante, ou de vítimas inocentes da guerra, e teve pouca reação emocional ou empática? Uma explicação comum para esse fenômeno é

Hábito 2: Dê o salto imaginativo 75

que sofremos de "fadiga da compaixão" ou "fadiga da empatia", um estado de exaustão psicológica produzido pela avalanche de reportagens e imagens deprimentes vindas de todos os cantos do planeta.[16] A crítica cultural Susan Sontag descreveu algo semelhante a isso quando disse que "imagens anestesiam": agora já vimos fotos demais de crianças famintas, esqueléticas, para que isso continue fazendo uma diferença. Ficamos, nas palavras do Pink Floyd, confortavelmente entorpecidos.[17]

Uma explicação mais profunda da fadiga da empatia é dada pelo sociólogo Stanley Cohen em seu livro *States of Denial*. Ele afirma que somos produtos de uma "cultura da negação" que permite à maior parte de nós ter conhecimento das atrocidades e do sofrimento, e, no entanto, também bloqueá-los e não agir, "fazendo vista grossa", como se costuma dizer. "Pessoas, organizações, governos ou sociedades inteiras são expostos à informação que é perturbadora, ameaçadora ou anômala demais para ser absorvida ou abertamente reconhecida", escreve ele. "A informação é por isso reprimida de alguma maneira, rejeitada, posta de lado ou reinterpretada." Vivemos numa penumbra entre saber e não saber.[18]

Por que muitas vezes nos recolhemos a um estado de negação que restringe a empatia? Talvez não queiramos saber por causa da vergonha ou culpa que sentimos por ter, em contraposição, estilos de vida tão privilegiados. Algumas vezes nos afastamos porque não desejamos admitir que podemos ser de algum modo responsáveis, seja por meio de nossos atos ou de nossas omissões. Os seres humanos são particularmente hábeis em se proteger inventando razões convenientes pelas quais não precisam fazer alguma coisa para aliviar o sofrimento de outra pessoa. Por exemplo, podemos sentir pesar pelas vítimas da inundação em Bangladesh, mas dizer a nós mesmos que não há muito sentido em fazer qualquer coisa por elas já que nossas ações individuais não fariam nenhuma diferença num problema tão enorme, ou porque qualquer dinheiro que doemos poderia ser mal utilizado por agências de ajuda humanitária e funcionários locais corruptos. Pessoas extremamente empáticas têm um alto grau de consciência de que esse tipo de raciocínio em geral é uma forma de negação destinada a aliviá-las de um sentimento de culpa ou da responsabilidade moral, e que representa o perigo de reduzir pouco a pouco o âmago de seus egos empáticos.

As quatro barreiras que descrevi – preconceito, autoridade, distância e negação – são obstáculos formidáveis. Ainda assim, tenho esperança de que possamos desafiá-los e transformar-nos em pessoas extremamente empáticas. Por que tal otimismo? É essencial reconhecer que as barreiras são antes de tudo invenções da cultura, da sociedade e da política, não traços profundamente engastados na natureza humana. Isso significa que podemos, como indivíduos e sociedade, encontrar maneiras de desafiá-las. Podemos ter sido educados com preconceitos, mas é possível rejeitar os rótulos desumanizadores que fomos implicitamente ensinados a aplicar. A empatia deve competir com o poder da autoridade, mas os livros de história estão cheios tanto de discordância quanto de obediência. Podemos superar a distância quando ouvimos a voz viva de um estranho em outro país. Podemos escolher nos envolver com o sofrimento em vez de negá-lo, recorrendo à força pessoal, à integridade e à curiosidade para evitar as tentações da negação.

Tendo encarado as barreiras de frente, estamos agora preparados para encontrar maneiras de transpô-las. Creio que são necessários três passos para se dar o salto imaginativo da empatia: devemos humanizar o "outro"; depois descobrir o que compartilhamos – e o que não compartilhamos – com as pessoas; e, por fim, precisamos empatizar com nossos inimigos.

Humanizar o "outro"

A empatia murcha e morre quando deixamos de reconhecer a humanidade de outras pessoas – sua individualidade e singularidade – e as tratamos como seres dotados de menos valor que nós mesmos. Isso soa óbvio. Mas o que significa realmente tratar alguém com humanidade, ou o que filósofos descrevem como humanizar o "outro"?[19] E como se faz isso? Respostas emergem da vida de Oskar Schindler, que de um impetuoso homem de negócios nazista com uma queda por conhaque fino e secretárias volup-

Hábito 2: Dê o salto imaginativo   77

tuosas (ele era um adúltero em série) se transformou num dos maiores salvadores de vítimas do Holocausto.

O que torna o caso de Schindler tão fascinante é que sua transformação foi inteiramente inesperada. No início da Segunda Guerra Mundial ele era um nazista completo. Como leal membro do partido, usava a *Hakenkreuz* (suástica) presa na lapela e era informante da *Abwehr* (serviço secreto militar). Schindler tirou proveito da expropriação de empresas judaicas na Polônia ocupada fundando uma fábrica de utensílios de ferro esmaltado na Cracóvia, a qual produzia equipamentos para soldados alemães. Ele não tinha nenhum escrúpulo em usar mão de obra judaica forçada, cujo "salário" era pago diretamente nas mãos da SS, pois isso era muito mais barato do que empregar operários poloneses. Schindler passava suas noites tentando levar importantes comandantes e burocratas nazistas na conversa, dobrando-os com drinques, arranjando-lhes garotas e oferecendo-lhes polpudos subornos para obter os contratos militares que mantinham sua margem de lucros generosa e lhe permitiam o luxo de charutos gordos e elegantes ternos transpassados.

Ele não era um antissemita mórbido como Hitler e Goebbels, tendo, como tantos outros, uma atitude indiferente em relação aos judeus e vendo-os como uma massa anônima que podia facilmente explorar para seus próprios fins. Ninguém em 1940 poderia ter predito que no fim da guerra estaria arriscando a vida e pagando altas quantias em suborno para salvar os operários judeus de sua fábrica do extermínio em Auschwitz. O que explica sua conversão radical? Algo muito interessante aconteceu a Schindler ao longo dos anos: ele começou a ver judeus como seres humanos.

Tudo começou com seu contador judeu, Itzhak Stern. O que era originalmente uma relação de negócios transformou-se pouco a pouco em amizade. "Stern foi o único padre confessor que Oskar já tivera", segundo Thomas Keneally em seu romance documental meticulosamente pesquisado *A lista de Schindler*. Por meio de suas conversas diárias, Schindler tomou conhecimento da vida e das experiências traumáticas de Stern morando no gueto de Cracóvia – a fome, o medo, os tiros aleatórios disparados por soldados alemães. O resultado foi a transformação de Stern, aos olhos de Schindler, de apenas mais um empregado em meio a muitos num indivíduo único. Foi uma individualidade que ele começou a estender aos outros trabalhadores, aprendendo seus nomes e descobrindo suas histórias pessoais de perseguição.

Schindler experimentou um momento de epifania empática no dia 8 de junho de 1942, quando andava a cavalo com sua amante Ingrid numa encosta próxima a Cracóvia. Olhando para o gueto lá embaixo eles puderam ver uma *SS Aktion* em curso – um esforço sistemático para eliminar os judeus do gueto. Pessoas estavam sendo arrebanhadas para fora de suas casas, atacadas por cachorros, surradas e fuziladas à queima-roupa nas ruas. Não foi apenas a cena de carnificina que deixou Schindler nauseado, ele também notou uma mocinha vestindo um casaco vermelho com capuz, vagando em meio ao caos, desafiando de certa forma os guardas da SS no rebuliço. Ele viu a menina de vermelho parar e olhar quando um soldado calcou com o pé o crânio de um rapaz e atirou em sua nuca. De alguma maneira, para Schindler, essa menina passou a representar a individualidade e a humanidade da população judaica de Cracóvia, ajudando a imprimir o horror da violência nazista em sua mente. "Desse dia em diante", afirmou ele mais tarde, "nenhum ser pensante podia deixar de ver o que iria acontecer. Eu estava decidido a fazer tudo que estivesse em meu poder para derrotar o sistema."

E foi exatamente o que fez. No outono de 1942, quando os judeus da cidade foram removidos para um novo campo de trabalhos forçados próximo a Płaszów, sob o controle do sádico comandante Amon Goeth, Schindler subornou autoridades para que lhe permitissem manter a fábrica fora dos portões do campo. Em segredo, ele provia rações extras aos trabalhadores e assegurava que não houvesse cães nem surras dadas por guardas da SS. Para ajudar a manter famílias unidas, ele argumentava que precisava de trabalhadores infantis, cujos dedos ágeis eram capazes de limpar o interior de cartuchos, e contava histórias mirabolantes para demonstrar que um homem com um braço só era um inestimável maquinista.

Perto do fim da guerra, quando o campo de Płaszów estava prestes a ser fechado e os internos transferidos para campos de extermínio como

Hábito 2: Dê o salto imaginativo

Auschwitz, Schindler subornou Goeth e outros – a um enorme custo financeiro – para que os trabalhadores e suas famílias fossem enviados para uma nova fábrica de munições que ele estava construindo do outro lado da fronteira, em Brinnlitz, na Tchecoslováquia. Essas foram as 1.100 pessoas cujos nomes foram colocados na lista tornada famosa pelo filme de Steven Spielberg, *A lista de Schindler* (baseado no livro de Keneally). Por instrução de Schindler, as cápsulas e os cartuchos ali fabricados eram defeituosos. Quando autoridades nazistas queixaram-se num telegrama, ele exclamou para Stern: "Este é o melhor presente de aniversário que eu poderia ganhar. Porque agora sei que nenhum pobre coitado foi morto pelo meu produto."[20]

A transferência dramática e perigosa para Brinnlitz produziu o resultado final: quando a paz foi finalmente declarada, a maioria dos que estavam na lista continuava viva. Embora restem menos de 5 mil judeus vivendo hoje na Polônia, mais de 6 mil descendentes dos judeus de Schindler estão espalhados pelo mundo todo.

Por que Schindler sacrificou sua fortuna para salvar aquelas pessoas? Por que correu o risco de ser preso e executado para ajudar famílias judaicas do gueto de Cracóvia? Pois algumas de suas ações são desconcertantes. "Era impossível adivinhar seus motivos", observou um dos *Schindlerjuden* que sobreviveu.[21] Poderia ele ter sido impelido por religião, como tantos outros heróis do Holocausto?[22] É pouco provável: Schindler era, como o pai, um católico negligente. Acredito que o motivo essencial foi sintetizado numa observação que ele fez ao explicar suas ações: "Eu conhecia as pessoas que trabalhavam para mim. Quando conhecemos as pessoas, temos de nos comportar como seres humanos em relação a elas."[23]

Aí reside a resposta enganosamente simples: conhecer as pessoas. A história de Schindler nos conta que o ato de empatizar começa quando olhamos alguém nos olhos, damos-lhe um nome e reconhecemos sua individualidade. É uma questão de reconhecer sua humanidade em desafio a preconceitos e estereótipos, uma questão de se recusar a obedecer a autoridades que nos ordenam denegri-las. O poder de tratar um indivíduo com humanidade é um trampolim para estendermos a empatia a um círculo mais amplo, como aconteceu com Schindler, cuja relação pessoal com Stern e outros trabalhadores ajudou-o a conectar-se com o sofrimento dos judeus de maneira mais geral.[24] Schindler também nos lembra de que nossa capacidade de empatia não é fixa, podendo mudar e se desenvolver ao longo da vida: até as pessoas mais improváveis podem, nas circunstâncias certas, dar o salto imaginativo e ser inspiradas a agir.

Nada disso significa que Schindler era um santo – um rótulo muitas vezes aplicado a salvadores do Holocausto como Raoul Wallenberg. Especialmente no início da guerra, ele tinha motivos de interesse pessoal, usando mão de obra judaica e protegendo trabalhadores porque estes eram essenciais para a lucratividade de seu negócio, e talvez tenha "salvado" muitas judias porque sentia atração por elas. Nesse sentido, suas ações "humanitárias" começaram como uma mistura muito realística de motivos tanto interesseiros quanto altruísticos.

Oskar Schindler foi uma pessoa extraordinária vivendo em tempos extraordinários. Mas a mensagem de sua vida é mais pertinente do que nunca atualmente. Nos dias de hoje, em toda a Europa uma ressurgência de populismo de direita está despertando o velho espectro do antissemitismo e da discriminação contra ciganos e muçulmanos. Além disso, o individualismo neoliberal e a degradação dos serviços públicos estão criando uma cultura de indiferença que não era vista desde o século XIX, em que somos cada vez mais imunes a tragédias sociais, como a pobreza infantil. O perigo é que nos tornemos espectadores do sofrimento humano. Oskar Schindler, a despeito de todos os defeitos e contradições, não foi nenhum espectador.

Uma das muitas distinções humanitárias que Schindler recebeu depois da guerra foi o Prêmio Martin Buber, assim chamado em homenagem ao teólogo e filósofo judeu nascido na Áustria que fugira da Alemanha nazista nos anos 1930. As ideias de Buber, mais que as de qualquer outro pensador do século XX, captam a essência do ato imaginativo, empático, de humanizar o "outro".

Em seu livro *Eu e tu*, Buber descreve duas formas de relação em que podemos nos envolver. Ele se refere a uma com "Eu-Isso", quando tratamos pessoas como objetos, como um "isso" desprovido de humanidade ou

Hábito 2: Dê o salto imaginativo

individualidade. Especialmente quando usamos estereótipos depreciativos para rotulá-las, ou em casos de preconceito. Buber chama uma segunda forma de relação de "Eu-Tu". Esta envolve tratar outra pessoa como um ser único igual a nós mesmos e tentar ver o mundo através de seus olhos e compreender seus pensamentos e sentimentos. Ele fala do diálogo Eu-Tu como um esforço para "entrar em relação" com os outros e descobrir quem realmente são. Só podemos nos tornar plenamente humanos, diz Buber, quando temos "conversações genuínas" que encarnam o ideal do Eu-Tu e fazemos um esforço para imaginar as realidades de outras pessoas:

> Imagino comigo mesmo o que outro homem está desejando, sentindo, percebendo, pensando neste exato momento, e não como um conteúdo separado, mas em sua própria realidade, isto é, como um processo vivo nesse homem ... O crescimento mais profundo do eu não se dá, como as pessoas gostam de supor hoje em dia, na relação do homem consigo mesmo, mas na relação entre um e o outro, entre homens.[25]

Como podemos introduzir as lições da filosofia de Buber em nossas vidas, de modo a sermos capazes – como Schindler – de humanizar outros e desenvolver com eles uma relação Eu-Tu? Um caminho é pelas conversas frente a frente que nos ajudam a romper a barreira do Eu-Isso (assunto que discutirei num capítulo próximo). Mas há três outras maneiras pelas quais podemos desencadear o processo.

Um primeiro passo é humanizar nossas imaginações desenvolvendo a consciência de todos aqueles indivíduos ocultos sob a superfície de nossa vida cotidiana, dos quais podemos depender de alguma maneira. A pensadora religiosa Karen Armstrong sugere que façamos isso mediante uma prática de inspiração budista, na qual passamos um dia tomando consciência de cada pessoa ligada às nossas ações rotineiras:

> Ao se levantar de manhã, lembre-se dos que plantaram, colheram e teceram o algodão de seus lençóis, e que apanharam, moeram e exportaram os grãos de seu café matinal. Você desfruta os produtos dessas pessoas, por isso tem

uma responsabilidade para com elas, em especial se estiverem trabalhando em más condições... Ao sair para trabalhar, reflita sobre os milhares de trabalhadores e engenheiros que mantêm as ruas, os carros, as ferrovias, os aviões, os trens e o metrô de que você depende. Continue este exercício ao longo de todo o dia.[26]

Envolver-se nessa prática é uma maneira de aprofundar a solicitude humana universal, afirma Armstrong. Pode "ajudá-lo a reconhecer quanto você é dependente de outras pessoas com quem nunca esteve e que talvez vivam muito longe", e que levem você a fazer alguma coisa em favor delas.

Uma segunda abordagem é jogar "jogos de personagem" imaginativos. Você está numa conferência e conhece um homem de negócios aparentemente insensível, impiedoso – o tipo de pessoa que você poderia naturalmente tratar como um "isso". O jogo consiste simplesmente em imaginá-lo sob um aspecto diferente, mais humano, por exemplo quando ele está brincando de esconde-esconde com o filho de três anos ou cantando para alegrar a mãe idosa. Fazer isso pode alterar sutilmente a maneira como você fala com ele, e os assuntos sobre os quais decide falar – por baixo da fachada fria e formal, é provável que ele seja mais parecido com a pessoa que você está imaginando. Em outro caso semelhante, você pode ver uma adolescente aparentemente carrancuda, de ombros encurvados, fumando numa esquina, e seu preconceito vem à tona; considere, no entanto, que ela poderia ser uma fantástica líder juvenil ou uma talentosa poetisa. Esse exercício – uma forma de narração de histórias criativa – pode nos ajudar a dar às pessoas uma face humana, a desmascarar as ideias estereotipadas que temos delas, abrindo-nos para novas oportunidades de conexão e conversação.

Desenvolvi uma variação desses jogos de personagens após trabalhar em televendas em Sydney quando terminei a universidade. Minha curta e malsucedida carreira envolvia a venda de enciclopédias infantis, *toners* para impressoras a laser, kits de conselhos sobre pagamento de impostos e fotocopiadoras. Eu simplesmente detestava o emprego. Os supervisores ficavam sempre andando à nossa volta, fazendo gestos para que "fechássemos" a

Hábito 2: Dê o salto imaginativo

venda, repreendendo-nos por não alcançar as metas. A maioria das pessoas para quem eu ligava ficava irritada com a interrupção do que estavam fazendo e eu era regularmente objeto de graves ofensas verbais. Por isso, agora, quando atendo a um telefonema de vendas em minha casa, tento imaginar a pessoa que telefona enfrentando os mesmos desafios e o tratamento áspero que enfrentei vinte anos atrás. Provavelmente prefeririam estar estudando para um mestrado em engenharia ou visitando o bebê recém-nascido da irmã a passar as noites tentando vender algo pelo telefone. Tentar imaginar a vida da pessoa do outro lado da linha me estimula a tratá-la com respeito em vez de fazer a grosseria de desligar abruptamente o aparelho. É o mínimo que posso fazer para transpor a divisão digital sem rosto que nos separa.

Uma estratégia final é propormos a nós mesmos algumas questões incisivas sobre suposições que fazemos acerca das pessoas, para elevar nossa autoconsciência e nos permitir identificar preconceitos que poderiam estar se escondendo silenciosamente em nossas mentes:

- Que suposições você pensa que as pessoas fazem sobre o tipo de pessoa que você é? Quão certas elas estão?
- Pense em três casos em que você se enganou em suas suposições e julgamentos sobre outras pessoas. Quais foram as consequências do erro e por que isso teve importância?
- Com que frequência você faz suposições, e sobre que tipos de pessoa?

Para nos ajudar a pensar sobre a última questão, podemos tentar nos pegar fazendo suposições e julgamentos sobre outras pessoas durante todo o dia – seja o guarda de segurança do seu escritório ou o novo namorado tatuado da sua irmã. Talvez você se veja presumindo que um colega de trabalho que permanece calado durante reuniões nada tem de interessante a dizer, o que poderia levá-lo a iniciar uma conversa com ele, na qual você descobre as reais ideias dele e a causa de seu silêncio. Comprovar que estamos errados é uma das formas mais rápidas de educação empática.

Humanizar pessoas é somente o primeiro passo no desenvolvimento do hábito de dar o salto imaginativo para dentro da vida delas. Podemos chegar a vê-las como indivíduos iguais a nós, mas continuarmos desprovidos de um retrato detalhado de seus mundos interiores, suas esperanças, seus medos, crenças e ambições. Se quisermos responder apropriadamente a seus sentimentos e necessidades, deveríamos almejar uma maior precisão empática. Devemos dar um segundo passo, que é descobrir tanto o que temos quanto o que não temos em comum com os outros.

Descubra o que você compartilha... e o que não compartilha

Teoria dos sentimentos morais, de Adam Smith, foi provavelmente o primeiro manual da arte de empatizar. Ele enfatizou que precisamos nos libertar de nossos próprios egos e nos sintonizar com os contornos sutis das emoções e experiências de outras pessoas.

> O espectador deve, em primeiro lugar, esforçar-se o máximo que puder para se pôr na situação do outro e para compreender profundamente todas as pequenas circunstâncias de aflição que podem possivelmente ocorrer ao sofredor... Quando me compadeço de ti pela perda de teu único filho, para penetrar em tua dor, não considero o que eu, uma pessoa de tal caráter e profissão, sofreria se tivesse um filho e se tal filho viesse lamentavelmente a morrer; mas considero o que eu sofreria se fosse realmente tu; e não só troco de circunstâncias contigo, mas mudo pessoas e caracteres. Minha dor, portanto, é inteiramente por causa de ti, não em absoluto por causa de mim mesmo. Ela não é, portanto, de maneira alguma egoísta.[27]

O que Smith não menciona aqui é que nossa capacidade de nos pormos na pele de outras pessoas é aumentada quando somos capazes de identificar pontos de experiência comum que nos sensibilizam com suas paisagens mentais. Pessoas extremamente empáticas empenham-se numa constante busca do que têm em comum com outras, mesmo quando estas lhes parecem estranhas. Nosso próprio sofrimento é um dos condutos mais eficientes para a vida de outras pessoas. Certamente a empatia pode ser

Hábito 2: Dê o salto imaginativo 85

encontrada na alegria coletiva – isso acontecia nas *raves* dos anos 1990 para muitos dos que tomavam pílulas de Ecstasy, uma droga que lhes dava um sentimento compartilhado, eufórico, de conexão empática com outros na pista de dança (muito curiosamente, os que desenvolveram o Ecstasy quiseram chamá-lo de Empathy em razão de suas propriedades geradoras de empatia, mas consideraram esse nome pouco atraente).[28] Há pouca dúvida, porém, de que algumas das formas mais profundas de empatia baseiam-se na experiência comum de dor, ansiedade e perda. Foi exatamente isso que aconteceu com a romancista do século XIX Harriet Beecher Stowe.

Beecher Stowe nasceu em 1811 numa família de pregadores protestantes evangélicos e intelectuais. Crescendo na Nova Inglaterra e depois se mudando para Cincinnati, a oeste, ela teve uma criação privilegiada, vivendo em casas bem-decoradas e típicas de sua classe, tendo se acostumado a ser servida por criados negros.[29]

A grande questão política de seu tempo era a escravidão. Havia no norte do país uma crescente discordância com a crueldade e a desumanidade da economia escravista que prevalecia nos estados do sul, em especial nas plantações de algodão. Alguns dos irmãos de Beecher Stowe eram abolicionistas, mas mesmo nos anos 1840, quando os jornais estavam cheios de debates sobre a questão, ela manifestava pouco interesse pelo crescente movimento antiescravagista, estando mais preocupada em aumentar o acesso das mulheres à educação e em criar seu monte de filhos.

Beecher Stowe tornou-se o centro das atenções em 1852, quando publicou *A cabana do Pai Tomás*, uma história vibrante e comovente que era efetivamente um panfleto político contra a escravidão. Até 1861, nas vésperas da Guerra Civil Americana, assombrosos 4 milhões de exemplares do romance já haviam sido vendidos. Quando ela se encontrou com Abraham Lincoln no ano seguinte, dizem que ele a cumprimentou com as palavras: "Então você é a mulherzinha que escreveu o livro que provocou esta grande guerra!"

Trata-se, sem dúvida, de um dos romances mais lidos e influentes já escritos. Embora hoje muitos zombem de sua descrição sentimental dos afro-americanos e do excessivo melodrama, sua força está em relatar a realidade histórica da escravidão – a compra e venda de seres humanos, a servidão exaustiva, a violência e o derramamento de sangue. Foi por isso que George Orwell o descreveu como "um bom mau livro", uma obra que tem valor não por seus méritos literários, mas porque "tenta ser séria e lidar com o mundo real".

Mas há um mistério. O que motivou Beecher Stowe a escrever *A cabana do Pai Tomás*? Por que essa distinta mulher branca, cujo contato com afro-americanos era quase totalmente limitado aos próprios criados, e que praticamente não viajara pelos estados sulistas, escreveu um romance que levou grande parte de uma nação a empatizar com o sofrimento de uma minoria oprimida?

Mais do que qualquer outra coisa, foi por causa de uma criança. Charley, nascido em 1848, foi o sexto filho de Beecher Stowe, e o favorito. Ela se referiu ao menino como "meu orgulho e alegria" e lhe dava abertamente mais amor e atenção que a qualquer outro filho. Mas quando tinha apenas um ano e meio ele morreu num surto de cólera que varreu Cincinnati, matando 9 mil pessoas. O pesar da mãe foi extremo. Ele a consumiu, a

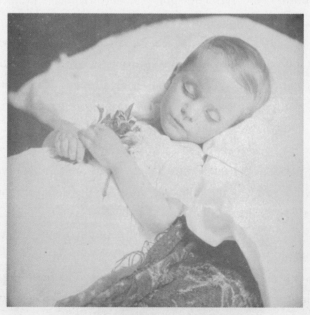

Charley, filho de Harriet Beecher Stowe,
morto pelo cólera em 1849.

Hábito 2: Dê o salto imaginativo 87

assombrou. Ela não conseguia escapar à visão do menino morrendo em agonia diante de seus olhos enquanto o olhava impotente, incapaz de mitigar seu sofrimento.

A morte de Charley, contudo, foi a motivação para a transformação de Beecher Stowe numa abolicionista e para a história que narrou em *A cabana do Pai Tomás*. Esse foi o evento singular que derrubou as barreiras e a abriu para a empatia, porque agora ela era capaz de compreender como as escravas negras podiam se sentir quando seus filhos lhes eram tomados para ser vendidos, algo comum em todos os estados escravistas. "Foi em seu leito de morte e junto a seu túmulo", escreveu ela, "que aprendi o que uma pobre mãe escrava pode sentir quando o filho lhe é arrancado." Numa anotação em seu diário, ela observou: "Escrevi o que escrevi porque como mulher, como mãe, sentia-me oprimida e de coração partido pelas dores e a injustiça que via."[30]

A morte do filho propiciou um momento cortante, excruciantemente penoso de insight empático, e não surpreende que o tema da separação entre mãe e filho seja tão dominante em seu romance. Foi pela própria experiência de sofrimento que Beecher Stowe foi capaz de compreender a vida de pessoas cuja existência cotidiana, sob tantos aspectos, era o oposto da sua e desempenhar um papel tão decisivo na luta contra a escravidão.

Se refletirmos sobre nossa própria vida, todos nós possuímos profundos poços de dor e pesar de que podemos fazer uso e que podem nos ajudar a transpor divisões sociais e criar laços empáticos. Somos capazes de consolar um amigo cuja mãe acaba de morrer porque passamos por nosso próprio trauma da perda de nossos pais. Podemos nos pôr no lugar de alguém que está se sentindo rejeitado e inseguro após ter sido demitido caso isso tenha acontecido conosco também.

Experiências compartilhadas como estas nos proporcionam os insights que nos ajudam a pôr em prática um dos mais conhecidos axiomas morais na história humana, a Regra de Ouro: "Trate os outros como gostaria de ser tratado." Durante a Era Axial (800-300 a.C.), todas as principais tradições espirituais do mundo, entre as quais o budismo, o confucianismo e o judaísmo, desenvolveram alguma versão da Regra de Ouro. Ela aparece também nos clássicos hindus, como o *Mahabharata*, e é um preceito central do pensamento cristão.

A Regra de Ouro é muitas vezes descrita como um "princípio empático".[31] Mas isso procede? Embora ela possa funcionar admiravelmente bem quando nossas vidas e experiências emocionais coincidem com as de outras pessoas – especialmente quando se reconhece um sofrimento em comum –, o que acontece quando as vivências, a cultura e as visões de mundo de outras pessoas são muito diferentes das nossas? Nesse caso a Regra de Ouro não é suficiente, pois poderíamos acabar tratando outros de uma maneira que seria conveniente para nós, mas que poderia ser completamente inadequada da perspectiva deles. Precisamos ir além da Regra de Ouro e nos voltar para o que se tornou conhecido como a Regra de Platina: "Trate os outros como eles gostariam que você os tratasse."[32]

O jornalista e erudito Robert Wright explica por que pode ser tão importante tratarmos os outros como eles gostariam de ser tratados, e não como nós gostaríamos de ser tratados.

> O maior problema isolado do mundo é o fracasso de pessoas ou grupos em olhar as coisas do ponto de vista de outras pessoas ou grupos – i.e., de se colocarem no lugar "do outro". Não estou falando sobre empatia no sentido de literalmente compartilhar as emoções das pessoas – sentir sua dor etc. Estou falando apenas da capacidade de compreender e reconhecer a perspectiva do outro. Assim, para americanos, isso poderia significar compreender que se uma pessoa vivesse num país ocupado por tropas americanas, ou alvo de ataques por parte de *drones* americanos, ela poderia não compartilhar a suposição de muitos americanos de que essas manifestações de força são bem-intencionadas e voltadas para um bem maior. Ela poderia até se sentir amargamente ressentida. Poderia até passar a odiar os Estados Unidos.[33]

As reflexões de Wright são um lembrete de que as perspectivas de povos subjugados têm sido há muito ignoradas por seus soberanos. Quando eu estava no ensino médio na Austrália, no início dos anos 1980, por exemplo, aprendemos nas aulas de história que a Grã-Bretanha havia "colo-

Hábito 2: Dê o salto imaginativo

nizado" a Austrália no final do século XVIII. Mas os povos aborígenes geralmente descrevem esse mesmo evento como uma "invasão" – uma palavra que nunca apareceu em meus livros escolares. Só nos últimos anos australianos não indígenas começaram a ver a chegada da Primeira Frota em 1788 através de olhos aborígenes, uma expansão da imaginação empática que demorou muito a ocorrer.[34]

Não podemos supor que outros compartilharão nossos códigos morais, nossos gostos ou interpretações do mundo. É por isso que pessoas extremamente empáticas não tentam simplesmente descobrir o que compartilham com outras, mas fazem um esforço para compreender o que não compartilham. Esse passo duplo para assegurar a acuidade empática está no âmago do salto imaginativo que nos permite penetrar em outras mentes. Por isso, quando se trata de agir com base em intuições, "empatistas" extremamente sensíveis não empregam apenas a Regra de Ouro, mas a complementam com a Regra de Platina.

A Regra de Platina nos põe diante de um maior desafio imaginativo que sua prima de ouro, pois requer que resistamos à tentação de projetar nossas experiências e ideias sobre outros. No entanto, sem dúvida, vale a pena praticar as duas e aprender a reconhecer em que contexto cada uma delas é apropriada. A maneira mais fácil de fazer isso é, durante um mês, conduzir um experimento em que você, toda vez que agir com empatia, registra se está seguindo a Regra de Ouro ou a Regra de Platina. Assim, num dia você pode dar um telefonema para sua mãe idosa porque sabe que ela se sente sozinha, e você provavelmente gostaria que alguém lhe telefonasse em circunstâncias semelhantes (Regra de Ouro).[35] Em outro dia, porém, você se abstém de fumar na varanda de sua amiga por saber que ela não gosta que o cheiro entre no apartamento dela, mesmo que você não fosse se incomodar com isso em seu próprio apartamento (Regra de Platina).

No fim do mês, você terá começado a desenvolver o hábito de sintonizar tanto com o que compartilha com os outros quanto com aquilo em que suas perspectivas divergem das deles, e será o orgulhoso possuidor de um cérebro equipado com conjuntos de circuitos de ouro e de platina dignos de um *Homo empathicus*.

Empatizar com o inimigo

"Minha vida é minha mensagem", disse Mahatma Gandhi, talvez o empatista mais radical na história moderna. O que sua vida nos ensina sobre nos colocarmos no lugar de outras pessoas? Os instintos empáticos de Gandhi manifestaram-se pela primeira vez em sua paixão por cuidar de doentes, que surgiu logo depois que ele se mudou para a África do Sul, aos 26 anos, para trabalhar como advogado. Quando a Guerra dos Bôeres explodiu em 1899, ele organizou um corpo médico voluntário de mais de mil indianos para o Exército britânico, por vezes andando mais de trinta quilômetros para ir buscar soldados feridos no campo de batalha. Durante a rebelião zulu em Natal, ele cuidou de zulus que tinham sido chicoteados e abandonados pelos britânicos, cujos enfermeiros de campo se recusavam a atendê-los – para Gandhi, não havia nenhuma distinção relevante entre os dois lados no conflito.

Seus experimentos mais explícitos com a existência empática começaram quando ele voltou para a Índia, em 1915. Seu primeiro gesto foi trocar o terno e os colarinhos engomados de advogado por um *dhoti*, ou tanga, a roupa tradicional dos pobres. Dois anos depois, Gandhi fundou o Sabarmati Ashram perto da cidade de Ahmedabad, onde seu desejo era "viver a vida das pessoas mais pobres", como um ato de solidariedade e compreensão empática. Nos intervalos das atividades de fazer discursos políticos e estimular o movimento para a independência da Índia em relação à Grã-Bretanha, ele, sua mulher e seus seguidores passaram anos vivendo e trabalhando como camponeses de subsistência, fazendo apenas as refeições mais simples, morando em abrigos esparsos, cultivando o próprio alimento e tecendo as próprias vestimentas. Ele aboliu o sistema de castas nos *ashrams*, de modo que até ele tinha de limpar as latrinas, serviço normalmente restrito aos intocáveis (*dalits*). Gandhi não era um homem sem defeitos: podia, por exemplo, ser incrivelmente teimoso. Mas não há dúvidas quanto às suas credenciais empáticas.[36]

Seu desejo de experimentar por si mesmo a vida cotidiana dos indianos mais pobres era visto por muitos como uma excentricidade inofensiva.

Hábito 2: Dê o salto imaginativo 91

Muito mais controversa era sua insistente defesa da necessidade de empatia com adversários políticos. Tentar ver o mundo através de seus olhos – e assim apreciar seus valores, motivos, aspirações e sofrimento – era, ele acreditava, essencial para a construção de uma cultura de paz e tolerância. Essa questão tornou-se cada vez mais pertinente à medida que as tensões entre hindus e muçulmanos cresceram nas vésperas da independência, em 1947. Muitos muçulmanos desejavam seu próprio Estado, ao passo que Gandhi detestava a perspectiva de divisão e apoiava o ideal de uma Índia unida. Hindu devoto, ele pedia fraternidade e compreensão mútua. "Sou um muçulmano! E um hindu, e um cristão e um judeu." Suas palavras refletiam uma crença inabalável na necessidade de empatizar com nossos inimigos – que não eram realmente inimigos, mas simplesmente outros seres humanos cujas vidas tinham o mesmo valor que as nossas.

O meio milhão de mortes que ocorreram durante a violenta divisão entre hindus e muçulmanos mostrou que as exigências morais de empatizar com inimigos eram grandes demais naquele momento da história. Teria Gandhi, portanto, sido excessivamente idealista? Deveria ter admitido os lados mais obscuros da natureza humana que impediam a compreensão empática a que dava tanto valor?

Creio que ele estava certo ao defender o sentimento de empatia pelos supostos inimigos. Na verdade, considero esse um terceiro passo, essencial, para darmos o salto imaginativo em direção a outras mentes. Deveríamos tentar estender nossa empatia além dos suspeitos usuais – os pobres e marginalizados, os sem voz e sem poder – e ser mais ousados em nossos esforços para nos pormos na pele de outras pessoas. Em situações de conflito violento, seja na Palestina, na Síria ou no Sudão, a paz e a reconciliação duradouras requerem não apenas acordos políticos estabelecidos por líderes, mas laços empáticos em meio a pessoas comuns de modo que elas possam viver lado a lado como vizinhas. Também em nossa vida pessoal, a empatia com "o inimigo" pode desempenhar um papel curativo e solucionar os impasses que assediam as relações. Ela poderia ajudá-lo a reduzir o antagonismo com seu chefe agressivo, a retomar o contato com um irmão com quem você não fala há anos ou a aliviar tensões com um vizinho com quem você tem uma relação difícil. Esta abordagem à empatia foi defendida no chamado International Charter for Compassion, um documento elaborado em 2009 por representantes de seis diferentes grupos religiosos (judaísmo, cristianismo, islamismo, hinduísmo, budismo e confucianismo), que convida as pessoas a "cultivar uma empatia bem-informada com todos os seres humanos – até com os que são considerados inimigos".[37] Podemos nos fazer esta pergunta: Quem são meus três maiores "inimigos" e como eu poderia usar a empatia para começar a transpor a linha divisória entre nós?

Para alguns, a ideia de empatizar com o inimigo, como uma gerente que tem feito da sua vida um inferno, poderia parecer ir longe demais. Não seria *ela* que deveria estar fazendo o esforço para empatizar com *você*? E qual o sentido de se dar ao trabalho, de todo modo, uma vez que provavelmente ela não mudará o jeito de se comportar? Segundo uma corrente de pensamento no budismo, uma boa razão para fazer o esforço de compreender como a gerente poderia estar se sentindo é que esse é um passo para viver uma vida mais compassiva e feliz. O monge zen-budista Thich Nhat Hanh conta a história de uma carta que recebeu sobre uma menina que, ao cruzar como refugiada o golfo de Siam num barquinho, foi estuprada por um pirata tailandês. Ela tinha somente doze anos e pulou no oceano e se afogou. Embora possamos sentir vontade imediata de puxar um revólver e dar um tiro no pirata, diz Hanh, devemos nos pôr no lugar dele e mostrar compaixão por ele, porque se tivéssemos crescido em circunstâncias semelhantes teríamos tido uma boa chance de termos nos tornado um pirata violento como ele.[38]

Este exemplo me parece quase desafiador demais: tentar empatizar com o pirata faz meu estômago revirar. Mas outro pensador budista, Stephen Batchelor, sugere que podemos encontrar coragem para nos envolver nesse tipo de compaixão extrema por meio de uma meditação empática progressiva, em que nos imaginamos primeiro na vida de um amigo, depois na de um inimigo e, por fim, na de um estranho:

> Comece com uma amiga. Imagine-a como uma recém-nascida, coberta de
> sangue. Acompanhe-a lentamente à medida que ela se desenvolve e se torna

Hábito 2: Dê o salto imaginativo

um bebê de dois anos, uma criança, uma adolescente, uma jovem adulta, até o momento em que você a conhece. Tente imaginar quais eram suas esperanças e seus anseios antes mesmo que ela suspeitasse de sua existência. Pense nela agora como alguém que valoriza suas próprias ideias e sentimentos da mesma maneira inescrutável como você se agarra aos seus. Depois contemple o futuro e observe-a amadurecendo, caindo doente, envelhecendo e morrendo... Volte-se para o inimigo e o estranho e faça o mesmo, até que três seres humanos se reúnam diante de você: iguais no nascimento e iguais na morte.[39]

Para mim, tentar empatizar com inimigos foi extraordinariamente desafiador – mas recompensador. Esse foi particularmente o caso quando viajei para a Guatemala, no final dos anos 1990, para conduzir a pesquisa da minha tese de doutorado.[40] Eu tinha decidido estudar os oligarcas do país – as cerca de trinta famílias de origem europeia que dominavam a economia e a política, e que mantinham a Guatemala empobrecida. Elas possuíam as grandes *plantations* de café e cana-de-açúcar, bancos e grandes indústrias. Tinham estilo de vida luxuoso, viajando por toda parte de helicóptero e fazendo compras em Miami, enquanto a maioria da população, 60% da qual eram de indígenas maias, vivia em extrema pobreza. Os oligarcas haviam também colaborado com os militares na Guerra Civil da Guatemala, terminada pouco tempo antes, na qual as Forças Armadas tinham matado um total estimado de 200 mil civis, na maioria maias, na tentativa de erradicar guerrilheiros esquerdistas.

Eu certamente não sentia nenhuma empatia pela oligarquia quando comecei minha pesquisa. Ao contrário: desprezava-a. Para mim eles eram a elite governante sem rosto responsável por crimes terríveis, como o financiamento de esquadrões da morte paramilitares para assassinar sindicalistas, líderes camponeses e jornalistas durante a guerra civil. Eu achava, no entanto, que para a Guatemala se tornar algum dia uma sociedade mais igual e menos violenta, era vital conversar com os oligarcas e compreender sua psique e atitude mental, descobrir o que realmente os movia. O que pensavam sobre questões como pobreza, guerra civil e direitos dos indígenas à terra? Sem compreender a visão de mundo da oligarquia, eu pensava, seria impossível desenvolver estratégias eficazes para derrubar seu poder.

Quando comecei a entrevistá-los, defrontei-me imediatamente com o racismo deles em relação aos indígenas. Uma mulher me contou uma história sobre "uma índia baixotinha, escura, feiosa, de olhos inquietos". Outra se queixou da "ignorância" e "falta de ambição" dos trabalhadores maias em sua propriedade. Eles eram repetidamente descritos como desajeitados, mentirosos, sujos, estúpidos e preguiçosos. Parte de mim queria retrucar ao ouvir tais afirmações, mas obriguei-me a permanecer em silêncio e tentar me pôr na pele dos oligarcas. Seu racismo não foi uma surpresa: a maioria havia crescido em uma pequena comunidade de elite, voltada para dentro, em que tais ideias, alimentadas durante séculos, eram inteiramente normais. Mas minhas tentativas de sentir empatia por eles não provocou em mim uma onda de tolerância gandhiana e compreensão mútua: suas ideias eram detestáveis.

Essa situação encarnava o problema do que chamo de "discordância empática" – como podemos empatizar com alguém com cujas ideias ou valores discordamos profundamente? Esta é uma questão que enfrentamos diariamente. Você pode estar jantando na casa de um amigo e um dos convidados conta uma piada antissemita. Deve responder mostrando que a piada é ofensiva? Ou, em vez disso, apelar para sua empatia e tentar olhar através dos olhos do cômico equivocado para compreender sua mentalidade?

Creio que a resposta é que podemos fazer as duas coisas. E isso suscita um ponto decisivo sobre a empatia que é muitas vezes mal interpretado. Não importa quais possam ser as ideias políticas, a religião ou o código moral de uma pessoa, o processo de empatizar não destrói a possibilidade de julgamento moral. Você pode compreender a visão de mundo de alguém sem ter de concordar com suas crenças ou princípios. Nunca tolerei o racismo da elite, mas quanto mais entendi como seu mundo era fechado – como mal tinham contato com os maias, com exceção de seus criados e motoristas –, mais pude compreendê-lo.

Hábito 2: Dê o salto imaginativo

Com o tempo, minha ignorância foi diminuindo pouco a pouco, e as sementes da empatia começaram a florescer. A cada entrevista, eles se tornavam mais individuais, mais humanos, menos uma casta uniforme que eu podia simplesmente rotular de "exploradores" ou "a classe dominante". Meus preconceitos foram mais notavelmente desafiados quando comecei a ouvir relatos de como seus filhos haviam sido sequestrados e por vezes assassinados pelos guerrilheiros e grupos paramilitares rebeldes num esforço para extorquir dinheiro de resgate durante a guerra. Lembro-me de uma aristocrata, conversando comigo em sua casa suntuosa num condomínio fechado, chorando ao descrever como o filho foi raptado. Eu estava completamente despreparado para revelações desse tipo: nunca havia considerado como a guerra afetara as famílias poderosas da Guatemala num nível pessoal. Embora nem de longe elas tivessem enfrentado a violência na mesma escala que a população maia, sem dúvida também haviam sofrido. E numa espécie de epifania, dei-me conta de repente de que a Guatemala não estava tão dividida quanto eu sempre imaginara: tanto os abastados oligarcas quanto a empobrecida população indígena ansiavam por algo muito simples, que era segurança pessoal. Em outras palavras, havia um terreno comum no qual o país poderia ser unido e reconstruído após a guerra civil.

Eu nunca poderia ter desenvolvido essa perspectiva sobre as possibilidades políticas para a Guatemala se não tivesse me disposto a conversar com os oligarcas, ouvir suas histórias e empatizar com aqueles em quem durante muito tempo pensara como inimigos. Eu certamente não sou um apologista das oligarquias, e ainda considero que a derrubada de seu poder econômico e político é de suprema importância, mas acredito que agora sou menos ignorante sobre eles e um juiz muito melhor de suas motivações e ações. E essa pode provavelmente ser a melhor razão para entrar na arena e empatizar com o inimigo: embora os conflitos e tensões possam não ser todos completamente resolvidos, sairemos desse processo sem dúvida mais informados, menos propensos a fazer um julgamento precipitado e mais justos tanto em relação a outras pessoas quanto a nós mesmos.

Como é ser um morcego?

No anos 1970, o filósofo Thomas Nagel escreveu um artigo clássico intitulado "What is like to be a bat?". Ele afirmou que "nossa própria experiência fornece o material básico para a imaginação, cujo âmbito é portanto limitado", de modo que somos incapazes de imaginar como pode ser passar o dia pendurados de cabeça para baixo pelos pés num sótão ou ter membranas nos braços. A única coisa que posso imaginar é "como poderia ser para *mim* comportar-me como um morcego se comporta", mas nunca poderei compreender "como é para um *morcego* ser um morcego".[41] A ideia que ele defendia é que é impossível nos pormos na pele de outras pessoas o suficiente para compreender suas mentes. Nunca podemos escapar dos limites de nossa própria subjetividade.

Não concordo. Aos dar os três passos de humanizar o "outro", descobrir o que compartilhamos e o que não compartilhamos, e sentir empatia pelos inimigos, torna-se possível ter uma boa compreensão dos sentimentos, crenças, valores e experiências de outras pessoas. Os seres humanos não são tão diferentes uns dos outros que não possam tentar se transportar – ainda que de maneira incompleta – para as vidas uns dos outros e superar, nesse processo, as barreiras à empatia. Harriet Beecher Stowe nunca teve um filho roubado dela por um traficante de escravos branco, mas o sofrimento emocional causado pela morte precoce de seu menino proporcionou-lhe, sem dúvida, alguma compreensão da dor. Gandhi nunca *se tornou* um intocável (*dalit*), mas passar anos vivendo como um camponês e limpando latrinas com as próprias mãos permitiu-lhe pelo menos ficar mais próximo da realidade de suas vidas. Oskar Schindler teria sido o primeiro a admitir que não sabia como era ser um judeu perseguido no gueto de Cracóvia, mas mesmo assim pôde sentir uma humanidade comum com seus trabalhadores. A vida de algumas pessoas nos parece de fato incompreensível, como se fosse a de um morcego. Tenho dificuldade em me projetar na visão de mundo de um xamã guatemalteco, ou de uma criança moribunda em Ruanda, ou de uma herdeira de Rockefeller, mas esta compreensão não me impede

Hábito 2: Dê o salto imaginativo 97

de tentar imaginar suas vidas interiores tanto quanto me seja possível. Mesmo sem sucesso absoluto, terei sido transformado pelo esforço e meu déficit de empatia pessoal decaído no processo.

Aonde chegamos até agora? Nosso cérebro empático deveria ser bem e verdadeiramente acionado, e nossa mente sintonizada para dar o salto imaginativo nos mundos de outras pessoas. O próximo passo é a busca de liberar nosso potencial empático: começar a nos flexibilizar para o esporte radical da empatia experiencial.

HÁBITO 3

Busque aventuras experienciais

Ser Daniel Day-Lewis

Durante as filmagens de *Meu pé esquerdo*, Daniel Day-Lewis, fazendo o papel do artista e escritor Christy Brown, que sofria de paralisia cerebral, passou quase a filmagem inteira numa cadeira de rodas, recusando-se a sair do personagem, mesmo nos intervalos para o chá. Ele não só tinha de ser empurrado pelo set, como insistia em que todos o chamassem de Christy e fazia questão de que o alimentassem a colheradas na hora das refeições. Preparou-se para o papel aprendendo sozinho a pintar com o pé esquerdo, assim como aprendeu a caçar e preparar armadilhas usando ferramentas do século XVIII para o papel como homem de fronteira em *O último dos moicanos*. Enquanto fazia *Em nome do pai*, Day-Lewis se preparou para uma cena em que a confissão de um crime que não cometera era arrancada dele a surra obrigando-se a passar três dias e três noites acordado e contratando um policial de verdade para interrogá-lo. Para *A balada de Jack e Rose*, viveu separado de sua mulher para poder compreender o isolamento de um homem que está morrendo, ao passo que para *Lincoln*, manteve o sotaque agudo de Kentucky longe das câmeras e pediu que sempre se dirigissem a ele como Sr. Presidente.

Day-Lewis é um dos principais adeptos do método Stanislavski – uma famosa abordagem difundida nos anos 1930 pelo diretor de teatro russo Constantin Stanislavski – e acredita que a prática bem-sucedida de seu ofício requer a imersão, tão profunda quanto possível, na vida e no espírito do personagem. Ele tenta encarnar completamente seu papel, tanto física quanto psicologicamente, "porque é aí que está o trabalho, é aí que estão

Hábito 3: Busque aventuras experienciais

as descobertas – você não está descobrindo nada quando está tomando uma xícara de chá e dando risada com os técnicos no estúdio, por mais tentador que isso possa ser". O objetivo não é apenas ter insights sobre o personagem, de modo a poder representar com autenticidade, mas também fazer descobertas sobre si mesmo. "Tenho me interessado em geral por vidas que parecem muito distantes da minha, e o mistério dessa vida é o que me atrai para ela", diz Day-Lewis. "Num sentido subjacente, você está escolhendo explorar a si mesmo por meio de outra vida."[1]

O método Stanislavski encarna um dos principais hábitos de muitas pessoas extremamente empáticas, que é a disposição para mergulhar no esporte radical da empatia experiencial. Como Day-Lewis, elas pensam que uma das melhores maneiras de se pôr no lugar de outra pessoa é ter a experiência direta de sua vida, de modo que fique gravada na pele e na psique delas. Esse processo não envolve uma fusão de personalidades que erradique totalmente sua identidade – um estado de ser que não é nem possível nem desejável alcançar –, sendo antes uma maneira de pensar fora dos limites de suas próprias experiências, crenças e emoções. É comum na arte da atuação que homens representem mulheres, ricos representem pobres, jovens representem velhos. Um empatista esforça-se para se tornar tão sensível, versátil e imaginativo quanto os melhores atores.

O aprendizado experiencial talvez seja a abordagem mais exigente à empatia – mais desafiador que ter uma conversa ou assistir a um filme –, mas tem o potencial de produzir as maiores recompensas. Você pode tentar isso sozinho de várias maneiras, cada uma com seus desafios. Na ponta extrema do espectro está a *imersão* física, semelhante ao esforço de Daniel Day-Lewis para recriar a vida de Christy Brown passando meses numa cadeira de rodas. Outra opção é a *exploração*, em que nos comportamos como antropólogos que buscam e observam atentamente vidas e culturas diferentes, empreendendo uma viagem empática. Uma forma final é a *cooperação*, em que trabalhar junto com outros – muitas vezes em circunstâncias difíceis ou traumáticas – nos põe em união empática com eles: pense nisso como a experiência de estar no mesmo barco com outra pessoa, não na pele dela. Nossos companheiros neste trecho experiencial de nossa viagem incluem jornalistas investigativos pioneiros, um aspirante a médico argentino e os participantes de um coral.

Imersão, ou como ser um empatista disfarçado

Como aprendemos? Nossos sistemas educacionais são equipados para a aprendizagem através de vias indiretas de ensino, por meio de palavras e imagens. No entanto, há mais de quinhentos anos que se reconhece na cultura ocidental que o aprendizado mais efetivo pode ter lugar por meio de embates experienciais com a realidade. Leonardo da Vinci descreveu-se como um "discípulo da experiência": ele desenvolveu seu conhecimento de anatomia não estudando textos médicos, mas dissecando corpos. No século XVIII, Jean-Jacques Rousseau afirmou que "a verdadeira educação consiste menos em preceito que em prática. Começamos a nos instruir quando começamos a viver", ao passo que o filósofo do século XX John Dewey acreditava que "toda verdadeira educação ocorre por meio de experiência".[2]

Como uma maneira de aprender sobre nós mesmos e outras pessoas, a experiência tem poucos paralelos. Na história da empatia, uma das primeiras personalidades a compreender isso foi são Francisco de Assis. Após uma visita à basílica de São Pedro, em Roma, no início do século XIII, ele ficou tão desgostoso com a opulência do lugar que trocou suas roupas pelas de um mendigo que avistou na porta e passou o dia mendigando em andrajos. A vida na pobreza tornou-se a marca distintiva da fraternidade que fundou mais tarde.

Nos tempos modernos, o experimento de são Francisco em Roma foi imitado por escritores e jornalistas investigativos clandestinos que se disfarçaram e tentaram durante um período viver nas margens sociais morando em bairros miseráveis, trabalhando em serviços mal remunerados em fábricas e tentando sobreviver nas ruas. Também conhecido em inglês como "role reporting", esse gênero de imersão empática remonta ao final do século XIX, e a maior parte de seus expoentes foi motivada por um

Hábito 3: Busque aventuras experienciais

desejo de desmascarar a injustiça social, a desigualdade e a exploração. Ao mesmo tempo, a atividade tem sido exercida muitas vezes por indivíduos de classe média altamente instruídos que desejaram pôr em xeque seus próprios privilégios e preconceitos aprofundando-se em vidas que, pelo menos na superfície, parecem lhes ser estranhas.[3]

Desejo narrar aqui as aventuras de quatro dos mais importantes e originais empatistas disfarçados, na esperança de que possam nos inspirar a experimentar a imersão experiencial por nós mesmos.

O principal deles é a reformadora social britânica Beatrice Webb, que nasceu em 1858 numa família de homens de negócios e políticos de sucesso. Em grande parte autodidata, suas primeiras ideias foram influenciadas pelo darwinista social Herbert Spencer, que estimulou a crença nas filosofias vitorianas da autoajuda e do individualismo, e a visão de que a pobreza era decorrente de uma deficiência de caráter, uma imperfeição moral dos que dela sofriam. Essas crenças eram muito comuns entre pessoas de classe média alta.

No final dos anos 1880 as ideias de Webb sofreram uma transformação fundamental, devida em grande parte à sua experiência como pesquisadora no levantamento social sobre a pobreza nos bairros miseráveis de Londres promovido por Charles Booth. Webb começou investigando as condições entre trabalhadores das docas, nos cais onde eles se ofereciam para raros trabalhos eventuais e misturando-se com eles em clubes de trabalhadores, ajudada por seu hábito de fumar, incomum entre as mulheres da época. Em 1887 sua pesquisa ganhou um caráter mais experiencial quando ela se disfarçou com uma saia enxovalhada e botinas sem botões para procurar emprego como costureira numa fábrica sórdida no East End. Depois de bater em inúmeras portas, foi aceita como "trabalhadora comum" numa fábrica de roupas de propriedade de um judeu. Enfiada num cômodo apertado com mais trinta mulheres e meninas, ela tinha de trabalhar por peça em turnos de doze horas, mas como era mais incompetente que a maioria, estava sempre cometendo erros e trabalhando devagar demais.

Webb só durou quatro dias no emprego, mas o relato de sua experiência, um artigo de revista intitulado "Pages From a Work-Girl's Diary", causou sensação. Era algo inaudito que um membro respeitado da sociedade burguesa, em especial uma mulher, vivesse entre os miseráveis. Ela descreveu os baixos e exploratórios níveis de remuneração e a dificuldade física do trabalho – "meus dedos estão horrivelmente doloridos e minhas costas doem como se fossem quebrar" – e combinou isso com um comentário um tanto paternalista sobre a licenciosidade moral de suas companheiras, ressaltando a "promiscuidade de suas relações amorosas" e "sincero contentamento com a vida sórdida". Em consequência de suas aventuras, em maio de 1888 Webb foi chamada a testemunhar perante a Casa dos Lordes sobre as péssimas condições de trabalho nas fábricas têxteis.

A imersão também a levou a repensar suas crenças políticas. "Minhas investigações sobre a pobreza crônica de nossas grandes cidades abriu meus olhos para a visão dos trabalhadores no cenário", escreveu ela em sua autobiografia. Agora podia ver que, da perspectiva deles, a Revolução Industrial era "um experimento gigantesco e cruel" que estava "se provando um calamitoso fracasso". Webb voltou-se contra a ideologia individualista da autoajuda, expressou sua "repugnância ética" pelo capitalismo e a "empresa de fins lucrativos" e declarou-se socialista. Passou o resto da vida lutando por melhores condições nas fábricas e apoiando os movimentos cooperativo e sindical. Tornou-se também (com seu marido, Sidney Webb) uma figura de destaque na agremiação socialista Sociedade Fabiana e mais tarde esteve entre os fundadores da revista *New Statesman* e da London School of Economics. Para uma antiga "moça de sociedade", foi um legado extraordinário.[4]

O East End de Londres atraiu uma sucessão de empatistas disfarçados desde que Webb trabalhou ali com agulha e linha. Em 1902, o aventureiro americano Jack London passou oito semanas como um marinheiro na penúria, experiência que narrou em *O povo do abismo*. O mais renomado explorador, porém, foi George Orwell. Depois de uma criação privilegiada, incluindo educação de elite em Eton – experiência que o transformou, em suas palavras, em "um esnobezinho detestável" –, Orwell passou cinco anos em Burma como oficial da polícia colonial. Durante sua estada no exterior, desenvolveu tamanha aversão pelo imperialismo e uma crescente repugnância pelo papel que ele próprio aí desempenhava, que voltou à

Hábito 3: Busque aventuras experienciais

Grã-Bretanha em 1927 decidido a descobrir as realidades da vida em meio aos pobres de seu país. "Eu queria submergir, ir direto para o meio dos oprimidos", escreveu, "ser um deles e estar do lado deles contra os tiranos." Ele não queria condenar a pobreza estando à margem dela, como tantos intelectuais de Bloomsbury, mas vivê-la ele mesmo. Por isso decidiu tornar-se um vagabundo nas ruas do East End, trocando seu terno por um macacão de brim sujo e um boné de pano, vivendo de pão com margarina e dormindo em albergues infestados de percevejos com malandros, mendigos e operários desempregados.

Orwell adotou uma abordagem mais intransigente que a de Beatrice Webb: em vez de vagabundear por alguns dias apenas, durante um período de vários anos ele empreendeu múltiplas excursões sob disfarce. Nunca se sentiu tentado a ter um dinheiro de reserva no bolso ou a fugir para a confortável casa de seus pais em Suffolk. Ele sempre reconheceu, contudo, que sua vagabundagem era apenas uma condição temporária, uma questão de escolha, e não uma necessidade, e portanto jamais poderia tocar a verdadeira amargura, o desapontamento e a adversidade inescapável da vida que procurava compreender. Ainda assim, foi um formidável aprendizado. Como ele conclui em *Na pior em Paris e Londres*:

> Nunca mais pensarei que todos os vagabundos são canalhas bêbados, nem esperarei que um mendigo fique agradecido quando lhe dou um centavo, nem surpreso se os desempregados parecem sem energia ... não estou dizendo, é claro, que em sua maioria os vagabundos são pessoas ideais; estou dizendo apenas que são seres humanos comuns.[5]

Ao mesmo tempo em que punham em xeque seus preconceitos e suposições, as viagens de Orwell também o ajudaram a fazer novas amizades, desenvolver a curiosidade por estranhos e colher esplêndido material literário que lhe seria útil em sua carreira como escritor. Em outras palavras, os benefícios da empatia foram tanto éticos quanto pessoais.

A maioria dos exemplos de empatia sob disfarce é, como o de Orwell, uma tentativa de transpor barreiras de classe. John Howard Griffin decidiu fazer algo mais incomum: transpor a linha divisória das raças. Griffin, que nasceu no Texas em 1920, era uma personalidade extraordinária. Durante a Segunda Guerra Mundial ele ingressou na Resistência Francesa, ajudando a levar crianças judias clandestinamente da Alemanha para a Inglaterra. Em 1945 a explosão de uma bomba deixou-o cego, mas apesar disso ele conseguiu escrever um romance que se tornou best-seller, antes de recobrar milagrosamente a visão uma década depois. Tendo experimentado a discriminação quando cego e testemunhado o antissemitismo nazista, ele tomou aguda consciência da discriminação racial no Deep South (o Sul profundo), segregado dos Estados Unidos, e estava decidido a desmascarar publicamente essa injustiça. "Negros me disseram que a única maneira pela qual um branco poderia ter a esperança de compreender a realidade deles seria acordar uma manhã na pele de um negro", escreveu Griffin. Então foi isso que ele fez. Em novembro de 1959, tingiu sua pele de preto com um medicamento que escurecia os pigmentos e passou seis semanas viajando e trabalhando pelos estados de Louisiana, Mississippi, Georgia e Carolina do Sul como um afro-americano.

Ele começou como engraxate em Nova Orleans e ficou chocado com a desenvolta desumanidade de seus fregueses brancos, que se deixaram enganar completamente por seu disfarce. "Quando me pagavam, olhavam como se eu fosse uma pedra ou um poste", lembrou, "olhavam e não viam nada." Griffin sofreu as indignidades cotidianas da segregação, andando quilômetros para encontrar um lugar em que fosse permitido a um negro ir ao banheiro ou sentar-se para uma xícara de café. Experimentou não só insultos verbais racistas e a ameaça de violência física, mas o "olhar de ódio" quando passava por homens e mulheres brancos:

> Aprendi em poucas horas que ninguém me julgava por minhas qualidades como indivíduo e todos me julgavam por minha pigmentação. Eles não podiam me ver ou a qualquer outro homem negro como um indivíduo humano porque nos enterraram sob o lixo da visão estereotipada que têm de nós. Viam-nos como "diferentes" deles em aspectos fundamentais: éramos irresponsáveis; éramos diferentes em nossa moral sexual; éramos

Hábito 3: Busque aventuras experienciais

intelectualmente limitados; tínhamos um senso de ritmo dado por Deus; éramos preguiçosos e despreocupados; gostávamos de melancia e frango frito.

Griffin escreveu sobre suas experiências numa série de artigos para a revista mensal *Sepia*, focada na cultura afro-americana, e também num livro, *Black Like Me*. Hoje poderíamos considerar que um homem branco falando em nome de afro-americanos é algo desnecessário, condescendente ou possivelmente antiético – os negros são, sem dúvida, capazes de falar por si mesmos. Mas, na época, americanos brancos dificilmente dariam ouvidos a vozes negras fazendo campanha contra a segregação, razão por que a *Sepia* concordou em publicar Griffin. Foi uma jogada astuta: suas revelações tiveram enorme impacto. Ele ganhou a atenção da grande mídia para a causa da igualdade racial e tornou-se um eminente porta-voz dos direitos civis, trabalhando com Martin Luther King e fazendo palestras em campus de todo o país. Mas houve um preço a pagar. Ele e sua família receberam ameaças de morte de supremacistas brancos e foram obrigados a deixar os Estados Unidos. Voltaram um ano depois, mas a Ku Klux Klan foi atrás de Griffin, surrou-o com correntes e, dando-o por morto, abandonou-o numa estrada secundária no Mississippi. Ele teve a sorte de sobreviver e, resoluto, continuou seu ativismo político.

Hoje *Black Like Me* continua sendo um texto usual em programas de ensino médio e de faculdades nos Estados Unidos. Em seu âmago está a ressonante mensagem de Griffin sobre o valor da empatia: "Se pudéssemos pelo menos nos pôr na pele dos outros para ver como reagiríamos, poderíamos nos dar conta da injustiça da discriminação e da trágica desumanidade de todo tipo de preconceito."[6]

Se houvesse um prêmio para o esporte radical da imersão empática, provavelmente ele teria ido para o jornalista investigativo alemão Günther Wallraff. Em março de 1983 ele publicou o seguinte anúncio num jornal: "Estrangeiro, forte, procura trabalho de qualquer tipo, inclusive serviços pesados e sujos, mesmo por pouco dinheiro. Ofertas para 358458." Wallraff pretendia desmascarar as condições de trabalho severas, mal remuneradas e muitas vezes ilegais, suportadas pelas dezenas de milhares de trabalhadores turcos imigrantes na Alemanha Ocidental – tornando-se um deles. Ele já se disfarçara antes para trabalhar numa fábrica química e também se passara por alcoólatra num hospital psiquiátrico, mas esse era seu mais audacioso projeto até então. Em vez de passar apenas alguns dias a caráter, dessa vez desapareceu no papel durante dois anos.

Usando lentes de contato escuras, uma peruca preta e tendo aperfeiçoado um estropiado "alemão de estrangeiros", Wallraff lançou-se numa sucessão de serviços exaustivos para imigrantes. Desentupiu privadas em canteiros de obra onde a urina lhe chegava aos tornozelos, removeu pó de coque com pá hora após hora sem máscara protetora e foi obrigado a trabalhar em áreas cheias de gases nocivos numa usina de aço, suportando o tempo todo piadas e comentários racistas de seus patrões e colegas de trabalho alemães. Também fritou hambúrgueres no McDonald's e foi cobaia em experimentos médicos que faziam suas gengivas sangrarem. De vez em quando resolvia provocar, como ao fazer visitas a igrejas católicas para saber se elas aceitavam batizar um turco (foi despachado por quase todos os padres, apesar de mostrar um excelente conhecimento da Bíblia). Pouco a pouco seu personagem, Ali, começou a fazer parte dele. "Identifico-me cada vez mais com o papel", escreveu Wallraff em seu livro *Cabeça de turco*. "À noite, quando estou dormindo, muitas vezes falo em voz alta em um alemão bem ruim. Agora sei quanta força é necessária para suportar apenas por um curto tempo o que meus colegas estrangeiros têm de sofrer durante suas vidas inteiras."

"Há um pouquinho de apartheid acontecendo bem aqui entre nós – em nossa *democracia*", concluiu Wallraff após deixar o último emprego. "Experimentei condições que em geral só são descritas em livros de história sobre o século XIX. O trabalho era sujo, esmagador e esgotava minhas últimas reservas; pior, porém, era a humilhação que eu tinha de suportar e o desprezo com que era tratado." Seu livro foi explosivo. Vendeu mais de 2 milhões de exemplares em trinta línguas, levou a investigações criminais de firmas que usavam mão de obra ilegal e resultou numa melhor proteção para trabalhadores autônomos em vários estados alemães. Os rendimentos da obra financiaram o estabelecimento de uma fundação para auxílio jurídico gratuito aos trabalhadores imigrantes. Para Wallraff, a experiência pode lhe ter valido a reputação de repórter investigativo mais empreendedor da Europa, mas seu trabalho na usina de coque o deixou cuspindo saliva preta durante meses e permanentemente marcado por uma bronquite crônica.[7]

Graças à inspiração de personalidades como Webb, Orwell, Griffin e Wallraff, a empatia experiencial tornou-se uma forma estabelecida de desmascarar iniquidades sociais. Mais recentemente, por exemplo, jornalistas como Polly Toynbee, na Grã-Bretanha, e Barbara Ehrenreich, nos Estados Unidos, revelaram as realidades de sobreviver na economia de baixos salários trabalhando nela eles mesmos. É verdade que essas são muitas vezes situações temporárias, podendo os praticantes fugir de volta para vidas mais confortáveis depois. Ainda assim, essas denúncias conservam a virtude de se basearem em experiência, não em rumores ou livros, e en-

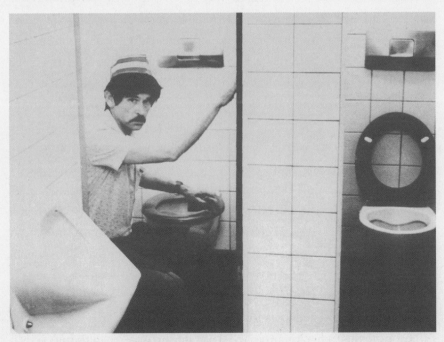

Günther Wallraff limpando banheiros durante seus dois anos de experiência empática disfarçado de trabalhador imigrante turco na Alemanha Ocidental, no início dos anos 1980.

volvem muito mais compromisso e sacrifício que os esforços superficiais de turistas que "se misturam à vida local" contemplando favelas em países em desenvolvimento do conforto de ônibus refrigerados.

Quando se trata da própria vida, poucas pessoas estariam dispostas a trabalhar durante meses numa usina de aço como fez Wallraff para expandir seu eu empático. Poderíamos, portanto, considerar maneiras menos drásticas – embora ainda desafiadoras – de experimentar diretamente vidas que contrastam com as nossas. Você pode participar de uma das campanhas de arrecadação organizadas por instituições filantrópicas para sem-tetos, que lhe pedem que passe uma noite dormindo ao relento nas ruas, ou alistar-se com dezenas de milhares de outras pessoas para campanhas da Oxfam como "Viver abaixo da linha", a qual lhe pede que passe cinco dias vivendo com uma libra por dia, a quantia com que 1,4 bilhão dos habitantes do mundo têm de sobreviver.

Algumas pessoas preferem uma imersão do tipo "faça você mesmo". Se você está acostumado a um estilo de vida de classe média, poderia tentar viver com o salário mínimo ou o equivalente ao auxílio-desemprego por algum tempo. Foi exatamente isso que Tushar Vashisht, um banqueiro de investimentos que trabalhara no Vale do Silício, e Matthew Cherian, engenheiro formado no MIT, decidiram fazer. Em 2012 os dois voltaram à sua Índia natal e tentaram se virar por várias semanas com a renda nacional média de cem rupias (dois dólares) por dia. Cherian admitiu para mim que o esforço deles para viver como pobres em Bangalore havia sido um tanto artificial, pois eles eram somente "visitantes temporários", mas mesmo assim aprenderam enormemente como quanto uma pessoa fica física e mentalmente fatigada quando não pode pagar por uma alimentação adequada. Também descobriram, disse Cherian, que "empatia é essencial para a democracia". É vital nos pormos no lugar de pessoas que vivem na pobreza, de outro modo "os direitos da minoria ou das pessoas com menos voz serão sempre negligenciados".[8]

Como esses experimentos de "troca de fortuna" podem não ser do seu gosto, você poderia se pôr à prova, em vez disso, com uma "troca de Deus". Caso acredite firmemente numa religião, passe um mês fre-

Hábito 3: Busque aventuras experienciais

quentando os cultos de fés diferentes da sua. Com isso, estaria seguindo as pegadas de Nelson Mandela, que ia a diversos cultos enquanto esteve preso em Robben Island, apesar de ter sido criado como metodista.[9] Você também poderia jejuar no Ramadã junto com seus vizinhos muçulmanos, ou durante a Quaresma com os cristãos. Ou então tente uma "troca de trabalho" com um amigo cuja atividade seja muito diferente da sua, talvez o acompanhando durante alguns dias para adquirir experiência como mecânico de carro ou titereiro. Se tiver filhos pequenos e sua parceira é quem cuida deles a maior parte do tempo, por que não lhe dar uma trégua e passar uma semana inteira cuidando das crianças totalmente sozinho? Você pode ficar chocado com quanto isso pode ser estressante e exaustivo, e concluir que é apenas justo que comece a fazer uma parte maior do trabalho doméstico.

Como um desafio final, você poderia optar por uma "troca de sentido". Como seria estar privado de todas as faculdades sensoriais? Para descobrir, visite Dialogue in the Dark, uma rede global de exposições públicas fundada pelo empreendedor social alemão Andreas Heinecke. Os visitantes são imersos em completa escuridão e conduzidos por um guia deficiente visual por galerias experienciais. Você pode procurar moedas às apalpadelas quando tenta comprar comida numa banca de mercado, entrar em certo pânico quando tenta atravessar uma rua movimentada tendo só uma longa bengala branca como proteção, depois tomar sua bebida com especial cuidado na cafeteria escura como breu. Quase todos os visitantes descrevem isso como uma experiência desafiadora e inesquecível.

Dialogue in the Dark está abrindo o caminho ao levar as imersões empáticas para um público de massa. Desde sua fundação, em 1988, a rede realizou exposições em mais de 130 cidades em trinta países, deu emprego para mais de 6 mil cegos e recebeu mais de 7 milhões de visitantes. O objetivo, diz Heinecke, é estimular as pessoas a "pensar de maneira diferente sobre capacidade e deficiência" e gerar tolerância e compreensão com relação à "alteridade". Não é nenhuma surpresa descobrir que ele é um dos diretores do "Empathy Fellow" da Ashoka, a organização global para empreendedores sociais. Ao explicar o conceito fundamental por trás do

Dialogue in the Dark, Heinecke cita o filósofo da empatia Martin Buber: "A única maneira de aprender é por confrontações."[10]

Exploração, ou como viagens empáticas podem transformar você

Revolucionário romântico. Defensor da justiça social. Ideólogo fanático. Assassino e terrorista. Ou simplesmente um cartaz bacana na parede de seu quarto no dormitório da faculdade.

Ernesto "Che" Guevara significa muitas coisas para muitas pessoas. Mas raramente é invocado como um ícone da empatia. No entanto, quando era um jovem estudante de medicina na Argentina – antes de se engajar no comunismo, em 1954, e ingressar nas forças rebeldes de Fidel Castro em Cuba –, Guevara empreendeu uma viagem pela América do Sul que transformou sua vida ao arrancá-lo de sua estreita visão de mundo de classe média alta e abrir-lhe os olhos para a pobreza e a desigualdade endêmica do continente. Foi uma jornada que revelou como a empatia pode emergir não apenas de uma imersão direta na vida de outras pessoas, como fez John Howard Griffin, mas também da experiência da viagem, em que exploramos e observamos outras culturas e modos de ser. Como veremos, entretanto, a história de Guevara é complexa, suscitando questões difíceis sobre a relação entre empatia e violência.

Em 1952, aos 23 anos, Guevara partiu de Buenos Aires para uma longa viagem de motocicleta com o amigo Alberto Granado, médico e bioquímico. Na época, ele estava longe de ser o revolucionário que se tornaria mais tarde. "Nenhum dos amigos ou parentes de Ernesto o considerava um marxista", escreve seu biógrafo Jon Lee Anderson, "e na verdade nem *ele* mesmo."[11] Guevara nascera numa família com ligações aristocráticas, e estava mais interessado em rúgbi do que em revolução proletária. Era um leitor eclético: mergulhara em Marx, mas tinha lido também Freud, Sartre, Whitman, Frost e Huxley. Empoleirado na garupa de "La Poderosa", uma motocicleta Norton de 500cc (que mais tarde cairia aos pedaços e seria abandonada), Guevara era como tantos rapazes partindo para um ano sabático: queria conhecer moças, ter aventuras e satisfazer sua ânsia de viajar.

Ao fim da viagem, contudo, ele havia passado por uma série de experiências que equivaleram a uma epifania empática. Em Valparaíso, no Chile, ficou profundamente afetado por seu encontro com uma criada idosa, que estava morrendo por não ter condições de comprar os remédios de que precisava. Tentou tratá-la usando seu conhecimento médico incompleto e deu-lhe alguns comprimidos, mas sabia que era tarde demais. Certa vez eles encontraram um mineiro desempregado e sua mulher, "congelando na noite do deserto, um abraçado ao outro", e compartilharam seus cobertores com o casal abandonado. "Foi uma das noites mais frias que já passei", lembrou-se Guevara, "mas também a noite que fez com que me sentisse um pouco mais próximo dessa estranha, pelo menos para mim, espécie humana." Ele ficou chocado com a pobreza de camponeses indígenas que viu nos Andes peruanos e bolivianos e igualmente enraivecido com o poder que proprietários de terras locais exerciam sobre eles.[12]

Embora viajassem por diversão, Guevara e Granado também tinham um projeto médico, que era estudar a lepra e trabalhar durante algumas se-

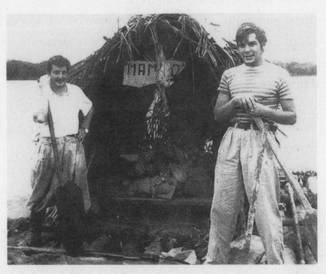

Che Guevara (à direita) e Alberto Granado navegando pelo Amazonas em 1952. A jangada foi um presente dos pacientes da colônia de San Pablo.

manas como voluntários num leprosário na Amazônia peruana. O tempo que passaram na colônia San Pablo teve profundo impacto sobre Guevara. Em parte ele ficou consternado com as instalações inadequadas e a maneira insensível como os pacientes eram tratados. No entanto, também sentiu grande prazer no trabalho de cuidar dos pacientes e gostava de fazer graça e jogar futebol com eles.

Rememorando suas viagens pela América do Sul, Guevara escreveu:

> Entrei em estreito contato com a pobreza, a fome e a doença; com a incapacidade de tratar uma criança por falta de dinheiro; com a estupefação provocada pela fome e a punição constantes, a tal ponto que um pai pode aceitar a perda de um filho como um acidente sem importância, como ocorre com frequência nas classes oprimidas de nossa pátria americana... Eu queria ajudar aquelas pessoas com meus próprios esforços.[13]

Nada em seu meio privilegiado o havia preparado para essa dura realidade. Foram suas experiências de viagem – não a leitura de livros ou a participação em discussões políticas – que o abriram para a difícil situação do povo do continente. Segundo o historiador Carlos Vilas, "seu despertar político e social tem muito a ver com esse contato com a pobreza, a exploração, a doença e o sofrimento".[14] Ou, como disse Guevara após a expedição de motocicleta: "Não sou o mesmo que era antes. Aquela errância por nossa 'América' mudou-me mais do que eu pensava."[15]

É muito provável que as viagens de Guevara tenham sido uma revelação empática que despertou nele o forte desejo de aliviar o sofrimento do povo. Mas é legítimo descrevê-lo com um exemplo de empatia? Alguns rejeitam isso, ressaltando como mais tarde ele se envolveu no que dificilmente pode ser descrito como conduta empática. Não só pegou em armas como um guerrilheiro e desenvolveu forte traço autoritário, como também – de maneira muitíssimo notória – foi cruel em seu papel de "promotor supremo" quando os revolucionários cubanos tomaram o poder em 1959, ordenando a execução por pelotão de fuzilamento de várias centenas de "criminosos de guerra".[16]

Hábito 3: Busque aventuras experienciais 113

Apesar disso, sou cauteloso em excluir o nome de Guevara dos anais da empatia por duas razões. Primeiro, o principal impacto de suas viagens de juventude pela América do Sul o inspiraria a se dedicar ao que chamava de "medicina social", não à guerra de guerrilha. Ele decidiu voltar à Argentina para terminar os estudos, planejando usar seu conhecimento para proporcionar cuidados médicos a um continente empobrecido. Foi só dois anos após sua viagem, em 1954, quando testemunhou o golpe militar apoiado pela CIA na Guatemala, que ele decidiu conscientemente tornar-se um revolucionário marxista. A derrubada violenta de um governo de esquerda democraticamente eleito convenceu-o de que a luta armada era o único caminho viável para a mudança social e política. "Nasci na Argentina, lutei em Cuba e me tornei revolucionário na Guatemala", disse ele uma vez.[17]

Um segundo ponto, talvez mais provocativo, é que Guevara não foi o único a acreditar que poderia ser legítimo usar métodos não empáticos para alcançar o que considerava serem fins empáticos. Em momentos particulares na história, foi comum que pessoas alimentadas por um profundo desejo pessoal de reduzir o sofrimento humano e confrontar a injustiça ficassem convencidas de que a única maneira eficaz de fazê-lo era com uma arma na mão, em especial quando todas as outras opções haviam fracassado. Nos anos 1930, por exemplo, mais de 30 mil escritores, poetas e ativistas políticos – entre os quais George Orwell – ingressaram nas Brigadas Internacionais para lutar com os republicanos contra os fascistas na Guerra Civil Espanhola, em apoio aos trabalhadores e camponeses espanhóis. Um exemplo menos comentado de alguém que compartilhou essa abordagem é Nelson Mandela.

Hoje pensamos em Mandela como um ícone da empatia. Talvez nenhum outro líder político tenha se empenhado com tanto vigor para se pôr no lugar de seus adversários e tratá-los com humanidade. Desde que foi libertado da prisão em 1990, ele pregou constantemente a reconciliação com os sul-africanos brancos. Durante a Copa Mundial de Rúgbi de 1995, por exemplo, conclamou os sul-africanos negros a apoiar o time nacional de rúgbi, embora os jogadores fossem quase todos brancos e o time tivesse sido por muito tempo um símbolo odiado do apartheid.[18] Mandela compreendeu que empatizar com a população branca era essencial para criar unidade nacional e estabilidade política na era pós-apartheid e possivelmente evitar a guerra civil.

Mas faça os ponteiros do relógio recuarem e uma história diferente emerge. Desde muito jovem, Mandela era cheio de profunda empatia pelo sofrimento de seu povo sob o apartheid e de uma aguda percepção da injustiça do sistema legal que o sustentava. Ele se formou advogado, e de início via o direito como uma "espada da justiça" que podia ser usada para enfrentar a discriminação racial. Em 1946, entretanto, Mandela e outros membros jovens do Congresso Nacional Africano (CNA) ficaram desiludidos com a possibilidade de reforma legal e legislativa, e passaram a apoiar a ação direta não violenta, baseada nos protestos promovidos por Gandhi na Índia. Mandela afirmava que eles "tinham de estar dispostos a violar a lei e, se necessário, ir para a prisão por suas crenças".

Dentro de alguns anos ele viu que essa abordagem também estava fracassando e que uma solução mais radical era necessária. A partir do início dos anos 1950, tornou-se a principal personalidade a defender o uso da violência armada para alcançar os objetivos políticos do CNA. Começou a ler as obras de Marx, Lênin e Mao e, juntamente com seus ideais nacionalistas africanos, sonhava em criar uma sociedade sem classes. Tinha até um retrato de Stálin pendurado na parede de sua sala de estar (Roosevelt, Gandhi e Churchill estavam lá também). Em 1955, já estava convencido de que a guerra de guerrilha era a única solução. Como escreveu em sua autobiografia, *Longa caminhada até a liberdade*:

> Para mim, a não violência não era um princípio moral, mas uma estratégia; não há nenhuma virtude moral em usar uma arma ineficaz ... No fim das contas não tínhamos nenhuma alternativa à resistência armada e violenta. Muitas e muitas vezes tínhamos usado todas as armas não violentas de nosso arsenal – discursos, delegações, ameaças, marchas, greves, abstenções, prisões voluntárias –, tudo em vão, porque o que quer que fizéssemos era rechaçado por uma mão de ferro. Um combatente pela liberdade aprende pelo caminho difícil que é o opressor quem define a natureza da luta, não

Hábito 3: Busque aventuras experienciais 115

restando ao oprimido nenhum recurso senão usar métodos que espelham os do opressor. Num certo ponto, só é possível combater fogo com fogo.[19]

Assim, impelido pela frustração, a raiva e um sentimento de impotência, Mandela tornou-se um revolucionário. Ele entrou na clandestinidade e formou o Umkhonto we Sizwe (A "Lança da Nação", ou MK), o braço armado do CNA. Estudou tática de guerrilha, inclusive os escritos de Che Guevara, e viajou para a Etiópia, onde aprendeu a fazer bombas e a "pensar como pensa um soldado". Como declarou em seu julgamento, Mandela foi uma figura decisiva no MK até sua prisão em agosto de 1962. O MK continuou a operar durante os anos 1980, enquanto Mandela estava preso, e foi responsável por sabotagens e ataques a bomba em toda a África do Sul, alguns dos quais mataram civis, apesar de seus esforços para minimizar a perda de vidas humanas. Como resultado, a Anistia Internacional nunca fez campanha pela libertação de Mandela, porque ela não representa ninguém que defenda a violência ou faça uso dela.[20]

No final dos anos 1980, Mandela começava a ver que era a empatia, e não as armas, que seria a ferramenta política mais eficaz para se construir uma África do Sul pós-apartheid. Compreendeu que precisava construir uma relação de confiança com o governo, e trabalhar com ele, não contra ele. Desenvolveu também uma atitude profundamente humana e empática em relação a seus antigos adversários, o que orientou suas ações nos anos posteriores à sua libertação: "Na prisão, meu ódio pelos brancos diminuiu, mas meu ódio pelo sistema aumentou. Eu queria que a África do Sul visse que eu amava até os meus inimigos, embora odiasse o sistema que nos lançava uns contra os outros."[21]

Nelson Mandela e Che Guevara foram pessoas muito diferentes, com temperamentos diferentes e visões distintas da justiça social: Mandela, por exemplo, acreditava na democracia representativa, ao passo que Guevara apoiou um Estado socialista de cima para baixo, e Mandela certamente nunca chefiou os tipos de execuções políticas que valeram tanta infâmia a Guevara. O que tiveram em comum, no entanto, foi uma abordagem pragmática da política, acreditando que a luta armada era uma rota legítima e necessária para a consecução de seus objetivos de justiça. Embora ambos fossem motivados por empatia, dispuseram-se a usar táticas que a maioria das pessoas extremamente empáticas hoje rejeitaria. Aqueles de nós – inclusive eu mesmo – que somos contra o uso da violência, e que não acreditamos que os fins justificam os meios, poderíamos propor a nós mesmos o desafio de nos colocarmos no lugar de figuras políticas como Guevara ou Mandela. Se lançados em circunstâncias extremas semelhantes, poderíamos nós também ter sentido que não nos restava nenhuma opção senão pegar em armas em desafio a nosso instinto empático, pondo em risco nossas vidas e as de outras pessoas?

A exploração do mundo por meio de viagens em geral não suscita esses dilemas extremos. O problema não é ficarmos tentados a nos tornar revolucionários, mas o fato de que as viagens, com grande frequência, não provocam absolutamente nenhuma reação empática. Nas minhas primeiras viagens pela Indonésia, China e Nepal, fiz pouco mais que acompanhar as batidas trilhas turísticas oferecidas por meus Lonely Planet e Rough Guides, que normalmente me enviavam para praias idílicas ou aventuras envolvendo caminhadas montanhas acima. Em guias desse tipo não encontramos nenhum conselho sobre como compreender a vida cotidiana dos habitantes; a palavra "empatia" não aparece no índice. Houve pouca coisa nessas viagens que fosse desafiadora ou pudesse transformar a minha vida. Na época eu não havia compreendido plenamente o que Thomas Cook, o visionário agente de viagens do século XIX, via como maior benefício da viagem: "Viajar é dispersar as névoas da fábula e limpar a mente de preconceitos que nos foram ensinados desde a primeira infância, e facilitar a perfeita concordância."[22]

Como então podemos assegurar que viajar seja um meio de expandir nossa visão empática? Che Guevara fornece a resposta: idealmente, precisamos de um projeto para nos guiar. No caso, o projeto de Guevara foi oferecer-se para trabalhar por algumas semanas na colônia de leprosos no Peru, visitando especialistas em lepra e leprosários *en route*. Ainda lhe sobrou muito tempo para se embebedar e dançar mal em busca da atenção feminina. Mas esse projeto o pôs em contato com habitantes dos vários

Hábito 3: Busque aventuras experienciais 117

lugares que esteve e com suas vidas, permitindo-lhe ver muito mais que os restos incaicos em Machu Picchu.

Foi somente quando tentei uma abordagem semelhante que as viagens começaram a me arrancar da minha estreita visão de mundo e a diminuir meu déficit de empatia. Em meados dos anos 1990, passei um verão trabalhando como observador voluntário do respeito aos direitos humanos numa aldeia na selva guatemalteca (isso foi alguns anos antes de ir estudar a oligarquia no país). Fiquei impressionado não apenas pela extrema privação enfrentada pelos habitantes, em sua maioria indígenas maias que haviam sido apanhados no meio da guerra civil do país, mas pelo que aprendi a partir de meus encontros diários com eles. Lembro-me de que num dos meus primeiros dias, um garotinho chamado Bernabé foi à minha cabana e mostrou-me um desenho que tinha feito. Na parte de baixo via-se uma típica cena de floresta verde, mas o céu, na parte de cima, não se parecia com nada que eu já tivesse visto num desenho de criança. Ele tinha desenhado um ovo, de cuja casca quebrada saía uma ave, a qual por sua vez se transformava num pequeno avião, que era seguido por um grande e ameaçador helicóptero do Exército disparando projéteis. Essa história macabra propiciou meu primeiro insight sobre o que se passava na mente das pessoas a minha volta. Sua paisagem mental, mesmo a das crianças, era permeada pela violência da guerra civil (na época em seus meses finais). Embora Bernabé tenha em seguida desatado a cantar uma canção sobre borboletas, sua obra de arte, num pedaço de papel jogado fora, revelou uma narrativa diferente. Foi, em parte, o impacto desse desenho que me inspirou a dedicar vários anos ao trabalho com questões de direitos humanos e justiça social na Guatemala e em outros países em desenvolvimento.

Há muitas organizações que podem nos ajudar a escapar dos itinerários usuais, oferecendo oportunidades de voluntariado e outros projetos para transformar simples férias para fugir da rotina numa viagem empática. Sem dúvida você pode querer pôr os pés para cima num resort na Tailândia, mas por que não passar ao menos parte de seu tempo ensinando conversação em inglês para estudantes de uma escola próxima? Ou que tal associar-se a uma companhia de turismo chamada Traveleyes, cuja especialidade é organizar viagens para pessoas com deficiência visual? No entanto, eles também convidam turistas que enxergam para ir junto, os quais não apenas auxiliam os cegos, mas têm a chance de descobrir as riquezas de viajar com pessoas dotadas de requintada sensibilidade ao tato, aos sons e aos cheiros.

Eu gostaria muito de ver uma Agência de Viagens da Empatia em cada rua principal e em cada shopping center. O que você deve esperar quando entra pela porta? Para começar, vai passar uma hora conversando com um dos amáveis atendentes sobre sua visão de vida, os tipos de pessoa que gostaria de conhecer, mas nunca teve a oportunidade, e as áreas de curiosidade ou ignorância que deseja explorar. A partir dessa discussão eles avaliam suas necessidades e seus desejos empáticos e lhe oferecem um pacote experiencial personalizado. As aventuras de sua viagem podem ocorrer bem em frente à sua porta. Se você tem interesse pela cultura

A próxima revolução nas viagens de férias
(Fugas empáticas – Desfaça sua bagagem pessoal).

Hábito 3: Busque aventuras experienciais

norte-africana, é possível que eles o enviem para trabalhar durante uma semana na cozinha de um restaurante marroquino no seu bairro ou lhe sugiram trabalhar como voluntário num centro de apoio para refugiados e imigrantes. Já tenho um nome e um subtítulo para essa inovadora empresa de viagens, caso você queira instalar uma franquia: Fugas Empáticas – Desfaça sua bagagem pessoal.

Cooperação, ou por que talvez esteja na hora de você ingressar em um coral

Embora possa surgir através da imersão direta ou da exploração de diversas culturas em viagens, a empatia experiencial pode também se desenvolver a partir da cooperação. Há ocasiões em que trabalhar em conjunto em prol de objetivos comuns e compartilhar experiências com outros pode atraí-los para nosso círculo de interesse e criar – muitas vezes de maneira não intencional – fusão empática. Segundo o sociólogo Richard Sennett, a cooperação tem o poder de "unir pessoas que têm interesses diferentes ou conflitantes, que não sentem simpatia umas pelas outras, que são desiguais ou simplesmente não se compreendem mutuamente".[23]

Uma boa maneira de começar a explorar as relações entre cooperação e empatia é por meio da reação humana a desastres. Quando a pensadora cultural Rebecca Solnit começou a entrevistar pessoas na América do Norte e no México que haviam passado por desastres tanto naturais quanto causados pelo homem, como o furacão Katrina e o 11 de Setembro, ela percebeu algo muito estranho: os entrevistados frequentemente "se iluminavam de felicidade" ao contar suas histórias.[24] Em vez de descrever trauma e tragédia, eles recordavam o espírito de comunidade reinante quando vizinhos, em geral ocupados demais para conversar uns com os outros, uniam forças para uma limpeza após um furacão, ou os sentimentos de valor pessoal e solidariedade experimentados ao trabalhar na cozinha improvisada de uma sopa coletiva, ou a empatia com que estranhos ajudavam os necessitados, muitas vezes pondo em risco suas próprias vidas.

Solnit conversou com um jovem imigrante muçulmano paquistanês que tinha caído ao fugir das Torres Gêmeas e um judeu hassídico agarrou-lhe a mão e o puxou para um lugar seguro. "Ele era a última pessoa que jamais pensei que me ajudaria", disse-lhe o rapaz. "Se não fosse por ele, provavelmente eu teria sido engolido por estilhaços de vidro e escombros." Um jovem arquiteto lembrou-se da massa de voluntários que coordenou a doação de alimentos, botas e outros suprimentos para os trabalhadores de emergência no Ground Zero nos dias seguintes ao atentado. "As pessoas estavam realmente trabalhando juntas", disse ele. "Havia uma enorme mistura. Havia uns que claramente não tinham o inglês como sua primeira língua trabalhando com outros que passavam os domingos solucionando palavras cruzadas do *Times*." Outros observaram que a atmosfera em Nova York se assemelhou a um sombrio carnaval: "Ninguém ia trabalhar e todo mundo falava com estranhos."[25]

Solnit constatou que a descrição usual que a mídia faz de desastres – pessoas correndo de um lado para outro em pânico e muito empenhadas em salvar as próprias peles – não se confirmava na realidade. O típico era elas se organizarem rapidamente em grupos para se ajudarem mutuamente, administrando com sucesso operações de socorro em sua comunidade de uma maneira descentralizada e não hierárquica, muito antes da chegada de auxílio oficial:

> Na esteira de um terremoto, um bombardeio, ou uma grande tempestade, a maior parte das pessoas é altruísta, engajando-se com urgência em cuidar de si e dos que a cercam, tanto estranhos e vizinhos quanto amigos e entes queridos. A imagem do ser humano egoísta, apavorado ou regressivamente selvagem em momentos de desastre encerra pouca verdade... A natureza humana dominante em desastres é resiliente, engenhosa, generosa, empática e corajosa.[26]

No decorrer de sua pesquisa, Solnit descobriu algo que vejo como "o princípio da cooperação empática": coloque pessoas juntas numa experiência compartilhada intensa ou para promover um empreendimento

Hábito 3: Busque aventuras experienciais 121

comum e é provável que a empatia floresça. Naturalmente, não estou defendendo que devamos sair à procura de zonas de desastre onde possamos esticar nossos músculos empáticos. O que podemos fazer, porém, é nos envolver em projetos colaborativos com estranhos, nos quais o desenvolvimento da empatia não seja o objetivo principal, mas em que ela possa se aproximar sorrateiramente de nós e encontrar maneiras inesperadas de penetrar nossa carapaça de suposições e ignorância sobre outros. Podemos compreender pouco a pouco que nossas aspirações e vidas se entrelaçam com as de pessoas que normalmente jamais conheceríamos ou mesmo evitaríamos conscientemente.

Um dos mais famosos exemplos desse princípio aconteceu em 1971 na cidade de Durham, na Carolina do Norte. Um notório líder da Ku Klux Klan, Clairbone Paul Ellis, foi persuadido durante um encontro comunitário a ingressar num comitê para enfrentar problemas raciais em escolas locais. Ali, viu-se obrigado a trabalhar lado a lado com uma ativista dos direitos civis afro-americana, Ann Atwater, por quem nutria um ódio mortal. Ao longo do processo, porém, ele descobriu que tinha muito mais em comum com essa mulher do que jamais imaginara, como o fato de serem ambos pobres e estarem dando duro para sobreviver – ele trabalhava como zelador na Universidade Duke, e ela, como empregada doméstica. As escamas começaram a cair dos seus olhos, mudando suas ideias não apenas sobre Ann, mas sobre toda a comunidade dela: "Eu estava começando a olhar para um negro, apertar-lhe a mão e vê-lo como um ser humano ... Foi quase como nascer de novo." Após dez dias ele se levantou numa reunião comunitária em frente a mil pessoas e rasgou seu cartão de membro da KKK. Mais tarde se tornou um ativista dos direitos civis e líder de um sindicato de zeladores do qual 70% dos membros eram afro-americanos. Ele e Ann foram amigos pelo resto de suas vidas.[27]

Um caso mais recente é o da West-Eastern Divan Orchestra, um conjunto pioneiro formado em 1999 pelo crítico cultural Edward Said e o maestro Daniel Barenboim. A Divan reúne jovens músicos de todo o Oriente Médio, de modo que pode haver um violoncelista judeu de Tel-Aviv tocando junto com um violinista muçulmano de Ramallah. Segundo

Barenboim, "ela foi muito lisonjeiramente descrita como um projeto para a paz. E não é. Quer você toque bem ou mal, isso não vai trazer a paz. A Divan foi concebida como um projeto contra a ignorância. Um projeto em prol do fato de que é absolutamente essencial que as pessoas se conheçam umas às outras, compreendam o que o outro pensa e sente, sem necessariamente concordar com ele".[28] O truque não foi fazer os membros participarem de seminários de empatia para superar suas diferenças culturais, mas simplesmente fazê-los tocar música juntos.

Isso funcionou? Nem sempre. Alguns críticos sugeriram que a orquestra é menos uma utopia de harmonia social que uma oportunidade para jovens músicos ambiciosos tocarem sob o prestigioso Barenboim, ao passo que outros chamaram a atenção para conflitos entre os músicos, como o inflamado debate em que alguns árabes sustentaram que os israelenses não têm nenhuma sensibilidade para tocar música árabe. É uma avaliação realista: a colaboração pode tanto trazer à tona o conflito intragrupal quanto gerar cooperação.[29] Mas a imagem predominante é de colaboração musical criando entendimento mútuo. Barenboim relembra um momento em que um israelense e um sírio estavam compartilhando uma estante de música e tentando tocar a mesma nota em seus violoncelos, com a mesma dinâmica e expressão. "Eles estavam tentando fazer algo juntos. É simples assim ... Depois de alcançar aquela nota única, eles já não podem mais olhar um para o outro da mesma maneira, porque compartilharam uma mesma experiência." Um dos músicos israelenses, o violista Amihai Grosz, descreveu a orquestra como "um laboratório humano que pode expressar para o mundo como lidar com o Outro".[30] Em desafio a um som mais fácil, a Divan executa até Wagner, a música que era tocada pelos nazistas enquanto judeus estavam sendo enviados para as câmaras de gás.

Embora você provavelmente não tenha formação para ser um músico de concerto, é bem possível que seja capaz de cantar – ou pelo menos goste de fazê-lo. Na Grã-Bretanha, o canto em grupo, especialmente em corais comunitários, está passando atualmente por seu maior *revival* desde o século XIX. Um dos catalisadores foi *The Choir*, uma série de televisão da BBC transmitida pela primeira vez em 2006. O formato do programa é que

Hábito 3: Busque aventuras experienciais

o jovem, carismático e ligeiramente excêntrico regente Gareth Malone vai a lugares incomuns e cria um coral do zero com cantores amadores, que em seguida são treinados para uma grande apresentação pública. Malone trabalhou com grupos que incluíam carteiros, crianças, esposas e namoradas de militares e moradores de um conjunto habitacional, e os corais se apresentaram em lugares que iam desde o Albert Hall, em Londres, ao Choral Olympics, na China. Os participantes frequentemente descrevem a experiência como transformadora. O coral lhes proporciona autoconfiança, orgulho pessoal e cívico, o sentimento de pertencer a uma comunidade e algumas boas canções. Mas o que também emerge da experiência, muitas vezes de maneira inesperada, é a empatia.

Muitos dos corais de Malone reúnem pessoas que não se conhecem ou que podem morar e trabalhar lado a lado, mas têm origens sociais e profissionais diversas e raramente interagem. No coral do aeroporto de Manchester um oficial da Aeronáutica sique cantava ao lado de carregadores de bagagem e guardas de segurança com ascendência caribenha e galesa. Na companhia de água Severn Trent, executivos de alto nível esforçavam-se para alcançar suas notas ao lado de operários encarregados do assentamento de canos, que tinham uma afinação perfeita. No Royal Mail, Malone começou a perceber como "em resultado de ensaiar e se apresentar juntos, um laço estava se formando ... pessoas que não se conheciam podiam agora ser chamadas de amigos".[31] O impacto mais impressionante foi no Lewisham Hospital, onde o coral começou a derrubar ideias preconcebidas que os empregados tinham sobre pessoas que ocupavam posições muito diferentes das suas na hierarquia da instituição. Como Malone conta:

> Com a câmera desligada conversei com um representante farmacêutico chamado Aaron que me disse que por estar no coral tinha uma nova percepção de quanto as pessoas situadas mais acima na hierarquia eram pressionadas. Eddie, um cirurgião vascular sem papas na língua, sempre chegava aos ensaios ligeiramente aturdido e provavelmente havia acabado de retalhar uma pobre alma com um afiadíssimo escalpelo. Sentarem juntos no coral humanizava os dois.[32]

Nada disso deveria nos surpreender: é assim que o princípio da cooperação empática funciona. Sim, pode haver lutas internas no coral com relação a quem vai poder cantar os solos, mas o efeito geral do esforço intenso para trabalhar como um grupo com um objetivo desafiador em comum é derrubar barreiras e forjar laços de amizade e compreensão. Embora o programa de televisão possa estar enfatizando o bem-estar que a experiência proporciona aos participantes, as evidências sugerem que a camaradagem e a empatia eram muito reais. Como disse a enfermeira do Lewisham: "Uma das melhores coisas do coral é que ele reuniu pessoas diferentes de partes diferentes do hospital. Eu trabalho com recémnascidos, bebezinhos, e em princípio nada teria a ver com os cirurgiões, carregadores ou fonoaudiólogos. Ele me deu a oportunidade de interagir com eles, de ficar sabendo o que fazem, de me integrar. Todo hospital deveria ter um coral."[33]

Sendo assim, onde poderíamos encontrar oportunidades para esse tipo de cooperação e colaboração em nossas vidas? Nós seres humanos somos criaturas sociáveis, por isso, apesar de nossa cultura individualista e da desintegração das comunidades no Ocidente ao longo do século passado, resta uma abundância de possibilidades por toda parte à nossa volta. Muitas delas são atividades familiares, cotidianas. Você pode ingressar num coral comunitário ou num grupo que faz campanha para manter a biblioteca local aberta. Pode jogar pelada toda tarde de domingo no parque ou criar um círculo unissex de tricô. Ou então plante uma horta, pois elas são viveiros de colaboração, gerando empatia entre pessoas de diferentes meios e gerações. Você pode cultivar seu próprio canteiro, mas antes que se passe muito tempo estará compartilhando sementes com um corretor da bolsa de valores e ajudando uma freira idosa a arrancar ervas daninhas.[34]

A única condição é que você desconfie de projetos e organizações que reforçam fronteiras entre comunidades. Religião, nacionalismo e ideologias políticas, todas essas coisas têm histórias sombrias de criar divisão social e lançar pessoas umas contra as outras. Elas devem ser tratadas com cautela. "Nós" é um "pronome perigoso", diz o sociólogo Richard Sennett, porque reforça a distinção entre "eles" e "nós". "O vín-

Hábito 3: Busque aventuras experienciais 125

culo social", continua , "surge mais elementarmente de um sentimento de dependência mútua."[35] É precisamente quando temos de trabalhar juntos – como num coral ou em uma catástrofe – que somos mergulhados num tipo de comunidade interdependente que tem probabilidade de gerar empatia e harmonia social em vez de intolerância. O pensador anarquista do século XIX Piotr Kropotkin afirmou que os seres humanos, como os animais, têm uma tendência natural a se envolver em ajuda mútua.[36] Deveríamos nos esforçar para criar sociedades mais interdependentes, em que ajuda mútua e cooperação social possam ajudar nossos egos empáticos a florescer.

O aprendizado da linguagem da empatia

Quando ensinava estudos islâmicos na Universidade McGill, o estudioso canadense de religião comparada, Wilfred Cantwell Smith, costumava fazer todos os seus alunos jejuarem durante o Ramadã, observarem feriados islâmicos e fazerem as orações nos momentos corretos – até mesmo rezar no raiar do dia. Por quê? Porque acreditava que eles nunca poderiam compreender outra fé apenas lendo textos sobre ela.[37] Em muitos outros campos de aprendizado, é a experiência que realmente faz a diferença. Carpinteiros não aprimoram suas habilidades estudando textos sobre como usar uma plaina. Pianistas não aperfeiçoam sua técnica lendo pautas musicais. Eles praticam, praticam, praticam.

O mesmo acontece quando se trata de desenvolver a empatia. É ingressando no mundo da experiência – por meio de imersões, exploração e cooperação – que podemos dar grandes saltos em nossa capacidade de compreender a vida de outros. Você poderia ter a coragem de um George Orwell ou de uma Patricia Moore, que aborda a empatia experiencial como um esporte radical que rivaliza com escalada no gelo ou paraquedismo. Talvez, contudo, sinta-se mais à vontade embarcando em expedições para culturas desconhecidas, ou simplesmente comparecendo ao ensaio do coral numa noite de quarta-feira depois do trabalho.

Aprender a empatizar é como aprender uma língua. Você pode ser capaz de fazer algum progresso linguístico debruçando-se sobre um livro e repetindo todas as frases, mas se realmente quiser dominar outra língua, não há substituto para a convivência com os nativos e a necessidade de falar com eles todos os dias. A princípio você provavelmente tropeçará nas palavras, mas pouco a pouco a língua se tornará instintiva – você desenvolverá o hábito de pensar nela e talvez até de sonhar nela. A prática da empatia não é diferente: podemos aprendê-la melhor quando deixamos os manuais para trás e iniciamos aventuras experienciais.

HÁBITO 4

Pratique a arte da conversação

A crise da conversação

Os jornais talvez não estejam noticiando isso, mas estamos nos defrontando atualmente com uma crise da conversação. Por um lado, há uma fome de conversa de qualidade em nossos relacionamentos. O colapso da comunicação tornou-se uma importante causa de divórcio nos países ocidentais, ao passo que o casal típico na Grã-Bretanha passa mais tempo assistindo à televisão juntos – cerca de cinquenta minutos por dia – que conversando.[1] Por outro lado, há uma praga de conversa superficial, devido em grande parte ao falatório incessante criado por novas tecnologias. Por volta de 10 trilhões de mensagens de texto foram enviadas globalmente em 2012, mas quantas delas envolveram conversas que inspiraram, consolaram ou tocaram pessoas?

Essa crise é relevante para o futuro da empatia. Por quê? Porque a conversação é uma das maneiras essenciais pelas quais chegamos a compreender a vida emocional e as ideias de outras pessoas. "Os pensamentos ocultos na cabeça de outras pessoas são a grande escuridão que nos envolve", observa o historiador Theodore Zeldin.[2] A conversa nos permite penetrar nessa escuridão. Ela projeta uma luz na mente do universo de pessoas que encontramos todos os dias – amantes, estranhos, adversários ou amigos. A conversa e a empatia estão intimamente entrelaçadas: fazer o esforço de compreender a perspectiva de outra pessoa pode ajudar a reanimar um diálogo que de outro modo seria banal, ao passo que a própria conversa tem o poder de forjar a conexão empática. Juntas elas podem gerar um círculo virtuoso, uma se baseando na outra e as duas se reforçando mutuamente. Esta é uma boa notícia para a confrontação da crise na conversa e também para o enfrentamento de nossos déficits de empatia.

O desafio é repensar a maneira como conversamos com as pessoas de uma forma que possamos apreender melhor seus pensamentos, visões de mundo e aprofundarmos nossos vínculos emocionais com elas. E para isso podemos aprender com as experiências de pessoas extremamente empáticas. Observei que elas introduzem seis qualidades incomuns em suas conversas: curiosidade por estranhos, escuta radical, retirada da própria máscara, preocupação com os outros, um espírito criativo e pura coragem.

Tome cuidado: não devemos pensar nessas qualidades como "técnicas" ou "ferramentas". A ideia de técnica de conversação remonta aos livros de etiqueta do século XVIII, que instruíam as pessoas sobre como se dirigir corretamente a um duque ou a um cardeal (se acaso topassem com um). Nos anos 1930, o escritor de autoajuda Dale Carnegie divulgou técnicas de comunicação no livro *Como fazer amigos e influenciar pessoas*: seus conselhos incluíam sorrir muito e repetir os nomes dos interlocutores enquanto você fala, para que pensem que gosta deles e está realmente ouvindo o que dizem. Suas dicas e truques ainda podem ser encontrados em meio às longas prateleiras de guias de comunicação à venda hoje em dia. O problema com essas estratégias é que elas podem tornar a conversa mecânica e forçada, introduzindo uma autoconsciência e artificialidade que são, de fato, um obstáculo à empatia.

Em vez de pensar sobre a conversa como uma técnica, pessoas extremamente empáticas tendem a vê-la como um *artesanato*. Embora normalmente os artesanatos exijam um elemento de proeza técnica e prática para sermos bons neles, também oferecem campo para nossa criatividade, personalidade e espontaneidade. Cada tigela produzida por um ceramista é ligeiramente diferente e reveladora de sua estética singular, assim como cada conversa que iniciamos deveria ter seu próprio caráter e individualidade, em vez de ser construída a partir de um conjunto de regras.

Como deveríamos começar a praticar a arte da conversação? Há mais de dez anos conduzindo seminários sobre conversação e empatia – para pessoas de todos os gêneros, de executivos de empresas e jornalistas da

BBC a estudantes e profissionais que utilizam o método da história oral – descobri que o hábito mais impressionante de empatistas extremamente afinados é sua insaciável curiosidade por outros seres humanos.

Curiosidade por estranhos

A curiosidade tinha má reputação antes do século XVIII. Os primeiros cristãos, como santo Agostinho, classificavam a curiosidade como um dos três maiores pecados, ao lado do prazer carnal e do orgulho, pois ela revelava falta de autocontrole (Eva nunca deveria ter cedido à sua curiosidade e comido aquela maçã da Árvore do Conhecimento). No século I, o pensador grego Plutarco fez algo parecido ao rotular a curiosidade como um vício, equiparando-a com o comportamento do abelhudo que mete o nariz nos negócios alheios.[3] Durante o Iluminismo, contudo, a curiosidade foi transformada em virtude. Ela foi considerada a força motora por trás do avanço científico e do progresso tecnológico. Revolucionários científicos como Isaac Newton e Alexander von Humboldt eram dotados de uma curiosidade saudável, um desejo de saber que lhes permitia ver além de ideias convencionais e fazer descobertas extraordinárias.[4]

A curiosidade continua sendo valorizada nas artes e nas ciências hoje em dia. Mas é limitada por nossa herança iluminista, que presume que ela deveria ser aplicada a ideias e objetos, e não a pessoas. Um estudo recente, por exemplo, define a curiosidade como uma atitude exploratória com relação "àquilo que não sabemos", omitindo qualquer referência àqueles a quem não conhecemos.[5] Deveríamos ir além dessa herança e elevar a curiosidade por outras pessoas a uma virtude suprema, porque ela é uma chave para abrir a porta da empatia. Vivemos cercados por estranhos – muitos de nós mal conhecemos nossos vizinhos, vemos os mesmos balconistas nas lojas todos os dias, mas pouco sabemos sobre suas vidas, podemos trabalhar lado a lado com pessoas durante anos enquanto elas continuam sendo um mistério para nós. A curiosidade pode nos ajudar a descobrir quem são e como veem o mundo. Como escreve o sociólogo Richard Sennett, podemos pensar sobre a empatia como "o sentimento de curiosidade acerca de quem outras pessoas são em si mesmas".[6]

Será a curiosidade por estranhos algo natural? Segundo muitos antropólogos, não. Jared Diamond ressalta que em sociedades tradicionais, como as tribos da Nova Guiné, considerava-se em geral que as pessoas se incluíam em um de três grupos. "Amigos" são os membros de seu bando ou aldeia, em quem você pode confiar. "Inimigos" são os membros de bandos ou aldeias vizinhos com quem seu grupo está em termos hostis. E depois há os "estranhos", indivíduos desconhecidos de bandos distantes. "Se por acaso você encontra um estranho em seu território", diz Diamond, "tem de presumir que essa pessoa é perigosa", pois é provável que esteja espionando para atacar seu grupo ou sequestrar suas mulheres. Em outras palavras, todo estranho é um inimigo em potencial, devendo ser tratado com extrema cautela.[7]

A cultura contemporânea reflete essa atitude, e com frequência somos cautelosos ao entabular conversa com estranhos. Embora não consideremos provável que nos finquem uma lança no peito, podemos temer que não estejam interessados em falar conosco, que pensem que somos intrometidos ou que aquilo que temos a dizer é superficial ou idiota. Ou podemos simplesmente achar embaraçoso conversar com estranhos.

A curiosidade é mais aceitável socialmente em algumas culturas que em outras: é mais fácil começar a bater papo com um estranho num banco de parque numa cidadezinha dos Estados Unidos do que na Finlândia, país famoso por seus habitantes reservados e caladões.[8] Há, contudo, um grupo social que não tem medo de expressar sua curiosidade: as crianças. É espantoso como crianças pequenas aproximam-se de estranhos e começam a conversar com eles, perguntando ao motorista de ônibus como o motor funciona ou a outra criança o que ela tem no bolso. "As crianças são vivas, curiosas, sensíveis", disse o educador e ativista social italiano Danilo Dolci, e "crescer é um processo de endurecer-se". Precisamos encontrar maneiras de redescobrir a curiosidade infantil por estranhos que a maioria de nós já teve um dia.

Uma pessoa cuja curiosidade nunca ficou empedernida, mas permaneceu revigorantemente infantil, foi o radiojornalista e escritor de Chicago Studs Terkel. Ao longo de mais de cinco décadas de carreira (que durou

Hábito 4: Pratique a arte da conversação 131

até sua morte, em 2008, aos 96 anos de idade), Terkel entrevistou pelo menos 7 mil pessoas, desde políticos e músicos famosos a metalúrgicos e cabeleireiros desconhecidos. Terkel tinha grande talento para a conversa. Ele deixava as pessoas à vontade, fazendo-as sentir que podiam falar abertamente sobre suas emoções e histórias de vida. Tinha uma memória fotográfica, o que significava que sempre podia se lembrar dos nomes dos filhos dos entrevistados ou perguntar-lhes se a mãe continuava adoentada. Mas seu maior dom era a curiosidade natural. Ele era simplesmente fascinado por pessoas de todos os meios – o que elas pensavam sobre política ou educação, como enfrentavam a luta de trabalhar e cuidar da família, o que haviam aprendido sobre a própria vida. Nas palavras de alguém que foi seu colega no rádio por um longo tempo:

> O que o move ainda, e de maneira tão notável em sua idade, é sua curiosidade genuína por outras pessoas, não importa quem ou o que sejam. E ela é igualada de certo modo por sua quase total falta de interesse por si mesmo ... Sua curiosidade é sem fim, e é uma curiosidade honesta com relação a quem as pessoas são, nunca sendo motivada por ciúme ou inveja.[9]

Essa curiosidade por estranhos era o que fazia dele um ser humano tão extraordinariamente empático. Ela lhe permitia entrar na pele deles por algum tempo e de andar por aí dentro dela. Terkel tinha fome de compreender outras pessoas e aprender com elas. "Acho que todo mundo tem uma história para contar", disse ele, "como foi a infância, do que se lembram, quais são seus sonhos ... todo mundo é um expert em sua própria experiência."[10] Ele não julgava as pessoas, algo raro, e acreditava que "precisamos sentir empatia por elas se quisermos descobrir como são". Quando lhe perguntaram como pudera conversar com um homem da Ku Klux Klan (que aparece num de seus livros) sem ter vontade de discutir com ele ou de se retirar, Terkel mostrou-se verdadeiramente surpreso, respondendo:

> Mas eu não consegui compreendê-lo, não consegui compreender como alguém podia pensar como ele e nem sequer se dar conta de que eu poderia

me sentir ofendido pelo que estava dizendo. Fiquei fascinado e realmente fui a fundo, tentando descobrir.[11]

Isso é curiosidade empática em ação. A essência dessa abordagem – a chave para sua capacidade de estabelecer conexões tão fortes com as pessoas e levá-las a falar tão francamente com ele – é sintetizada num conselho principal: "Não seja o examinador, seja o interessado indagador." Sábias palavras para qualquer aspirante a empatista.

Terkel queria que seus leitores e ouvintes sentissem empatia pelos "milhões de anônimos que fazem o mundo girar". Ele tentava dar voz aos sem voz, aqueles que são ignorados pelos livros de história – os engraxates, os estivadores, os idosos aprisionados em asilos, os imigrantes que tentam começar uma nova vida. Era perpetuamente intrigado pela questão: "Como é ser determinada pessoa – supostamente comum – vivendo em determinado momento na história, numa determinada circunstância?"[12]

Todos nós poderíamos levar vidas mais interessantes – e reduzir o déficit global de empatia – se nos tornássemos um pouco mais parecidos com Studs Terkel. Na prática, isso significa entrar no mundo e conversar com estranhos, concentrando-nos não em trivialidades como o tempo e os esportes, mas em temas importantes como as prioridades na vida, as ideias, esperanças e sonhos. Isso significa não excluir ninguém: todas as pessoas, não importa que aparência tenham ou de onde venham, podem ser um singular e cativante interlocutor, se você conseguir encontrar uma maneira gentil de ter acesso a sua alma. Significa ouvir o outro com muita atenção, sem interromper seus pensamentos a todo instante, e ter a confiança de deixá-lo parar e refletir sem nos afobar para preencher cada silêncio. "Ouvir, ouvir, ouvir, ouvir", insistia Terkel, "e se você o fizer, as pessoas falarão. Elas *sempre* falam. Por quê? Porque ninguém jamais as ouviu antes. Talvez nem elas mesmas já tenham se ouvido."[13] Significa abster-se de interrogá-las como um jornalista que faz sua apuração, pouco se importando em invadir terreno privado ou doloroso, e estar disposto a compartilhar suas próprias ideias e experiências para criar um diálogo de mão dupla, uma "conversa" em vez de entrevista. Por fim, contudo, trata-se

Hábito 4: Pratique a arte da conversação

de reconhecer que conversar com estranhos pode ser uma aventura em termos de aprendizado pessoal e compreensão, uma maneira de desafiar suas próprias ideias e descobrir novas. Em outras palavras, de compreender que a conversa pode ser boa para você.

Terkel afirmou uma vez que gostaria que em sua lápide fosse escrito: "A curiosidade nunca matou este gato."[14] Se ainda estivesse conosco, o que ele sugeriria para inflamar nossa curiosidade por estranhos? Penso que sua prescrição básica seria termos uma conversa com um estranho pelo menos uma vez por semana, fazendo um esforço verdadeiro para compreender o mundo dentro de sua cabeça. Poderia ser a pessoa que nos vende um jornal cada manhã, ou o sujeito do departamento de contabilidade que sempre almoça sozinho, ou a velhinha esperta sentada ao nosso lado no ônibus (Terkel *sempre* conversava com as pessoas no ônibus ao ir e voltar do trabalho diariamente).[15] Há algumas maneiras divertidas de conhecer estranhos também. Uma conhecida minha chamada Sarah, que trabalha numa grande organização multinacional, descobriu os endereços de e-mail de todas as outras Sarahs no edifício e as convidou para um almoço na cantina. Fez

Studs Terkel, talvez o maior especialista na arte de conversar do século XX.

tanto sucesso que as Sarahs – algumas das quais eram recepcionistas, outras executivas de alto nível – passaram a ter encontros regulares.

Para algumas pessoas, conversar com completos estranhos parece intimidante. Elas podem se sentir inibidas e pensar que isso é mais apropriado para extrovertidos gregários repletos de autoconfiança. Posso compreender isso. É um mito, contudo, pensar que o cultivo da curiosidade por estranhos requer uma personalidade extrovertida. Como Susan Cain mostra em seu livro *O poder dos quietos*, são precisamente as personalidades mais introvertidas que muitas vezes se transformam em ouvintes especialmente hábeis e fazem os outros se sentirem à vontade por não os esmagar com sua força de caráter. Elas tendem também a evitar a falação superficial das festas e preferir conversas individuais, muito mais propensas a resultar em discussão interessante e empática.[16] Mas seja qual for seu tipo de personalidade, é essencial compreender que a maioria das pessoas quer realmente conversar sobre as coisas que importam para elas. Ofereça-lhes o espaço, e elas se abrirão para você.

Embora possamos cultivar nossa curiosidade como indivíduos, precisamos inventar novas instituições sociais para espalhar por toda parte o interesse pela conversa com estranhos. Por sorte algumas delas já existem. Você já esteve numa Biblioteca Humana? O movimento Human Library, fundado na Dinamarca em 2000, para derrubar preconceitos e criar diálogos através de divisões sociais, já se espalhou por mais de vinte países. Ele funciona da seguinte forma. As "bibliotecas" geralmente são realizadas numa biblioteca pública local. Em uma manhã de sábado por mês, por exemplo. Se você quiser participar, em vez de pegar um livro emprestado, pode "pegar" uma pessoa com quem conversar. A Biblioteca Humana está cheia de voluntários com quem você pode sair para cerca de meia hora de discussão sobre qualquer tema – eles podem ser um oficial da Marinha, uma pessoa que busca asilo ou um segurança de boate. O que importa é conversar com quem normalmente você nunca entraria em contato em sua vida cotidiana.

Passei vários anos trabalhando com um dos mais eminentes especialistas em conversação do mundo, Theodore Zeldin, numa organização

Hábito 4: Pratique a arte da conversação 135

que ele fundou chamada The Oxford Muse, que compartilha a fé do movimento Human Library no poder da conversa com estranhos. A crença de Zeldin, com a qual concordo e assino embaixo, é que se pudermos aproximar duas pessoas de diferentes meios e estimulá-las a ter uma conversa em que ambas tirem suas máscaras, compartilhem parte de suas vidas e olhem através dos olhos uma da outra, teremos criado um pequeno momento de igualdade e compreensão mútua. E ao multiplicar esse tipo de conversa, podemos produzir uma forma de mudança social microscópica, mas ainda assim poderosa. Pense nisso como transformar o mundo com uma conversa de cada vez.

A principal forma pela qual pusemos essa filosofia em prática foi promovendo "Conversas às refeições", que se assemelhavam aos banquetes ou "simpósios" promovidos pelos gregos antigos. Lembro-me de uma refeição que organizei, no ginásio de uma escola primária em Oxford, para a qual convidei cerca de sessenta pessoas de diferentes ambientes da cidade: executivos de empresas, sem-tetos, professores universitários, operários da indústria automobilística, estudantes, idosos da comunidade chinesa e garçons de um restaurante paquistanês. Eles tiveram de sentar em dupla a uma mesa comprida. E entre eles, em vez de um cardápio de comida, havia um "cardápio de conversa", contendo questões como: "O que vocês aprenderam sobre as diferentes variedades de amor em sua vida?" e "De que maneira vocês gostariam de ser mais corajosos?". Havia cerca de vinte questões no cardápio, que cada dupla explorava livremente, à sua maneira, enquanto lhes era servida uma refeição simples para acompanhar a discussão. As questões haviam sido concebidas para ajudar pessoas a ir além da conversa superficial e tratar das grandes questões da vida que importam para todos os indivíduos de todas as culturas e gerações.[17]

As refeições do The Oxford Muse são o oposto do *speed dating* – você conversa com alguém durante uma hora, não um minuto – e também muito diferentes de modelos de conversa como "diálogos intercrenças", que em geral se concentram em tópicos específicos aos participantes (como o papel da religião na educação pública) em vez de tratar de temas de interesse humano universal. As "Conversas às refeições", que já

Uma sessão de "Conversas às refeições" em uma escola em Oxford. A primeira pergunta do menu colocado na mesa é "Como suas prioridades mudaram ao longo dos anos?".

foram promovidas na Grã-Bretanha, na França, na China, na República Tcheca e em outros países, têm sido um catalisador para a mudança, levando a novas amizades, projetos comunitários, preconceitos demolidos e, inevitavelmente, ocasionais casos de amor. Seu sucesso reside não apenas no formato incomum, mas na criação de um espaço compartilhado em que é dado aos comensais a oportunidade de falar livremente sobre si mesmos. Não há nada de bizarro em discutir a sua filosofia do amor com um estranho se você estiver sentado entre dezenas de outras pessoas que estão fazendo exatamente a mesma coisa. Na verdade, é muito divertido.

A ideia do "cardápio de conversa" espalhou-se agora por outras organizações, como a The School of Life, em Londres, como uma maneira de fomentar a curiosidade por desconhecidos e criar empatia através das fissuras da sociedade. Embora possa ser inspirador participar de uma dessas refeições, nada o impede de desenvolver seu próprio cardápio para experi-

Hábito 4: Pratique a arte da conversação

mentar com amigos em volta da mesa de jantar, conhecidos do escritório, novos vizinhos ou outros desconhecidos que encontre por acaso. Você ficará surpreso com as descobertas que fará sobre pessoas que pensava já conhecer bem. Para ajudá-lo a começar, aqui está uma amostra de questões que podem ajudá-lo a reacender a curiosidade infantil que se esconde dentro de todos nós. Lembre-se apenas de não se apressar, do contrário poderá acabar com uma indigestão de conversa.

UM APERITIVO PARA A CONVERSA

Quais, na sua experiência, são as melhores
e as piores maneiras de ser bom?

O que você mais gostaria de mudar em sua filosofia do amor?

Como suas ambições afetaram sua humanidade?

Você se sente mais à vontade no passado, no presente ou no futuro?

O que você faz melhor: rir ou esquecer?

Qual é sua história pessoal de autoconfiança e o que ela lhe ensinou?

Você acha que podemos sentir empatia pelos animais,
pelas plantas e pelo planeta?

Qual é para você a maneira ideal de envelhecer,
e quem poderia ajudá-lo a alcançá-la?

Escuta radical

São muitos os obstáculos à conversa empática. Algumas pessoas tendem a se tornar combativas quando uma discussão fica tensa ou acalorada, ao passo que outras se apressam em trocar acusações e disseminar sentimento de culpa. Outra doença comum é o desejo narcísico de superar o outro:

quando um amigo conta sua história de amor não correspondido, muitos não conseguem se impedir de superá-lo com sua própria história, ainda mais dolorosa ("Se você pensa que isso é ruim, ouça só o que me aconteceu...").

Uma das habilidades mais úteis para superar esses obstáculos é ouvir. Studs Terkel era um grande adepto dela. O mesmo pode ser dito do guru do desenvolvimento pessoal Stephen Covey, que mostra que enquanto passamos anos aprendendo a ler, escrever e falar, dedicamos em geral pouco tempo a nos tornarmos ouvintes melhores.[18] Mas *como* deveríamos ouvir? Além da curiosidade por estranhos, os extremamente empáticos têm o hábito de se envolver no que vejo como "escuta radical", uma maneira muito particular de sintonizar com o que os outros estão dizendo.

Um dos ouvintes mais radicais é Marshall Rosenberg, inventor da "Comunicação não violenta" (NVC, na sigla em inglês), uma abordagem à conversação especialmente projetada para resolver conflitos – em qualquer situação, desde um casamento instável até uma guerra entre gangues – e que "permite que nossa compaixão natural floresça.[19] Ele se formou terapeuta com Carl Rogers, fundador da psicologia "humanística" ou "centrada no cliente" nos anos 1950, que estimula o psicoterapeuta a sentir empatia pelo cliente e ouvi-lo. Na opinião de Rosenberg, a empatia era uma habilidade que não deveria ficar confinada a terapeutas profissionais, mas ser também praticada por todos cotidianamente.

Uma pedra angular do pensamento de Rosenberg é a ideia de "receber empaticamente", que ele resume assim: "O essencial é a capacidade de estar presente ao que está realmente acontecendo no interior – aos sentimentos e necessidades que uma pessoa está experimentando naquele exato momento."[20] É nisso que consiste a escuta radical. O primeiro elemento, "presença", envolve o esvaziamento de nossas faculdades e a escuta da outra pessoa com todo o nosso ser, abandonando ideias preconceituosas e julgamentos sobre ela. Ele cita a filósofa francesa Simone Weil para enfatizar como isso pode ser desafiador: "A capacidade de darmos nossa atenção a alguém que sofre é algo muito raro e difícil; é quase um milagre; é um milagre." Um segundo elemento é nos concentrarmos conscientemente nos sentimentos da outra pessoa, e um terceiro é se empenhar com vontade para

Hábito 4: Pratique a arte da conversação   139

compreender as necessidades dela. Segundo Rosenberg, a principal causa do colapso da comunicação é o fracasso em compreender as necessidades de outra pessoa, e o fracasso dela em compreender as nossas. "A experiência que tive, muitas e muitas vezes", diz ele, "é que a partir do momento em que as pessoas começam a falar sobre aquilo de que precisam, em vez de uma falar sobre o que está errado na outra, a possibilidade de se encontrar caminhos para atender às necessidades de todos aumenta enormemente."[21]

Para ilustrar o que quer dizer, Rosenberg conta uma história sobre uma visita que fez a um campo de refugiados palestinos para conduzir um seminário sobre comunicação não violenta. No caminho, ele tinha observado cápsulas vazias de gás lacrimogêneo, lançadas no campo pelo Exército israelense, em que se liam claramente as palavras "Made in USA". Quando Rosenberg iniciou sua fala, seu intérprete disse: "Eles estão sussurrando que você é americano!" Nesse instante um homem levantou-se de um salto e gritou: "Assassino!" Logo o grupo inteiro entoava: "Assassino!", "Matador de crianças!". Rosenberg conta o que aconteceu em seguida:

Dirigi-me ao primeiro homem que me chamara de assassino.

MR: Está irritado porque gostaria que meu governo usasse seus recursos de outra maneira?

HOMEM: Isso mesmo, estou furioso! Vocês pensam que precisamos de gás lacrimogêneo! Precisamos de moradias! Precisamos ter nosso próprio país!

MR: Então você está furioso e gostaria de ter alguma ajuda para melhorar as condições de vida de vocês e alcançar independência política?

HOMEM: Sabe o que é viver aqui durante 27 anos do jeito que vivi com minha família – filhos e tudo? Tem a menor ideia do que foi isso para nós?

Nosso diálogo continuou, com ele expressando seu sofrimento durante quase mais vinte minutos, e eu tentando escutar o sentimento e a necessidade por trás de cada declaração. Não concordei ou discordei. Depois que se sentiu compreendido, o senhor foi capaz de me ouvir explicar qual era o objetivo de minha presença no campo. Uma hora depois, o mesmo homem que me chamara de assassino estava me convidando para um jantar de Ramadã em sua casa.[22]

Barack Obama conta uma história semelhante sobre identificação de sentimentos e necessidades, traduzida para uma situação mais corriqueira do que um campo de refugiados. Obama foi criado no Havaí e passou o ensino médio fumando maconha, bebendo em excesso nas festas e extravasando sua rebeldia sobre o avô, com quem morava. Ele rejeitava as pequenas regras domésticas que lhe eram impostas – como a obrigação de abastecer o carro depois de pegá-lo emprestado – e sentia prazer em usar seu talento retórico para esmagar o avô em discussões. Mas durante o último ano de escola, a atitude de Obama começou a mudar. "Foi no relacionamento com meu avô", ele recorda, "que internalizei pela primeira vez o pleno sentido de empatia." Ele fez um esforço para descobrir e considerar o ponto de vista do avô; o fato de que ele levara uma vida de lutas e decepções e queria se sentir respeitado e valorizado em sua própria casa. "Compreendi que obedecer às suas regras me custaria pouco, mas significaria muito para ele. Reconheci que às vezes ele realmente tinha razão e que, em minha insistência em fazer sempre as coisas como eu bem entendia, sem consideração por seus sentimentos ou necessidades, eu estava de alguma maneira me diminuindo." O resultado foi uma maior harmonia em casa e um vínculo pessoal mais forte com o avô.[23]

Um aspecto desafiador do método de Rosenberg é que não só deveríamos escutar os outros com muita atenção, mas mostrar a compreensão que temos deles parafraseando o que acabam de dizer, refletindo sua mensagem de volta para eles na forma de questões que usem linguagem neutra, não avaliadora. Rosenberg faz isso acima, ao perguntar ao palestino: "Então você está furioso e gostaria de ter alguma ajuda para melhorar as condições de vida de vocês e alcançar independência política?" Ou imagine que sua companheira reclame que você não tem passado tempo suficiente cuidando das crianças. Em vez de saltar em defesa própria, você poderia dizer: "Estou sentindo que você está contrariada comigo por causa da maneira como estamos dividindo o cuidado das crianças, certo?" ou "Você está reagindo ao número de noites em que fiquei até tarde no escritório semana passada?". Rosenberg usa estatísticas convincentes para defender seu ponto de vista: "Estudos sobre administração de negociações no tra-

Hábito 4: Pratique a arte da conversação

balho demonstram que o tempo para chegar à solução de um conflito é reduzido à metade quando cada negociador concorda, antes de reagir, em repetir precisamente o que disse o último a falar."[24]

Fiz treinamento formal em comunicação não violenta e isso abriu meus olhos para a importância de nos concentrarmos atentamente nos sentimentos e necessidades da outra pessoa, bem como nos nossos. Mas devo ser honesto e dizer que, pessoalmente, creio que a prática de parafrasear corre o risco de se tornar demasiado mecânica. Quando a experimento durante conversas difíceis e desafiadoras com minha companheira e outros adultos, sinto-me constrangido e um tanto artificial. Talvez me falte apenas prática (de fato, meu treinador me disse que se pode levar seis meses para começar a aplicar a NVC de uma maneira natural, não afetada). Onde me parece mais fácil aplicá-la – e onde observei resultados surpreendentes – é com meus filhos de quatro anos. Muitas vezes quando meu filho, ou minha filha, faz uma birra ou cai no choro, eu os ajudo a dar nome a seus sentimentos e necessidades, dizendo algo como: "Está se sentindo frustrado porque não posso brincar com você neste instante?" ou "Está zangado comigo porque desliguei o computador antes que você acabasse de ver o vídeo?". E em seguida um quase milagre acontece: eles param de chorar, concordam com a cabeça, contam-me como estão se sentindo em meio a suas fungadas e soluços, tenho uma oportunidade de explicar meu ponto de vista e tudo se acalma. Parece que em algum nível fundamental eles querem apenas ser ouvidos e compreendidos (e não é o que todos nós queremos?). Esse tipo de estratégia de escuta empática aparece atualmente em muitos manuais sobre educação infantil, como o best-seller *Como falar para seu filho ouvir e como ouvir para seu filho falar*, que aconselha os pais, com todas as letras, a se pôr no lugar dos filhos, reconhecer seus sentimentos e ajudá-los a expressá-los.[25]

Outro problema da escuta radical é que se você realmente se abre, compartilhando os sentimentos e as necessidades de outras pessoas, pode se sentir arrasado pela experiência, o que resulta em sofrimento emocional e inação. Por exemplo, você ouve a história de alguém sobre a morte do filho, e ela lhe parece incrivelmente perturbadora, causando-lhe uma dor quase insuportável. Psicólogos chamam isso por vezes de "superexcitação empática", algo como entrar de modo *excessivo* na imaginação da outra pessoa. Isso foi observado em especial entre aqueles que trabalham em situações emocionalmente extremas e traumáticas, como enfermeiros que cuidam de crianças com doenças terminais, trabalhadores de programas de ajuda humanitária e terapeutas cujos clientes sofreram violência sexual.[26] Um terapeuta com quem conversei descreveu como isso o levou finalmente a deixar a profissão:

> Para ser um psicoterapeuta minimamente decente, eu tinha de ser capaz de imaginar com precisão a vida e os sentimentos da pessoa diante de mim. Quando eu estava realmente fazendo o trabalho, ficava absorto e aquilo me proporcionava uma sensação de satisfação. Quando as pessoas me contavam suas histórias de trauma e dor, eu podia dominar isso, contê-lo e ajudá-las a aprender a lidar com a depressão. O problema era que eu tinha pavor do meu trabalho. Aos domingos, sentia pavor da semana que começaria, e não dormia bem à noite nos dias em que trabalhava. Apropriava-me do trauma deles, era quase como se eu estivesse absorvendo a depressão deles. O sentimento de pavor passou a dominar os sentimentos de satisfação. Lutei corpo a corpo com isso por cerca de três anos depois que a situação chegou a um ponto crítico. No fim, sofri um esgotamento e desisti do exercício da profissão.[27]

Não tenho conhecimento de nenhum estudo sistemático que revele exatamente quantas pessoas sofrem desse tipo de sobrecarga empática, ou da frequência com que isso as impede de fazer alguma coisa em favor de alguém. Mas como a empatia está "normalmente distribuída" (no sentido do conhecido gráfico em curva de sino) entre a população, é razoável estimar que esse problema só afete regularmente cerca de 4% a 5% das pessoas, e talvez uma proporção maior uma vez ou outra.[28]

Há alguma coisa que possamos fazer em relação a isso? Uma abordagem comum é desenvolver mecanismos de autodefesa para nos proteger da intensidade emocional do sofrimento de outras pessoas. Algo que observei entre trabalhadores de programas humanitários internacionais é

Hábito 4: Pratique a arte da conversação

que eles costumam ter um senso de humor bem negro, o que os ajuda a criar uma parede mental protetora para lidar com o sofrimento com que se defrontam diariamente. Psicoterapeutas muitas vezes limitam o número de pacientes intensamente traumatizados que atendem, e tratam de ter alguém com quem possam conversar sobre casos desafiadores (isso se chama supervisão). Uma estratégia útil é desenvolver a consciência de onde se situam nossos limites, de modo a podermos nos retirar de conversas e situações que estão nos levando além de nosso limite empático. Como a psicoterapeuta Philippa Perry me explicou, "para não sucumbirmos à sobrecarga empática, temos de traçar nossa fronteira antes de chegarmos ao limite; em outras palavras, ajuste sua própria máscara de oxigênio antes de ajudar qualquer outra pessoa com a dela". Quando recebia longas chamadas num centro de prevenção do suicídio, ela precisava de um intervalo ou de uma conversa sobre o caso com colegas, assegurando-se de que havia recebido oxigênio suficiente antes de tentar empatizar com a pessoa que telefonaria em seguida.[29]

A superexcitação empática é um problema grave, mas convém lembrar que ela só afeta uma minoria. O maior desafio social é que uma proporção muito maior de nós sofre de um déficit empático, não de um excesso debilitante de empatia.

Tire sua máscara

Sou inteiramente favorável à escuta empática. Mas existe o perigo de transformar a escuta num culto. Abra um livro qualquer sobre técnicas de comunicação (especialmente um da prateleira de negócios) e ele enfatizará repetidamente a escuta, mas não dirá quase nada sobre o oposto, que é retirar nossa própria máscara e compartilhar parte de nós mesmos com a outra pessoa. Com frequência agimos como os foliões do carnaval de Veneza, ocultando nossas identidades por trás de uma máscara. Contemos nossas emoções, escondemos nossos medos e mantemos nossas ansiedades soterradas dentro de nós. Mas relações empáticas não podem se desenvolver facilmente, a menos que nos revelemos e procuremos conexão. A empatia baseia-se na troca: se nos abrimos com outros, é muito mais provável que eles façam o mesmo conosco.

Precisamos, portanto, pensar na conversação como um diálogo de mão dupla para criar mútua compreensão. Como sugere Theodore Zeldin, a conversa é essencialmente uma questão de reciprocidade.

> O que é uma conversação? É muito mais do que trocar palavras, o que pode ser um mero falatório, ou do que comunicação, que não precisa ser nada além de transmissão de informação para um público passivo. A conversação é alimentação compartilhada, recíproca, que permite aos homens criar e trocar confiança, sabedoria, coragem e amizade. Sempre que, no passado, seres humanos quiseram mudar sua maneira de viver ou pensar, eles mudaram o tema e os métodos de sua conversação. A conversação está assumindo um papel decisivo tanto na vida pessoal quanto na profissional e está se tornando moeda tão importante quanto o dinheiro, enriquecendo ambos os lados com o que o dinheiro não pode comprar.[30]

Pessoas extremamente empáticas compreendem que se não conseguimos retirar nossas máscaras nos censurando constantemente, o resultado pode ser a conversa entorpecida, repetitiva e desprovida de autenticidade. Enfrentamos o perigo de nos tornarmos como os personagens masculinos em romances vitorianos – pura fleuma e reticência emocional. Deveríamos acolher com alegria a dádiva da revolução freudiana, que expandiu o espaço social para que as pessoas falem mais abertamente sobre as questões que realmente lhes importam, da insegurança sexual a sentimentos de solidão e dor.

Essencialmente, remover a máscara é uma questão de abraçar a vulnerabilidade. O problema é que vivemos numa cultura em que nos tornarmos vulneráveis – expondo nossas incertezas, correndo riscos emocionais – é considerado um fracasso, algo que a maioria de nós preferiria evitar. Brené Brown, que pesquisa emoções, vira essa atitude de cabeça para baixo, afirmando que a vulnerabilidade é na realidade boa para nós:

Hábito 4: Pratique a arte da conversação 145

Fomos criados acreditando, sendo ensinados e vendo moldado em nossos pais que vulnerabilidade é fraqueza e que sair para o mundo sem armadura é basicamente pedir para receber o ferimento. Mas, para mim, a vulnerabilidade não é fraqueza – é a maior medida de nossa coragem.[31]

Seus estudos revelam os resultados positivos que emergem da entrada na arena da vulnerabilidade. É precisamente quando nos expomos, talvez num relacionamento ou no trabalho, que "temos experiências que trazem propósito e significado para a vida". Quando fazemos algo arriscado – como pedir ajuda, compartilhar uma opinião impopular, nos apaixonar, admitir que estamos inseguros ou com medo – podemos ser levados a nos sentir vulneráveis, mas podemos também construir relacionamentos mais profundos, fazer avanços criativos, sentir uma alegria intensificada, liberar nossa ansiedade e alcançar maior conexão empática.[32]

Vi o poder da vulnerabilidade em ação quando entrevistei Brené Brown em Londres, num palco diante de uma multidão de quinhentas pessoas. A primeira coisa que ela fez depois que a apresentei foi virar-se para o auditório lotado e dizer: "Não sei por quê, mas... estou me sentindo realmente nervosa!" Poucas personalidades públicas se arriscariam a revelar tanto de sua insegurança, mas o efeito foi fazer a plateia sentir imediata empatia e cordialidade em relação a ela (e tenho certeza de que seu comentário foi espontâneo, não planejado).

Mais tarde em nosso debate, perguntei a Brown até onde deveríamos ir ao revelar nosso eu íntimo. Que limites deveríamos estabelecer ao retirar nossas máscaras? Por um lado, disse-me ela, não deveríamos pensar que vulnerabilidade é uma questão de "pôr tudo para fora" – devemos evitar o "supercompartilhamento" e o mero despejo de todas as emoções sobre outrem. Por outro lado, nossa ambição deveria ser experimentar uma "ressaca de vulnerabilidade". Se você realmente dá esse grande passo e se faz vulnerável numa conversa com alguém, é bastante provável que na manhã seguinte acorde pensando: "Oh, meu Deus! Por que revelei aquilo? O que eu tinha na cabeça?" Mas se você não sentir nenhuma ressaca de vulnerabilidade, talvez não tenha ido longe o bastante. Quando foi a última vez que acordou com uma?

Embora muitas pessoas sintam que podem ser vulneráveis com seu companheiro ou amigos íntimos, um lugar que elas muitas vezes consideram tabu é o local de trabalho. Quando discuto esta questão nos cursos que conduzo na The School of Life, cerca da metade das pessoas na sala admite ser relutante em revelar sentimentos íntimos e temores no escritório. Você pode realmente dizer numa reunião que não se sente seguro para dirigir o projeto? Pode revelar a seu chefe que a razão pela qual está atrasado com o relatório é que acabou de ser rejeitado por sua namorada e está emocionalmente frágil? É provável que a resposta seja "de maneira nenhuma", em especial se você trabalha num ambiente machista. Você pode temer que as pessoas o julguem fraco, ou incompetente, ou que não tem o moral necessário para ser um líder de equipe. Talvez se sinta ansioso, pensando que ao retirar sua máscara poderia pôr em risco suas chances de ser promovido.

Há algumas boas razões para se ter essas preocupações. Muitos locais de trabalho são desertos empáticos. O psicólogo Oliver James afirma que o mundo dos negócios, em particular, tem uma proporção excepcionalmente alta de pessoas que exibem uma "tríade obscura" de traços de personalidade perturbadores: elas podem ser maquiavélicas, narcísicas e até psicopatas. Os que têm tendências psicopáticas, os quais ele descreve como "pessoas extremamente impulsivas sempre em busca de emoção, desprovidas de empatia por outros", são "quatro vezes mais comuns entre executivos de alto escalão que entre os trabalhadores comuns".[33] Se por acaso sua mesa de trabalho fica ao lado da de alguém com a sensibilidade emocional de Gordon Gekko (o impiedoso pirata corporativo do filme *Wall Street*, que gracejava "almoçar é para os fracos"), talvez se sinta mais do que um pouco relutante em expressar sequer um fiapo de vulnerabilidade.

A resposta de Brown é que precisamos forjar culturas do trabalho em que a vulnerabilidade e a empatia que ela ajuda a gerar sejam não apenas aceitas, mas absolutamente admiradas. Como ela me explicou:

Quando a vulnerabilidade não é tolerada no local de trabalho, podemos esquecer a inovação, a criatividade e o comprometimento. Eles são todos

Hábito 4: Pratique a arte da conversação

funções da vulnerabilidade. Você nunca será capaz de me convencer que ser vulnerável e humano e fazer um bom trabalho são coisas mutuamente excludentes. Simplesmente não compro essa alegação. Trata-se de uma falsa dicotomia.

Ela defende sua ideia com exemplos dos mais importantes empreendedores, segundo os quais a maior barreira para ideias de negócios novas e originais é o temor daqueles que as têm de que os colegas os ridicularizem, riam deles e os depreciem, pois ideias verdadeiramente inovadoras tendem a parecer malucas.[34] Portanto, vulnerabilidade e criatividade caminham de mãos dadas. Marshall Rosenberg também defende a vulnerabilidade no trabalho, afirmando que os que se arriscam a mostrá-la obtêm muitas vezes respostas positivas, pois um número surpreendente de pessoas pode ser tocado por abertura emocional e sinceridade.[35] Além disso, se você admite estar inseguro, isso pode dar aos outros permissão para fazê-lo também – o que talvez lhe permita descobrir que seu gerente intratável é apenas tão frágil e inseguro quanto você.

Essas ideias fazem parte de um novo movimento na forma de pensar os negócios, segundo o qual a inteligência emocional, a abertura e a sensibilidade são chaves para o sucesso na economia global altamente interconectada e em rápida mutação. Precisamos conceber as organizações não como máquinas, mas como redes de relações humanas. É um erro acreditar que a demonstração de traços como empatia ou vulnerabilidade fará com que você seja tratado como capacho por colegas de trabalho insensíveis e traiçoeiros; ao contrário, ela o ajudará a sobreviver e florescer.[36] Bill Drayton, o empreendedor social mais famoso do mundo e fundador da Ashoka, afirma que a empatia é um pré-requisito absoluto para um bom trabalho em equipe e liderança organizacional:

Quem não domina a complexa habilidade social de guiar seu comportamento por meio de empatia aplicada será marginalizado. Para que sua equipe tenha sucesso, eles devem dominar o trabalho em equipe, que por sua vez tem por base a empatia aplicada ... Se não lhe foram dadas as ferramentas da empatia aplicada quando você era criança, não deveríamos culpá-lo – deveríamos estar culpando a nós mesmos. Temos de promover uma revolução, de tal modo que todos os jovens compreendam a empatia e a pratiquem. Esta é a mais fundamental revolução pela qual temos de passar.[37]

Podemos tornar a revelação de nossa vulnerabilidade mais fácil, seja no trabalho ou em outros lugares, se nos inserirmos numa "comunidade de empatia". A retirada de nossas máscaras muitas vezes induz sentimentos de vergonha – de que somos pequenos e fracos, de que não somos resilientes, de que não somos bons o bastante. Mas, como mostra Brené Brown, "o antídoto para a vergonha é a empatia ... se pudermos compartilhar nossa história com alguém que responde com empatia e compreensão, a vergonha não pode sobreviver".[38] A mensagem aqui é que deveríamos nos voltar para pessoas que nos emprestarão um ouvido empático e darão ouvidos a nossas ansiedades e incertezas. Em outras palavras, a melhor maneira de expandirmos nossa empatia é nos cercarmos dela. Se você traçar um mapa de sua rede de apoio social, quantas pessoas poderiam realmente lhe oferecer a empatia de que precisa? Talvez seja hora de procurá-las.

Preocupação com o outro

É bem possível que você mostre disposição para tirar a máscara ou para ser um excelente ouvinte, mas ainda assim adote uma abordagem auto-centrada e utilitária em relação à conversa, pondo seus interesses pessoais à frente dos de qualquer outra pessoa. Talvez enxergue a comunicação como uma maneira de obter o que quer, de atender às próprias necessidades emocionais, ou então de controlar e manipular os outros. É por isso que pessoas extremamente empáticas levam uma atitude de preocupação com o outro para as conversações e se esforçam para se concentrar nos interesses e no bem-estar dele, não apenas nos próprios.

A importância desse traço torna-se clara no debate sobre o chamado "marketing da empatia". Durante a década passada, a empatia tornou-se um

Hábito 4: Pratique a arte da conversação 149

conceito popular nas indústrias da publicidade e do marketing, onde tende a ser vista em termos puramente instrumentais. Em seu best-seller corporativo *A arte da persuasão*, James Borg descreve o exercício da empatia – em especial a arte de ler com precisão as emoções das pessoas na conversa face a face – como uma técnica de vendas decisiva que oferece "uma vantagem competitiva que pode realmente diferenciá-lo e ajudá-lo a obter o que quer". "Quando você olha para os comportamentos e mentalidades das pessoas mais bem-sucedidas à sua volta", escreve Borg, "fica evidente que elas têm grande compreensão do papel da empatia."[39] Muitos websites de marketing oferecem sugestões sobre como usar estratégias de comunicação empática para seduzir clientes, como perguntar-lhes a respeito de suas famílias para ajudar a estabelecer uma conexão pessoal, tomando o cuidado de olhá-los nos olhos, observando sua linguagem corporal e o tom de voz como uma maneira de sintonizar seu estado de espírito. Um consultor de marketing observa: "Por mais óbvias que as técnicas de comunicação empática possam ser, meus clientes deixam rotineiramente de usá-las ... e consequentemente deixam bilhões de dólares na mesa."[40] Existem hoje empresas que se especializam no marketing da empatia, treinando pessoal de televendas para fazer as pessoas se sentirem como se realmente estivessem sendo ouvidas.[41]

Um comentador perspicaz sobre esse papel cada vez maior da empatia nos negócios é o cientista político Gary Olson. Ele afirma que o marketing da empatia – ou o que ele chama de "neuromarketing" – é muitas vezes descrito de forma benevolente, como a maneira que os negócios têm de responder às necessidades e aos desejos dos consumidores, tentando desenvolver uma compreensão sofisticada de como eles pensam e se sentem. Mas na realidade, diz Olson, é pouco mais que uma estratégia engenhosa para aumentar vendas e lucros: "Em suma, pôr-se no lugar de outra pessoa, calçar seus sapatos, é uma técnica para lhe vender outro par."[42] Segundo esta interpretação, a empatia está sendo esvaziada de conteúdo moral porque a indústria do marketing mostra pouca preocupação pelo bem-estar dos consumidores.

Será o marketing da empatia tão pernicioso quanto Olson afirma? As empresas estão usando as técnicas de comunicação empática para explorar os clientes, e não para ser sensíveis a seus interesses? Voltando os olhos para a origem do consumismo de massa, é provável que ele tenha razão. Embora seja novo no círculo dos negócios, o conceito de empatia vem sendo usado por especialistas em marketing – de fato, ainda que com outros nomes – há quase um século. O primeiro grande mestre do marketing da empatia não foi ninguém menos que o sobrinho de Sigmund Freud, Edward Bernays, que fundou a indústria das relações públicas nos Estados Unidos nos anos 1920. Bernays havia absorvido completamente as descobertas do tio em psicanálise, mas imprimiu-lhes uma feição capitalista: ele compreendeu que a maneira mais eficaz de vender um produto não era oferecer aos consumidores uma lista racional de razões pelas quais era tão bom, mas investigar mais fundo, sondando os desejos e emoções desses consumidores e fazendo um esforço para compreendê-los. Em outras palavras, empatizar com eles.

A eficácia dessa abordagem foi brilhantemente demonstrada na cidade de Nova York em 1929, quando Bernays foi contratado pela American Tobacco Company para quebrar o tabu a respeito de mulheres fumarem, permitindo à empresa abrir um novo mercado enorme. Pensando de maneira tática, Bernays persuadiu um pequeno grupo de debutantes a acender cigarros Lucky Strike à vista de todos durante o desfile de Páscoa da cidade. Nesse meio-tempo, ele afirmou à imprensa que as jovens eram sufragistas que fumavam "tochas da liberdade" num brado simbólico pela igualdade de direitos. Sua estratégia alcançou um sucesso espetacular: mulheres no país inteiro começaram a fumar. Como Adam Curtis explica em sua série documentária *The Century of the Self*.

> O que Bernays havia criado era a ideia de que se uma mulher fumasse, isso a tornaria mais poderosa e independente – ideia que persiste até hoje. Isso o fez compreender que era possível persuadir pessoas a se comportar de maneira irracional, bastando vincular produtos a seus desejos e sentimentos emocionais. A ideia de que fumar realmente tornava mulheres mais livres era completamente irracional, mas isso as fazia sentir-se mais independentes.[43]

Hábito 4: Pratique a arte da conversação

É nisso que consiste o marketing da empatia – pôr-se no lugar de outras pessoas, compreender seu estado de espírito e depois usar os insights para lhes vender seu produto. Olson destaca que essa foi uma técnica dominante na indústria do tabaco desde a era de Edward Bernays. Em 1994 a Philip Morris promoveu o que é internamente chamado de "campanha da empatia" para sua marca Benson & Hedges em face da crescente oposição ao fumo em espaços públicos. O plano de marketing da empresa faz referência explícita a "posicionamento de empatia" e à transmissão da ideia de que a "Benson & Hedges compreende as pressões e coações da sociedade sobre os fumantes nos anos 1990 (empatia)". Os anúncios da campanha mostravam imagens de pessoas correndo riscos malucos para saborear um cigarro. Num deles, aparece um grupo de fumantes soltando baforadas sobre a asa de um avião em pleno voo, junto com a legenda: "Você já notou que todos os voos para fumantes foram cancelados?" O slogan é: "Até onde você vai em busca de prazer."[44]

Não são apenas as companhias de tabaco que compreendem o poder da empatia. À medida que meus filhos crescem, observo o grau em que a indústria da publicidade usa a empatia para instigá-los a comprar produtos que não são necessariamente bons para eles – e muitas vezes são definitivamente nocivos. Um exemplo óbvio são os anúncios de fast-food, que estão repletos de bonecos, desenhos animados e crianças sorridentes para convencê-los de que comer hambúrgueres e batatas fritas é divertido e saudável, e não uma via de mão única para a obesidade e a doença cardíaca. Os anunciantes sabem exatamente como excitar a mente dos meus filhos e deixá-los com a boca cheia d'água de desejo. A McDonald's Corporation vem fazendo das crianças o alvo de suas campanhas publicitárias desde os anos 1950 – quantas crianças hoje seriam incapazes de reconhecer a amistosa cara de palhaço de Ronald McDonald? O fundador, Ray Kroc, explicou a lógica: "Uma criança que gosta de nossos comerciais de TV e leva os avós para um McDonald's nos traz mais dois clientes."[45]

A ênfase que atualmente o marketing dá no uso de técnicas empáticas de comunicação para se colocar no lugar de fregueses e clientes parece, portanto, ser uma continuação dessa longa e instrumental tradição de colocar a empatia para trabalhar em benefício do balancete. Esta conclusão, contudo, é simplista demais. Precisamos formular uma questão: "De onde vem esse interesse das empresas pela empatia?" As evidências revelam um espectro de motivações. No extremo da baixa empatia do espectro estão companhias que tentam compreender a mente das pessoas principalmente para o próprio benefício financeiro, não em razão de qualquer interesse verdadeiro pelo bem-estar de seus fregueses. Em outras palavras, elas podem se assemelhar a psicopatas que são peritos em empatia cognitiva, mas parecem não ser capazes de praticar a empatia afetiva.[46] Aqui você encontrará um grupo de empresas que vendem produtos como cigarros, doces açucarados e junk food, bem como casas de apostas e cassinos.

No extremo do espectro referente à alta empatia, no entanto, estão empresas que usam métodos empáticos com a intenção de melhorar a qualidade das vidas das pessoas mediante a tentativa de compreender e satisfazer suas necessidades, não de manipular seus desejos. Esses são os tipos de empresa que são motivados por mais do que o mero lucro financeiro. Quando Patricia Moore estava projetando utensílios para cozinha e prendeu suas mãos com talas para simular como alguém com mãos artríticas usa um descascador de batatas, seu principal objetivo não era maximizar os lucros de sua empresa de consultoria. O que a movia era antes um desejo intrínseco de fazer um produto que pessoas idosas considerariam valioso no cotidiano.[47] De maneira semelhante, quando eu saía por aí empurrando orgulhosamente meus gêmeos recém-nascidos em um carrinho de bebê duplo, ficou óbvio que ele tinha sido projetado para atender às necessidades de pais como eu: era fácil virar os assentos de modo que os bebês pudessem ficar de frente para mim, ele fora construído para transpor terreno acidentado e ainda havia lugar de sobra onde acumular fraldas e compras. A empresa provavelmente gastara uma pequena fortuna em discussões de grupo para descobrir que características novos pais estavam realmente buscando – e fico pessoalmente satisfeito por terem feito esse esforço para empatizar com seus compradores.

São poucas empresas, no entanto, que podem afirmar honestamente estar no extremo do espectro da alta empatia. A maior parte delas usa téc-

Hábito 4: Pratique a arte da conversação

nicas de comunicação empática para manter margens de lucro saudáveis e acionistas felizes, e não para elevar o bem-estar e a saúde dos consumidores. A empatia é reduzida à condição de ferramenta para auxiliar empresas a ter sucesso apenas num sentido monetário. Nesses casos a expressão "marketing da empatia" é uma denominação um tanto imprópria – o que temos aí não é muito mais que o simples e velho "marketing".

O marketing da empatia serve como uma advertência com relação ao modo como abordamos a arte da conversação em nossas próprias vidas. Precisamos permanecer atentos às nossas intenções quando nos comunicamos com os outros. Se deixarmos o interesse pessoal levar a melhor sobre nós, e a conversa se tornar um meio de dominar, manipular ou impor nossa vontade, estaremos traindo o ideal empático. Por outro lado, se nossas conversas forem guiadas pela preocupação com os outros, nosso exercício da empatia terá a marca da integridade.

Espírito criativo

Em sua melhor forma, a conversação é uma espécie de aventura. Como a ideia do diálogo socrático, se você reunir duas pessoas com pontos de vista e experiências diferentes, esse encontro poderá gerar algo inesperado e novo. Foi exatamente o que aconteceu no início dos anos 1950, quando Francis Crick e James Watson mergulharam em intermináveis discussões sobre genética a partir de suas diferentes perspectivas disciplinares – uma conversa que resultou na descoberta da estrutura do DNA. Como escreve Theodore Zeldin:

> A conversação é um encontro de mentes com diferentes lembranças e hábitos. Quando mentes se encontram, elas não trocam fatos apenas: elas os transformam, os reformulam, extraem deles diferentes implicações, envolvem-se em novos encadeamentos de pensamentos. A conversa não embaralha as cartas apenas: ela cria novas cartas ... Uma conversa satisfatória é aquela que o faz dizer o que você nunca disse antes.[48]

Um quinto traço de pessoas extremamente empáticas é que elas se aproximam da conversa com espírito criativo. Acreditam que investigando a visão de mundo de outra pessoa e compartilhando com elas a sua própria, podem sair dessa experiência um pouco diferentes e ter lampejos empáticos que façam surgir novos pensamentos e perspectivas. Para que isso aconteça em nossas vidas, precisamos quebrar o padrão de diálogo que se estende sobre o superficial e patina sobre a superfície de nossas preocupações e prioridades mais profundas. Há muitas vantagens em fazer isso. Um estudo feito na Universidade do Arizona revelou que pessoas com níveis elevados de satisfação na vida ou "felicidade" têm o dobro de conversas significativas (por exemplo, sobre amor, religião e política) e se envolvem em apenas um terço da quantidade de conversas triviais (por exemplo, comentários sobre o tempo) que aqueles com níveis baixos de satisfação na vida.[49] A pesquisa sugere que a conversa, como a empatia, nos faz bem.

Como deveríamos proceder para ter mais dessas conversas criativas e substanciais? Uma razão pela qual pode faltar profundidade e vibração às nossas conversas é que incidimos facilmente no uso de perguntas banais para abrir um diálogo – Como vai você? Como estava o tempo? O que tem feito? Como foi de fim de semana? Embora perguntas como essas possam ser importantes lubrificantes sociais, por si mesmas elas geralmente deixam de inflamar uma troca empática interessante e enriquecedora. Respondemos "ótimo", ou "tudo bem" e depois seguimos andando pelo corredor.

A maneira como uma conversa começa pode ser um determinante do rumo que ela toma. Por isso vale a pena experimentar aberturas audazes. Em vez de cumprimentar um colega de trabalho dizendo "Como vão as coisas?", experimente levar a conversa para uma direção diferente com algo levemente incomum como: "No que você andou pensando esta manhã?" ou "Qual foi a coisa mais surpreendente que lhe aconteceu neste fim de semana?". Você precisa inventar os tipos de pergunta que se ajustem à sua própria personalidade. O que interessa é quebrar as convenções de modo que as conversas tornem-se estimulantes, memoráveis e meios de descoberta empática. (Recomendo evitar clichês do tipo: "Se você fosse um animal, qual

Hábito 4: Pratique a arte da conversação 155

deles seria?") Aliás, se você for ousado com as perguntas, as pessoas não o julgarão louco – só um pouco excêntrico. E talvez até lhe agradeçam por isso.

Pura coragem

Há um hábito final em conversas que é essencial para darmos o salto empático para outras mentes, e ele serve como um denominador comum daqueles que já discuti: pura coragem. Precisamos de coragem para experimentar novas aberturas, pôr os interesses das outras pessoas à frente dos nossos, tirar as nossas máscaras, se dispor a ouvir, com sensibilidade, sobre os sentimentos e necessidades das pessoas e exercer nossa curiosidade por estranhos. Além disso, a coragem nos permite ter aquelas conversas realmente difíceis que gostaríamos bem mais de evitar, mas que podem oferecer maior campo para acimentar ligações empáticas. Que aparência tem uma corajosa conversa empática? Jo Berry sabe.

Em 1984, quando Jo tinha 27 anos, seu pai, o parlamentar conservador Sir Anthony Berry, foi morto por uma bomba do IRA na Conferência do Partido em Brighton. Em 1999, um dos membros do IRA que havia sido condenado por isso, Pat Magee, foi libertado da prisão sob os termos do Acordo da Sexta-Feira Santa. A reação imediata de Jo foi desejar se encontrar com ele. Ela sentiu que tentar criar uma relação com o homem que matara seu pai era o que precisava para superar sua angústia e raiva. "Quis me encontrar com Pat para pôr um rosto no inimigo e vê-lo como um ser humano real", disse ela. Pat concordou em conversar com ela, e depois desse primeiro encontro eles estiveram juntos mais cinquenta vezes, cada um desenvolvendo pouco a pouco – e muitas vezes penosamente – uma compreensão da perspectiva do outro sobre o atentado. "Para mim, a questão é se posso me libertar de minha necessidade de culpar e abrir meu coração o bastante para ouvir a história de Pat e compreender suas motivações", explica Jo, "e a verdade é que às vezes consigo e às vezes não." Com frequência lhe perguntam se ela perdoa Pat, e sua resposta é que perdão não é a palavra certa. O que realmente importa, diz, é empatia:

Não falo sobre "perdão". Dizer "eu lhe perdoo" é quase condescendente – isso nos tranca em uma situação de "nós e eles" que faz de mim o certo e os outros errados. Essa atitude não mudará nada. Mas posso experimentar empatia. Por vezes, quando me encontrei com Pat, tive uma compreensão tão clara de sua vida, que não há nada a perdoar. Compreendi que seja qual for o lado do conflito em que você esteja, se tivéssemos todos nós vivido as vidas uns dos outros, poderíamos todos ter feito o que o outro fez. Em outras palavras, se eu tivesse vindo de um meio republicano, poderia facilmente ter feito as mesmas escolhas que Pat fez.[50]

A coragem de Jo de empatizar com o inimigo teve um grande impacto em sua vida. Ela construiu uma improvável e extraordinária amizade, en-

Jo Berry (à direita) ao lado de Pat Magee,
o homem que assassinou seu pai.

Hábito 4: Pratique a arte da conversação

controu uma maneira de lidar com seu desespero em relação à morte do pai e foi impelida a fundar uma organização chamada Building Bridges for Peace, que visa a promover soluções pacíficas para conflitos violentos por meio de diálogo e não violência.

Sua história mostra que a empatia não só pode emergir nos contextos mais extremos, como tem o poder de transformar vidas e contribuir para a mudança social. Ela também levanta uma questão. Se Jo Berry pôde encontrar coragem para conversar com Pat Magee, não poderíamos cada um de nós encontrar coragem para iniciar uma dessas conversas difíceis que estivemos adiando por meses e até anos? Poderíamos lançar um desafio a nós mesmos: durante as próximas 24 horas, o que poderíamos fazer para iniciar uma dessas conversas? Talvez você possa pegar o telefone e conversar com sua filha sobre o problema que os tem afastado. Ou talvez enviar uma carta pelo correio para alguém que você machucou ou traiu. A escolha – e a oportunidade – é sua.

Empatia consigo mesmo?

Tendo agora explorado os seis elementos da arte da conversação – curiosidade por estranhos, escuta radical, retirada da própria máscara, preocupação com o outro, espírito criativo e pura coragem –, torna-se possível reconhecer quanto o simples ato de conversar com outro ser humano pode nos ajudar a dar o salto empático para a mente dele. Para tirar proveito de todo o potencial da conversa, contudo, devemos sempre ver com desconfiança sua redução a uma série de técnicas. Dar vida a cada um desses elementos é uma questão de repensarmos nossa filosofia da conversa, e não de seguirmos uma lista que nos informa o que dizer e exatamente como e quando fazê-lo. Só com uma atitude de liberdade e espontaneidade a conversação empática florescerá plenamente.

Mas poderia haver um sétimo elemento na arte da conversação? Nas duas últimas décadas, um número crescente de pensadores sugeriu que a extensão da empatia para outras pessoas, em particular em conversas, requer um grau de "autoempatia".[51] Se não formos capazes de empatizar com nós mesmos, acreditam eles, nos faltarão os fundamentos psicológicos necessários para nos conectarmos com outros. Defensores da autoempatia descrevem-na como o processo de ganharmos consciência de nossos sentimentos e necessidades, sem estarmos constantemente nos flagelando e nos julgando com excessiva severidade (por exemplo, sem nos censurarmos, nos sentirmos culpados ou nos deixarmos consumir por um sentimento de fracasso). De certa maneira fundamental, a autoempatia é uma questão de ser bom para si mesmo e gostar da pessoa que se é.

Apesar da crescente popularidade, sou cético com relação à noção de autoempatia. Em primeiro lugar, por considerá-la conceitualmente falha. O significado central de empatia, por mais de um século, teve a ver com o rompimento das fronteiras do eu e a compreensão dos sentimentos e perspectivas de *outras pessoas*. É uma questão de ver através dos *olhos delas*, não de contemplarmos o âmago de nosso eu – isto é, empatia diz respeito a outrospecção, não a introspecção. A segunda razão é que isso torna o significado de empatia excessivamente amplo e vago. Uma vez que a empatia fique associada com todo o conjunto de formas pelas quais pensamos sobre nosso próprio valor pessoal e nosso cenário emocional interior, haverá o perigo de que ela perca sua eficácia analítica e seu potencial como um claro conceito diretor para a transformação individual e social. Assim como acredito que a palavra empatia não deveria ser simplesmente igualada a atos de bondade e generosidade, penso também que ela não deveria ser diluída para abranger os vários aspectos do que foi descrito como "autoempatia".

Mas isso não quer dizer que o modo como nos sentimos com relação a nós mesmos não seja importante para nossa capacidade de nos ligar empaticamente a outras pessoas. Quer dizer apenas que precisamos de outra palavra. Quais são os candidatos? Uma é "autocompaixão", termo que, como "autoempatia", surgiu nos anos 1990 como produto de nossa cultura individualista, mas que pode ter fundamentos conceituais mais firmes. Utilizando noções budistas de compaixão, a psicóloga Kristin Neff define a autocompaixão como tendo três componentes: "bondade para consigo mesmo – ser bondoso e compreensivo consigo mesmo em situações de dor

Hábito 4: Pratique a arte da conversação

ou fracasso, e não severamente autocrítico; humanidade comum – perceber nossas experiências como parte da experiência humana mais ampla, em vez de vê-las como separadoras e isoladoras; e atenção – a manutenção de pensamentos e sentimentos penosos em consciência equilibrada, em vez de uma superidentificação com eles."[52] Como no caso da autoempatia, entretanto, acho a autocompaixão uma ideia um tanto confusa, porque a origem linguística de "compaixão" é o compartilhamento do sofrimento de outra pessoa. O segundo componente da definição de Neff toca no sofrimento de outras pessoas, mas o primeiro e o terceiro não o fazem.

Minha própria preferência é reviver o antigo termo grego *philautia*, ou "amor-próprio". Os gregos reconheciam uma versão negativa de amor-próprio, que tinha a ver com egoísmo e narcisismo e com a preocupação exclusiva com a própria riqueza, poder e glória. Mas havia também uma versão mais positiva e saudável de *philautia*, que era a ideia de que se gostarmos de nós mesmos e nos sentirmos seguros em nós mesmos, teremos um profundo manancial de força emocional interior e autoconhecimento ao qual recorrer para nos preocuparmos com outras pessoas. Aristóteles estava especialmente ciente da importância dessa forma benevolente de amor-próprio quando escreveu: "Todos os sentimentos amistosos por outros são uma extensão dos sentimentos do homem por si mesmo."[53]

Se Aristóteles estivesse vivo hoje, creio que seria um defensor entusiástico de *philautia* como uma base necessária para a compreensão empática, acreditando que pessoas que não se sentem bem consigo mesmas ou alimentam um grau de aversão por si mesmas terão dificuldade em se relacionar com os sentimentos, as necessidades e as visões de mundo de outras. Se você quiser se pôr na pele de outra pessoa, precisa se sentir confortável na sua própria.

Com uma dose útil de amor-próprio, podemos quase todos nos tornar excelentes praticantes da arte da conversação e penetrar na grande escuridão dos pensamentos ocultos que nos rodeiam.

HÁBITO 5

Viaje em sua poltrona

Você pode mudar o mundo a partir da sua sala de estar?

"Foi através de livros que me dei conta pela primeira vez de que havia outros mundos além do meu; imaginei pela primeira vez como seria ser outra pessoa", escreveu o romancista Julian Barnes.[1] É sedutora a ideia de que a leitura de ficção pode nos ajudar a escapar da camisa de força de nossos egos e experiências pessoais e expandir nossos horizontes empáticos. Muitos teóricos da literatura modernos se mostram, contudo, decididamente desdenhosos com relação a essa noção. "A ideia lhes parece popularesca demais, terapêutica demais, kitsch demais, sentimental demais, Oprah demais", segundo o psicólogo Steven Pinker.[2] A leitura mesmo da história mais comovente, dizem os críticos, pode não ter quase nenhum impacto sobre nosso comportamento real e possivelmente nos deixar mais preconceituosos do que éramos ao começar. Há, contudo, um crescente corpo de evidências confirmando que literatura, fotografia, cinema e outras formas de arte têm de fato a capacidade de nos transportar em jornadas imaginativas para vidas profundamente diferentes das nossas, e também de inspirar atos empáticos em benefício de outros depois que fechamos o livro ou saímos do cinema.

Pessoas extremamente empáticas reconhecem que embora só ofereçam experiência de segunda mão, não a coisa real, palavras e imagens merecem ser levadas a sério, e não rejeitadas como pouco mais que "empatia light". Por quê? Porque a arte tem uma longa e eminente história, que remonta há séculos, de ativar nossos egos empáticos, seja para a luta contra o trabalho infantil ou a participação no movimento pacifista. Preci-

Hábito 5: Viaje em sua poltrona

samos explorar como podemos nos tornar criteriosos em nosso consumo de livros e obras de arte, de modo a não termos um simples divertimento, mas a nos comprometermos empaticamente também.

Penso nisso como "empatia de poltrona", uma forma de viagem que podemos experimentar em nossa própria sala de estar. Mas quando você se reclina em sua cadeira de balanço, há uma boa chance de que, além de ter livros a seu lado ou o controle remoto de um DVD na mão, você esteja também bastante próximo de um laptop ou de um smartphone. Redes sociais, videogames, salas de conversa e outras formas de cultura on-line abriram novas possibilidades para a busca da empatia de poltrona, permitindo-nos entrar em contato com milhões de pessoas em todo o planeta. A chegada da era digital suscita importantes questões para o futuro da empatia. Podem redes como o Facebook difundir relações humanas significativas ou estão alimentando interações superficiais? Estamos nós desenvolvendo "e-personalidades" que ampliam mais a dimensão narcísica de nossas naturezas do que nosso *Homo empathicus*? E como poderia ser o "aplicativo da empatia" ideal?

Como vamos descobrir, o potencial da internet foi exagerado e ela pode de fato representar uma das maiores ameaças a uma revolução global da empatia. Em primeiro lugar, porém, vamos viajar de volta da era digital para a Idade do Ferro e tomar nossos assentos no mundo do teatro grego antigo.

Teatro e cinema: guerra através de olhos inimigos

Na primavera de 472 a.C. o povo de Atenas fez fila para assistir à última peça escrita por Ésquilo, o fundador da tragédia grega. *Os persas* era uma produção incomum, e não só por se basear num evento histórico e não nas habituais lendas dos deuses. O que deve ter realmente chocado o público foi que a tragédia era narrada através dos olhos de seu inimigo jurado, os persas, que apenas oito anos antes tinham lutado contra os atenienses na Batalha de Salamina.

Ela conta a história das forças expedicionárias enviadas pelo monarca persa Xerxes, e como os invasores foram completamente massacrados por seus rivais gregos. Quando um mensageiro leva a notícia da derrota de seu Exército e de sua Marinha em Salamina, o conselho de anciãos persa exclama: "Ó desolação e mais desolação! Chora cada coração que ouve esta/ Dor cruel, não esperada." Em vez de glorificar os atenienses, Ésquilo concentra a atenção sobre as esposas de soldados persas mortos, que "cada uma com ternas lágrimas, em vão pranteia sua vida solitária". O público é impelido a sentir os pesares pessoais de seus adversários militares e a ver a batalha da perspectiva dos bárbaros vencidos.

Embora alguns atenienses, assistindo ao drama que se desdobrava, possam ter se regozijado com a vitória com descaridosa *Schadenfreude*,* Ésquilo estava lhes pedindo que empreendessem o ato radical de empatizar com o inimigo derrotado exatamente em seu momento de triunfo. Ainda mais impressionante é o fato de que o dramaturgo havia ele mesmo combatido os persas na batalha anterior de Maratona, onde seu irmão fora morto. Talvez ao compor a peça, ele estivesse se lembrando de que, no conflito, apenas 191 atenienses haviam morrido, contra 6.400 persas. "Não lhe terá escapado", escreve o estudioso dos clássicos Peter Smith, "que muitas mulheres persas haviam ficado viúvas aquele dia, que muito mais mães persas do que gregas haviam perdido seus filhos." Seus gritos imaginados talvez estivessem assombrando Ésquilo desde então.[3]

Tragédias como *Os persas* eram encenadas no festival anual de Dionísio, o deus da transformação. De fato, os gregos acreditavam que o drama podia ter um efeito transformador sobre o público. Diferentemente do isolamento social de assistir a um DVD em casa nos nossos dias, a ida ao teatro na Grécia era uma atividade profundamente comunitária, em que a experiência de chorar junto em resposta ao sofrimento e aos dilemas morais do personagem ajudava a fortalecer os laços de cidadania. Aristóteles observou que a tragédia também educava as emoções: permitia às pessoas ver seus problemas numa perspectiva mais ampla e estimulava

---

* Sentimento de prazer proporcionado pelo infortúnio do outro. (N.T.)

Hábito 5: Viaje em sua poltrona

as que eram autocentradas a sentir compaixão por outros. Como sugere Karen Armstrong, quando as pessoas do público derramavam lágrimas pelos persas ou se comoviam com a dor de Hércules depois que ele mata a mulher e os filhos num acesso de loucura divina, elas

> haviam alcançado um *ekstasis* dionisíaco, dado um passo para fora de preconceitos arraigados rumo a uma empatia que, antes de ver a peça, provavelmente teriam considerado impossível ... O drama trágico nos lembra do papel que a arte pode desempenhar na expansão de nossas compaixões. Peças teatrais, filmes e romances, tudo isso nos permite penetrar imaginativamente em outras vidas e estabelecer uma identificação empática com pessoas cujas experiências são inteiramente diferentes das nossas.[4]

O teatro era uma forma de arte realmente popular na Grécia Antiga: até prisioneiros eram temporariamente libertados da cadeia para que pudessem assistir às competições de dramas durante o festival de Dionísio. Hoje é mais provável nos sentarmos diante de um filme que assistirmos a uma peça. Mas com que frequência nossas experiências com o cinema resultam em *ekstasis* empático, uma saída de nós mesmos? A resposta depende de gostos pessoais. Você poderia facilmente passar os dias assistindo a filmes de ação, aventuras fantasiosas ou comédias que raramente o catapultam para dentro das perspectivas de outras pessoas. Há, contudo, um número surpreendentemente grande de filmes cujo poder provém do esforço do diretor de criar uma imersão empática que rivaliza com aquela promovida pela tragédia grega.

Um gênero especialmente eficaz, cujas origens remontam a peças como *Os persas*, são os filmes de guerra em que a história é contada do ponto de vista de soldados inimigos. Um exemplo aparece em dois filmes dirigidos por Clint Eastwood, lançados em 2006, sobre a batalha por Iwo Jima na Segunda Guerra Mundial. Um dos filmes, *A conquista da honra*, é um retrato bastante comum dos sofrimentos da guerra, descrevendo a batalha através dos olhos de fuzileiros navais americanos. De maneira mais inusitada, *Cartas de Iwo Jima* revela o mesmo embate sangrento da perspectiva de soldados japoneses – e é falado inteiramente em japonês. Ao mostrar o ponto de vista do "inimigo", em especial o sofrimento e a humilhação de sua derrota, o filme questiona noções simplistas de nacionalismo, patriotismo e triunfalismo e demole as barreiras entre "nós" e "eles". Como Eastwood observou sobre o filme: "Aquilo a que ele se reduz é que quando mães estão perdendo seus filhos, sejam eles japoneses ou americanos – não importa a nacionalidade –, sua reação sempre tem o mesmo páthos."[5] Certamente Ésquilo teria concordado.

Se você está procurando uma experiência inesquecível de *ekstasis* dionisíaco, o filme a assistir é a versão de 1930 de *Nada de novo no front*. Baseado no romance de Erich Maria Remarque, ele conta a história de um soldado de infantaria alemão, Paul Bäumer, que se alista, no fervor do patriotismo de estudante, para lutar contra os franceses na Primeira Guerra Mundial. É surpreendente que um filme contra a guerra feito da perspectiva de um soldado alemão tenha sido produzido em Hollywood apenas doze anos após o armistício. Façanha ainda mais notável é que ele contenha o que talvez seja a cena empática mais poderosa na história do cinema – uma que "nos diz tudo que precisamos saber sobre o absurdo da guerra", pensava Studs Terkel.[6]

Paul está no meio de um tiroteio e pula dentro de uma trincheira para se proteger. Um instante depois, um soldado francês cai na trincheira junto dele. Sem pensar um só instante, Paul puxa seu punhal e o crava no peito do soldado. Ele está mortalmente ferido, mas ainda respira. Paul limpa o sangue das mãos e o soldado se contorce diante dele, morrendo lentamente. O tiroteio continua e Paul, obrigado a passar a noite abrigado naquela trincheira, não pode escapar da presença do soldado. A princípio, fica irritado com os últimos e ofegantes suspiros do francês, mas com o passar das horas é vencido pelo remorso. "Quero ajudá-lo", implora Paul, oferecendo um pouco de água ao inimigo. Mas é tarde demais, o soldado está morto. Paul reage com um angustiado solilóquio:

> Eu não queria matá-lo. Tentei mantê-lo vivo. Se você pulasse aqui de novo, eu não faria isso. Sabe, quando pulou aqui dentro, você era meu inimigo – e tive medo de você. Mas você é apenas um homem como eu, e eu o matei.

Perdoe-me, meu camarada. Diga isso por mim. Diga que me perdoa!... Ah, não, você está morto! Só que você está em melhor situação que eu – para você terminou – não podem lhe fazer mais nada agora... Oh, Deus! Por que fizeram isso conosco? Nós só queríamos viver, você e eu. Por que tinham de nos mandar lutar um contra o outro? Se eles jogassem fora esses rifles e esses uniformes, você poderia ser meu irmão.

Este é um caso clássico de humanização do "outro": Paul chegou a ver seu adversário como um semelhante que também foi usado como um joguete pelos generais e políticos. Mas um momento final de reconhecimento empático ainda está por vir. Paul enfia a mão no bolso do casaco do soldado e puxa seus documentos de identidade. Ele tem um nome, Gérard Duval, e carrega uma foto da mulher e da filha. Paul agora compreende que matou não apenas um companheiro de batalha, mas um indivíduo

Paul na trincheira, confortando o soldado francês que ele havia acabado de apunhalar. De *Nada de novo no front* (1930).

único, com uma família, com emoções, com um lar para o qual voltar, exatamente como ele. "Vou escrever para a sua mulher", diz ele ao homem morto. "Vou escrever para ela. Prometo que não lhe faltará nada. E a ajudarei, e a seus pais também. Apenas perdoe-me. Perdoe-me. Perdoe-me..." Ele chora, com a cabeça aos pés do corpo gélido de Gérard Duval.

Nada de novo no front ganhou o Oscar de Melhor Filme em 1930 e foi um grande sucesso internacional de bilheteria, visto por milhões de pessoas no mundo todo. Sua empática mensagem pacifista teve um efeito eletrizante que foi muito além das salas de cinema. "Tendo visto *Nada de novo no front* tornei-me pacifista, lembra o historiador do cinema Andrew Kelly. O mesmo fizeram dezenas de milhares de outras pessoas. Até o ator que interpretou Paul converteu-se num objetor consciente em resultado de seu papel, e se recusou a lutar na Segunda Guerra Mundial. Refletindo sobre a enorme influência do filme, Ayres pensou: "Ele mostrava os alemães como tendo os mesmos valores que você e eu ... nada além de pessoas apanhadas nessa coisa que é maior do que todos nós ... *Nada de novo no front* tornou-se uma das primeiras vozes da universalidade ... [ele dizia] que a unidade era possível no mundo."[7]

Na época do lançamento, o filme foi considerado tão poderoso e incendiário que muitos governos se esforçaram para impedir que as pessoas o vissem, acreditando que ele estimulava sentimentos antinacionalistas e antibélicos. *Nada de novo no front* foi proibido na Áustria, na Itália, na Nova Zelândia, na União Soviética e na China, e fortemente censurado na Austrália, na França e em outros países. Ele foi especialmente controverso na Alemanha. Um jornal nazista descreveu-o como "uma mentira judaica" e "um filme de ódio caluniando o soldado alemão". Na noite de estreia do filme em Berlim, ativistas nazistas soltaram camundongos brancos e bombas de mau cheiro no cinema, provocando um tumulto, e Joseph Goebbels liderou uma manifestação do lado de fora. Seis dias após a estreia, ele foi proibido em toda a nação.[8] Quando Hitler chegou ao poder, em 1933, Remarque fugiu da Alemanha para a Suíça para escapar de perseguição. Sua irmã não teve a mesma sorte: dez anos depois, em represália pela fuga do irmão, ela foi levada a julgamento num tribunal popular e decapitada.

Hábito 5: Viaje em sua poltrona

Há pouca dúvida de que filmes podem inflamar o *Homo empathicus* que mora dentro de nós. Podemos viajar para as vidas de minorias perseguidas através de filmes como *A lista de Schindler* ou o drama australiano *Geração roubada*, baseado na história real de duas meninas aborígenes – parte da chamada "geração roubada" – enquanto tentam fugir de um "campo educacional" para onde foram levadas à força, separadas de seus pais, por autoridades do governo nos anos 1930. Outro caso é *O Homem-elefante*, a história de John Merrick, um pária social que foi desfigurado por uma doença terrível; você nunca se esquecerá de vê-lo gritando: "Não sou um animal – sou um ser humano!" Outros filmes nos transportam para culturas distantes, como os dilemas experimentados por um garoto que cresce nas ruas de Cabul (*O caçador de pipas*), ou transmitem as experiências dos que enfrentam desafios da vida, como a surdez (*Filhos do silêncio*) ou a pobreza (*As vinhas da ira*). Alguns diretores esforçam-se para transmitir a sensação visceral de ser outra pessoa: o hábil trabalho da câmera em *O escafandro e a borboleta* cria uma sensação quase insuportável de estar preso dentro do corpo de um homem completamente paralítico, exceto pela capacidade de piscar a pálpebra esquerda.

O impacto empático de um filme pode ser solapado, no entanto, quando uma carga excessiva de mágica cinematográfica se interpõe. Um exemplo recente foi a extravagante ficção científica de James Cameron, *Avatar*, que o cientista político Gary Olson descreve como "um filme perigosamente empático de primeira ordem" ("perigoso", para ele, é um atributo positivo, significando "politicamente radical").[9] Cameron quer que empatizemos com o povo na'vi, de pele azul-esverdeada, de três metros de altura e amante da natureza, cujo planeta está sendo destruído por seres humanos e suas corporações anônimas – uma óbvia metáfora da atual degradação do ambiente e dos hábitats dos povos indígenas. O personagem principal, o fuzileiro naval Jake Sully, literalmente entra no corpo de um na'vi e, ao vivenciar na própria pele as situações pelas quais o povo na'vi passa, é convertido ao estilo de vida deles e convencido a lutar por sua causa. O problema é que essa mensagem empática está enterrada sob uma avalanche de efeitos especiais e parafernália hi-tech, como espetaculares batalhas aéreas entre gigantescos dragões alienígenas e uma espaçonave ameaça-dora que dispara saraivadas de projéteis flamejantes. Em contrapartida, um filme como *Nada de novo no front* tem uma qualidade esparsa, teatral, que realça os momentos empáticos pessoais com uma força emocional que falta a *Avatar*.[10]

Não estou dizendo que deveríamos rejeitar filmes que não são capazes de acender nosso cérebro empático, ou que nem mesmo tentam fazê-lo. O que quero dizer é que o cinema oferece oportunidades para nos colocar-mos no lugar de pessoas cujas vidas talvez nunca tenhamos uma oportu-nidade de compreender por meio de experiência direta ou conversa. Todos nós podemos desenvolver o hábito de valorizar filmes não apenas por sua capacidade de nos entreter, mas também de nos estimular a pensar e agir com maior sensibilidade empática. Por isso, aqui está uma ideia: crie seu Clube de Cinema da Empatia. Reúna alguns amigos e façam juntos uma lista de filmes sobre temas empáticos que interessam a todos vocês – talvez os percalços do envelhecimento ou a vida na prisão. Depois de assistir aos filmes e discuti-los, vocês podem compartilhá-los na internet.

Fotografia: o poder político de imagens empáticas

Desde a Idade Média, pinturas cristãs da crucifixão foram usadas para comunicar a realidade física dos sofrimentos de Jesus na cruz. As obras primitivas eram bastante amenas, mas na altura do século XVI elas se tornaram muito mais sangrentas, descrevendo pregos furando a carne, ferimentos abertos e sangue exsudando, de modo que o espectador pu-desse não só ver o que Cristo sofrera, como também sentir algo de sua agonia física. No *Retábulo de Issenheim*, de Matthias Grünewald, de 1515, por exemplo, os braços torturantemente estirados de Cristo e os dedos virados para cima dão a impressão de que ele foi esticado numa mesa de tortura antes de ser pregado na cruz. O mero ato de olhar para uma reprodução me deixa com os dedos crispados e as mãos suadas (e me dá alguns arrepios, apesar de minha falta de fé cristã). Esse tipo de efeito

Hábito 5: Viaje em sua poltrona

de contágio empático é inteiramente intencional, sugere o historiador da arte Jill Bennett:

> As imagens desenvolvidas a partir do período medieval tardio com a expressa função de inspirar devoção não eram simplesmente a "Bíblia dos iletrados" no sentido de traduzir palavras em imagens. O que faziam era transmitir a essência do sacrifício de Cristo, o significado do sofrimento, ao promover e facilitar uma imitação empática de Cristo.[11]

O efeito empático de pinturas – tanto religiosas quanto seculares – foi confirmado por pesquisas no novo campo científico da neuroestética. Um estudo de obras de Michelangelo e Goya afirma que os neurônios-espelho em nosso cérebro nos permitem ter "respostas empáticas automáticas", em que experimentamos diretamente o conteúdo emocional das imagens por meio de um processo conhecido como "simulação incorporada".[12] Em que medida, entretanto, pode a contemplação de uma imagem não apenas estimular redes neurais, mas resultar realmente em mudanças no comportamento individual e social? Respostas podem ser encontradas na fotografia, que no início do século XX já havia substituído a pintura como o meio dominante para a imagem estática. Para compreender a força potencial que têm as fotos para reduzir nosso déficit de empatia, precisamos viajar de volta aos primeiros dias da fotografia documentária social e ao trabalho pioneiro de Lewis Hine.

O trabalho infantil era muito comum nos Estados Unidos no início do século passado: cerca de uma em cada seis crianças com menos de quinze anos estava empregada na indústria ou na agricultura.[13] Em 1904 foi fundado o National Child Labor Committee, uma importante fundação filantrópica, para lutar por novas leis que proibissem o trabalho infantil. Como parte da estratégia, entre 1908 e 1924 eles contrataram Lewis Hine – um ex-professor primário na cidade de Nova York – para documentar casos de trabalho infantil em todo o país. Era uma tarefa desafiadora: a última coisa que donos de fábrica queriam era um fotógrafo metendo o nariz em toda parte e recolhendo evidências de crianças descalças trabalhando como escravas por salários de fome. Mas Hine conseguia convencer as pessoas a deixá-lo entrar, muitas vezes se passando por vendedor de máquinas ou inspetor do serviço de proteção contra incêndios, e fazia fotos incriminadoras discretamente, enquanto percorria os chãos da fábrica. Ao longo dos anos, os retratados incluíram meninos de seis anos que reparavam fios em gigantescos teares em fábricas têxteis, meninos pequenos cobertos de poeira negra por trabalhar em minas de carvão, meninas que desenconchavam ostras em fábricas de conservas às três horas da manhã e milhares de outros trabalhadores infantis se esfalfando em algodoais, fábricas miseráveis de tecido e fábricas de vidro.

As imagens chocantes de Hine foram vistas por pessoas no país inteiro em jornais e revistas e numa série de publicações feitas pelo National Child Labor Committee. Elas eram evidências inegáveis de que o trabalho infantil de caráter explorador era uma realidade – não apenas uma fantasia de reformadores progressistas. As fotos criaram intenso clamor público.

Foto de Lewis Hine de uma "pequena fiandeira" na Mollohan Cotton Mill, Newberry, Carolina do Sul, 1908. O que ela estava pensando?

Hábito 5: Viaje em sua poltrona

Um repórter de jornal, que viu uma exposição do trabalho de Hine em Birmingham, Alabama, escreveu:

> Nunca houve prova mais convincente da necessidade de leis sobre o trabalho infantil ... do que essas fotos mostrando o sofrimento, a degradação, a influência imoral, a completa falta de qualquer coisa de sadio nas vidas desses pobres pequenos assalariados. Elas falam de maneira muito mais eloquente que qualquer obra [escrita] – e descrevem um estado de coisas terrível em sua realidade. É terrível encontrar, terrível admitir que coisas semelhantes existem em comunidades civilizadas.[14]

Segundo o historiador cultural Alan Trachtenberg, o que tornava as imagens de Hine tão impressionantes é que elas iam além de estatísticas frias e despertavam "a empatia imaginativa [do espectador] pelos retratados" e criavam uma "resposta empática à humanidade essencial dos sujeitos".[15] As imagens afetavam profundamente as pessoas num nível individual, mas também mudaram a política pública. Elas "eram tão devastadoras", escreve o historiador Russell Freedman, que "convenceram as pessoas de que os Estados Unidos precisavam de leis contra o trabalho infantil". Em 1912 elas ajudaram a provocar a criação do United States Children's Bureau, um órgão do governo federal encarregado de impedir o trabalho infantil. O número de trabalhadores infantis nos Estados Unidos foi reduzido à metade entre 1910 e 1920, em parte por causa das fotos de Hine.[16]

Desde a era de Hine, a fotografia documentária social passou por vários estágios definidores que remodelaram seu impacto empático. Durante a Grande Depressão, nos anos 1930, Dorothea Lange e Walker Evans produziram imagens que permitiram a milhões de americanos compreender como poderia ser experimentar a pobreza rural – o aspecto exausto e desesperançado de uma mãe migrante com seus filhos famintos, o trágico olhar fixo de um agricultor arrendatário. Nos anos 1960, fotografias da Guerra do Vietnã revelaram o poder de imagens de violência para gerar mudança política. A foto feita por Nick Ut de uma menina nua atingida por napalm foi uma das que ajudaram a mobilizar a oposição à guerra nos Estados Unidos – e simultaneamente convenceram as Forças Armadas e as autoridades governamentais de que precisavam manter um controle muito mais rigoroso sobre as imagens que chegavam aos olhos do público. Essas fotografias eram muitas vezes dotadas de grande força não apenas por gerar empatia pelas vítimas, mas por provocar no espectador sentimentos de horror, raiva, repugnância moral e culpa.[17] Aconteceu um caso semelhante com as imagens da fome em países em desenvolvimento que começaram a emergir no final dos anos 1960, como a famosa foto feita por Don McCullin de um menino albino em estado de inanição em Biafra.

Em meados dos anos 1970, críticos de fotografia começavam a questionar se imagens de pobreza e violência ainda tinham o poder de produzir impacto social e empático significativo. À frente da investida estava Susan Sontag, que sustentou em seu influente ensaio *Sobre fotografia* que as pessoas já tinham visto tantas imagens de sofrimento e miséria em jornais, revistas e na televisão, que estas não produziam mais muito efeito. "O choque das atrocidades fotografadas reduz-se pouco a pouco quando são vistas repetidamente", escreveu ela, e "nestas últimas décadas a fotografia 'preocupada' fez pelo menos tanto para amortecer a consciência quanto para despertá-la."[18] Desde então, muitos seguidores pós-modernos de Sontag reforçaram sua mensagem de que somos graves vítimas de uma overdose de imagens de miséria, injustiça social e abusos dos direitos humanos. Por vezes, olhar para fotos de jornal de refugiados bracejando por rações ou uma criança-soldado olhando fixamente para a lente da câmera ainda pode nos chocar ou induzir sentimentos de piedade, mas em geral isso pouco faz para gerar uma ação empática sustentada. Somos, eles sugerem, vítimas de fadiga emocional.[19]

Estaríamos realmente tão imunes? Milhares de organizações que trabalham com questões de justiça social claramente não concordam, pois continuam a usar fotografias com o propósito de alertar o público para o sofrimento humano e ganhar apoio para suas causas. Basta você dar uma olhada nos apelos de instituições filantrópicas que chegam à sua caixa de correspondência: a imagem de uma menina que teve um braço arrancado

Hábito 5: Viaje em sua poltrona

pela explosão de uma mina terrestre ou de uma família perto da casa reduzida a escombros por um terremoto. As organizações humanitárias sabem, com base em pesquisas, que embora algumas pessoas joguem os panfletos direto na lata de lixo, outras são movidas a fazer doações ou empreender outras formas de ação.

Durante a última década houve uma notável mudança nos tipos de fotografia usados para esses apelos públicos, o que é revelador da crescente importância da empatia na vida cultural. No passado, uma organização filantrópica internacional podia mostrar uma horrível foto de uma criança faminta de pé em meio a uma paisagem ressecada, desamparada. Essas imagens eram usadas para transmitir impotência, sofrimento e a violação da inocência infantil, e seu principal efeito era evocar comiseração e culpa no espectador. Embora essas fotografias sejam ainda comuns, é cada vez mais provável que vejamos imagens que retratam as pessoas com dignidade e um sentido de emancipação, como um grupo de agricultoras na África carregando enxadas nos ombros ou crianças brincando juntas perto de uma nova cisterna. Estas últimas fotos têm muito mais a ver com empatia do que com comiseração: elas revelam nossa humanidade comum com os retratados e transmitem a ideia de que eles merecem nosso respeito, não nossa piedade.

Evidências ainda mais fortes do poder da fotografia empática emergem do que nós *não* vemos, ou, mais precisamente, do que não nos é permitido ver. Em guerras recentes no Iraque e no Afeganistão, por exemplo, milhares de soldados e civis foram mortos, mas quantas vezes vimos imagens de seus corpos mutilados e carbonizados? Quase nunca. Os governos ocidentais censuram as fotos para que não fiquemos expostos ao crânio despedaçado de um de "nossos" soldados ou ao cadáver crivado de balas de uma criança que por acaso estava na reta de um ataque, mesmo depois das nove horas da noite (embora nos seja permitido ver corpos mutilados em filmes policiais em horários mais tardios). A administração Bush chegou a ponto de proibir a veiculação pela mídia de imagens de caixões cobertos com a bandeira de militares americanos mortos em ação no Iraque. Como sustenta o cientista político Gary Olson, os governos tentam nos proteger de fotografias das realidades violentas da guerra porque temem que nossas reações empáticas possam comprometer o apoio para a intervenção militar: "a enorme quantidade de engano e fraude promovida pelas elites dos Estados Unidos em prol do amortecimento ou negação de oportunidades para o comprometimento empático baseia-se num medo real do nascente sentimento de empatia do público."[20] Esse medo de imagens empáticas está revelando seu poder potencialmente subversivo.

Como tudo isso se relaciona com o desenvolvimento de nosso eu empático? Se déssemos ouvidos apenas a críticos como Susan Sontag, não poderíamos depositar muita esperança na fotografia como um meio para entrar nas vidas de outras pessoas. Mas precisamos reconhecer que este continua sendo um poderoso meio para nos ajudar a compreender a dor e o sofrimento de estranhos. "Por que fotografias são tão boas para nos fazer ver a crueldade?", pergunta a pensadora cultural Susie Linfield. "Em parte, penso, porque fotografias nos fazem compreender a realidade do sofrimento físico com uma literalidade e irrefutabilidade que nem a literatura nem a pintura podem reivindicar ... As fotografias se distinguem, mais que qualquer outra forma de arte ou de jornalismo, por proporcionar uma conexão imediata, visceralmente emocional com o mundo."[21] Lewis Hine sabia bem disso e seu legado vive nos grandes fotógrafos documentaristas sociais e políticos de nossa era, como James Nachtwey, Sebastião Salgado, Gilles Peress e David Goldblatt.

A fotografia também funciona porque alimenta nossa inteligência visual. Aprendemos não apenas lendo livros ou analisando estatísticas, mas tendo imagens impressas em nossa mente e memória. Se você deseja compreender a vida sob o apartheid na África do Sul, deve certamente ler a biografia de Nelson Mandela, mas talvez seja igualmente iluminador passar algum tempo numa exposição de fotos feitas por David Goldblatt nos anos 1970 e 1980 de fazendas africânderes e passageiros de ônibus negros. Da mesma forma, qualquer pessoa que espere compreender as consequências humanitárias da desigualdade de renda e a escravidão por dívida no Brasil deveria se voltar para as inesquecíveis imagens que Sebastião Salgado fez de garimpeiros em Serra Pelada. A fotografia, como o cinema, continua sendo um poderoso meio para nossa educação empática.

Hábito 5: Viaje em sua poltrona

Literatura: podemos aprender empatia com romances?

Há quase trezentos anos críticos literários e escritores vêm debatendo se a leitura de ficção tem o poder de expandir nossa empatia e aprofundar nossa moralidade. No século XVIII, havia uma grande desconfiança em relação à literatura. Era comum pensar que o crescente corpo de romances românticos – em especial os que provinham da França – iria corromper os jovens e perverter sua imaginação, provocando paixões que poderiam resultar em atividade sexual ilícita. Durante o período vitoriano, no entanto, passou-se a acreditar cada vez mais que a ficção, em particular romances sobre "problemas sociais", poderia ter uma influência positiva sobre a moralidade individual e a vida cívica. Passar uma noite absorvido na leitura de *Oliver Twist* ou *Tempos difíceis* alertava o tranquilo leitor de classe média para as ásperas realidades da pobreza urbana e o crescente abismo entre ricos e pobres na Inglaterra industrial.[22] Entre os mais veementes defensores do poder da literatura estava a romancista George Eliot (pseudônimo de Mary Anne Evans). Ela estava convencida de que a leitura podia desenvolver a "compaixão", ou o que hoje chamaríamos de empatia:

> O maior benefício que devemos ao artista, seja ele pintor, poeta ou romancista, é a extensão de nossas compaixões. Apelos fundados em generalizações e estatísticas requerem uma compaixão pré-fabricada, um sentimento moral já em atividade; mas uma descrição da vida humana como a que um grande artista pode dar, surpreende até o trivial e o egoísta, fazendo-os atentar para o que existe fora deles mesmos, que pode ser chamado de a matéria-prima do sentimento moral. Quando Scott nos leva para dentro da cabana de Luckie Mucklebackit, ou conta a história de "Os dois boiadeiros" – quando Wordsworth canta para nós o devaneio da "Pobre Susan" – quando Kingsley nos mostra Alton Locke fitando ansiosamente por sobre o portão que leva da estrada para a primeira mata que já viu – quando Hornung pinta um grupo de limpadores de chaminé – mais é feito para ligar as classes mais elevadas às inferiores, para obliterar a vulgaridade da exclusividade, que por centenas de sermões e dissertações filosóficas. A arte é a coisa mais próxima da vida;

é um modo de amplificar a experiência e ampliar nosso contato com nossos semelhantes além dos limites de nosso quinhão pessoal.[23]

Nos últimos anos houve um resgate dessa fé vitoriana na literatura como um veículo para a transformação empática. A filósofa Martha Nussbaum recomenda a leitura de romances realistas, que se estendem sobre a experiência da vida cotidiana em vez de ser excessivamente românticos ou estilizados. A ficção realista de escritores como Dickens e Eliot promove a "imaginação empática", um ingrediente essencial para fortalecer o lugar da ética na vida pública e contrapor-se à cultura do interesse pessoal. Quando mergulhamos nas lutas e no sofrimento dos personagens na página, diz Nussbaum, "experimentando o que acontece com eles de seu ponto de vista", o resultado pode ser que venhamos a "nos preocupar com o bem de outras pessoas cujas vidas são distantes das nossas". O psicólogo Steven Pinker adota uma posição semelhante, afirmando que "a leitura é uma tecnologia para a adoção de perspectiva" e que a ficção realista "pode expandir o círculo de empatia dos leitores induzindo-os a pensar e sentir como pessoas muito diferentes deles mesmos". De maneira semelhante, Keith Oatley, psicólogo cognitivo e romancista, baseia-se numa nova onda de pesquisa neurocientífica que fornece evidências de que "o processo de ingresso em mundos imaginários de ficção desenvolve empatia e aumenta a capacidade de adotar o ponto de vista de outra pessoa".[24]

Deveriam, portanto, todos os revolucionários empáticos prospectivos estar se submetendo a uma rigorosa dieta de ficção realista, preparando seu *Homo empathicus* interior com romances de John Steinbeck, Zadie Smith e outros pesos-pesados do gênero? Melhor não ir tão depressa, adverte a estudiosa da literatura Suzanne Keen, a principal cética contemporânea do poder empático dos romances. Em sua visão, defensores como Nussbaum e Pinker confundem seus desejos com a realidade, porque as evidências de que se identificar com sentimentos de personagens resulta em comportamento altruísta ou pró-social são "inconclusivas na melhor das hipóteses e quase sempre exageradas em favor dos efeitos benéficos da leitura". Em outras palavras, você pode sentir uma profunda afinidade com Dorothea

Hábito 5: Viaje em sua poltrona 177

em *Middlemarch*, mas é pouco provável que ler sobre ela mude a maneira como você trata outras pessoas. Keen expõe uma série de outras acusações. Não está claro se ler romances torna as pessoas mais empáticas ou se a relação causal corre no sentido inverso, com as pessoas mais empáticas sendo mais propensas a ler ficção. Um romancista engenhoso, sugere ela, poderia nos fazer empatizar com um protagonista cujas ideias fossem moralmente repugnantes, de modo que passaríamos a compartilhar seus preconceitos e tendenciosidades. Além disso, a leitura é tão imbuída de subjetividade, com cada um de nós respondendo de diferentes maneiras a mundos ficcionais, que é difícil extrair quaisquer conclusões seguras sobre que tipos de técnica narrativa – como a narração em primeira pessoa – têm maior probabilidade de inspirar empatia.[25]

Penso que Keen vai longe demais em defesa de sua ideia. Embora eu concorde que sentir empaticamente as dores de um personagem num romance pode por certo ter pouco impacto discernível sobre nossas ações na vida prática, há muitas evidências de que a ficção pode ter o efeito de transformar a vida dos leitores, como sabemos pelas miríades daqueles que se voltaram contra a escravidão após terminar de ler *A cabana do Pai Tomás*, que fizeram campanha contra o sistema de asilos para os pobres graças a *Oliver Twist*, ou que se tornaram pacifistas após ler *Nada de novo no front*.[26] Leitoras dos primeiros romances feministas, como *O carnê dourado*, de Doris Lessing, publicado em 1962, foram impelidas para uma nova compreensão das mulheres, o que contribuiu para seu nascente movimento de libertação. Gerações inteiras tiveram a mente alterada por livros como *O sol é para todos*, com sua mensagem: "Você nunca compreenderá realmente outra pessoa até que considere as coisas do ponto de vista dela – até que entre em sua pele e experimente as coisas nela."

Além disso, se você considerar sua experiência pessoal, é muito provável que possa apontar com precisão romances que expandiram seu círculo de empatia. O que vem de imediato à mente para mim é uma cena de *Dentes brancos*, de Zadie Smith. Um garçom num restaurante bangladeshiano, mal percebido pelos fregueses enquanto anota os pedidos, sonha em recuperar sua dignidade pendurando no pescoço um cartaz que declare ao mundo: "Eu não sou um garçom. Fui estudante, cientista, soldado, minha mulher se chama Alsana, moramos em East London, mas gostaríamos de nos mudar para North London. Sou muçulmano, mas Alá me abandonou, ou eu abandonei Alá, não sei ao certo. Tenho um amigo – Archie – e outros. Tenho 49 anos, mas mulheres ainda se viram na rua para me olhar. Às vezes." Hoje, sempre que estou num restaurante, me pergunto o que cada garçom ou garçonete escolheria para escrever em seu cartaz biográfico. Esse simples ato de imaginação empática me abre para sua individualidade e altera sutilmente minhas interações com eles.

Outro romance que se tornou um de meus favoritos empáticos é *What I Did*, de Christopher Wakling, que é narrado por um menino de seis anos. A história começa com o menino sentado na escada de sua casa, os sapatos nas mãos, enquanto o pai grita com ele por estar demorando tanto a descer, pois eles estão de saída para o parque. O que descobrimos, mergulhando na cabeça do menino, é que, se ele não está se apressando, não é para aborrecer o pai, mas porque está no processo de conduzir um intricado experimento científico sobre como a fricção opera para impedir seu traseiro de escorregar escada abaixo. Isso me fez rir, mas também me permitiu penetrar na mente de meu filho de quatro anos. De repente compreendi que muitos de seus hábitos exasperantes – como verter suas bebidas de um copo para outro e deste para o primeiro, muitas vezes fazendo uma grande bagunça – talvez fossem experimentos semelhantes, que eu deveria provavelmente estimular em vez de reprimir. O romance me ajudou a reconhecer que eu não estava me esforçando o suficiente para descobrir o que passava pela cabeça dele. Mais tarde entrevistei Wakling, que é também professor de escrita criativa, e lhe perguntei se achava que um romance podia funcionar se o autor não conseguisse levar o leitor a empatizar com os personagens principais:

Não. Não acho que o leitor tem de gostar dos personagens principais (embora grupos de leitura pelo país inteiro sejam testemunhas do fato de que ajuda se o fizerem), mas para acreditar num protagonista ficcional, os leitores certamente têm de compreender de onde vem esse personagem. O que

Hábito 5: Viaje em sua poltrona 179

quer o personagem? Onde eles começaram? Para onde estão tentando ir? Essas questões estabelecem motivo e são úteis para o enredo. Mas a maior questão – como o personagem vê o mundo? – tem o poder, se for respondida de maneira convincente por um romancista, de mergulhar o leitor numa nova consciência. Faça isso bem, e os leitores se interessarão pelo mundo do romance além da última página.[27]

A empatia está no âmago da própria narração da história. Seja através de literatura intelectualizada ou ficção popular, um excelente romancista é um mago empático que pode nos permitir, ainda que apenas temporariamente, sair de nossa própria pele e entrar numa outra maneira de ver o mundo. Vale a pena pensar seriamente sobre que autores e que tipos de escrita têm maior probabilidade de expandir sua sensibilidade para as vidas de outras pessoas. Você poderia experimentar romances do cânone realista (embora evitando os que são didáticos demais), mas poderia ser mais interessante procurar o conselho de um "biblioterapeuta". A biblioterapia, atividade que foi introduzida pela escritora-artista Ella Berthoud e a romancista Susan Elderkin na The School of Life, em Londres, desde 2008, é uma forma pouco conhecida de terapia literária. Você conversa com um conselheiro especializado sobre seus hábitos de leitura e dilemas na vida e em seguida lhe é oferecida uma "prescrição" de leituras feita sob medida, baseada em seus gostos e circunstâncias.[28] Se você for um entusiasta da ficção científica em busca de expandir a empatia, os biblioterapeutas poderiam sugerir o clássico feminista de ficção científica de Ursula Le Guin, *A mão esquerda da escuridão*. Está prestes a viajar para a Índia? Eles podem aconselhá-lo a levar *Um delicado equilíbrio*, de Rohinton Mistry. Quer penetrar profundamente na natureza humana e nos limites da empatia? Provavelmente não há nada melhor que *A estrada*, de Cormac McCarthy.

Espero que um dia todas as bibliotecas públicas ofereçam um serviço profissional de biblioterapia para nos ajudar a escolher sabiamente entre as centenas de milhares de livros publicados a cada ano. De maneira mais imediata, você pode postar listas de seus romances empáticos na primeira Biblioteca da Empatia digital do mundo, que você encontrará no site deste livro (www.romankrznaric.com/empathyrevolution), junto com livros de não ficção, filmes, fotografias e outras obras de arte que mais contribuem para a empatia. Fazendo isso você estará desempenhando um papel na criação de um recurso global para o futuro das relações humanas. Minhas sugestões para a biblioteca aparecem no fim deste livro e no website.

Cultura on-line: da revolução digital para a revolução da empatia?

A revolução digital está marcando o início de uma nova era na busca da empatia de poltrona. Diferentemente de livros, filmes ou fotografias, as redes digitais oferecem a perspectiva de conexão instantânea com milhões de pessoas no mundo todo. A internet tem atualmente o alcance global de 2,5 bilhões de usuários. Até pequenos chacareiros no Malawi e operários em Xangai estão conectados por meio de seus smartphones (há mais smartphones na África subsaariana que na Europa).[29] Além disso, a mídia social permite interações de mão dupla, diferente da comunicação em via única de um filme ou um romance. Com apenas alguns cliques podemos falar com alguém de praticamente qualquer nação do planeta – e olhando nos seus olhos – enquanto estamos sentados em casa afagando o gato. Segundo o cientista social Jeremy Rifkin, a cultura on-line pode estar nos conduzindo para uma civilização verdadeiramente empática. "Novos desenvolvimentos em conexões da internet", afirma ele, tornam "possível imaginar uma mudança paradigmática no pensamento humano e uma guinada na consciência global em menos de uma geração ... o potencial para experimentar sensibilidade empática e levá-la para um nível global está agora a nosso alcance".[30]

Como podemos tirar proveito das tecnologias digitais para construir uma Era da Empatia no século XXI? Decidi enfrentar essa questão iniciando uma busca para descobrir o melhor aplicativo para a empatia – um aplicativo que permitiria a vasto número de pessoas porem-se no lugar de outras e criar fortes vínculos emocionais com elas. Mas minha busca não

Hábito 5: Viaje em sua poltrona

foi nem de longe tão bem-sucedida quanto imaginei que seria. Ocorre que as plataformas on-line existentes oferecem um campo limitado para a criação de uma revolução da empatia. Em vez disso, talvez as tecnologias digitais possam estar nos levando de volta para uma Idade das Trevas da empatia através de seus efeitos corrosivos sobre a personalidade humana.

Minhas esperanças para a empatia na cultura on-line começam na minha cozinha. Todo domingo de manhã meus filhos acordam em Oxford e descem para tomar o café da manhã com os avós em Sydney. Como assim? Por cortesia do Skype, vovó e vovô aparecem num laptop perto da geleia e da torrada. No início as conversas eram forçadas – em parte porque meus filhos ainda estão aprendendo a falar, e meu pai estava aprendendo a não falar ao mesmo tempo que eles. Pouco a pouco, porém, a tecnologia tornou-se menos invasiva e suas conversas regulares têm construído laços de amor e empatia através do oceano que separa todos nós. O Skype e outras ferramentas têm favorecido essas conversações empáticas muito além de minha cozinha. Conheci professores primários na Inglaterra que emparelharam sua classe com uma outra no Quênia, de modo que seus alunos podem conversar entre si pela internet e aprender sobre suas vidas muito diferentes. Deparei com organizações que tentam promover conversas pela internet entre pessoas que tomam café em países ricos e aquelas que cultivam os grãos em países pobres.[31]

Logo no início de minha busca pelo melhor aplicativo para a empatia do mundo, fiquei especialmente curioso quando ouvi falar de Chatroulette, um website de conversas criado por um adolescente russo em 2009 que tem hoje cerca de 1,5 milhão de usuários no mundo inteiro. Ao iniciar uma sessão, você é conectado com uma pessoa aleatória para conversar com ela ao vivo por webcam. Caso você prefira falar com outra pessoa, basta clicar "próximo" e será transportado para outra sala de estar, em qualquer lugar, de Murmansk a Minnesota. Rapidamente descobri que não há muita empatia em Chatroulette. Como as pessoas clicam "próximo" a cada dois segundos em média, há pouca chance para um diálogo profundo. De maneira mais significativa, como a pesquisadora de tecnologia Sherry Turkle descobriu, o usuário é frequentemente apresentado a pessoas que estão se masturbando, são rudes com ele ou simplesmente não estão nada interessadas. "Chatroulette leva as coisas a um extremo: rostos e corpos tornam-se objetos", observa Turkle, e parece haver pouco desejo ou incentivo para se procurar por uma humanidade comum.[32] Em princípio um site como Chatroulette poderia ser um enorme gerador de empatia, pois a tecnologia se presta à criação de conversas face a face entre estranhos. Com um nome diferente – algo como Conexão da Empatia – e um "cardápio de conversa" *pop-up*, ele poderia atrair pessoas em busca de compreensão transcultural.

Senti-me um pouco mais esperançoso quando encontrei Ambient, um aplicativo que permite "conectar-se com pessoas à sua volta que despertam seu interesse, façam você ganhar o dia ou até mudem o curso de sua vida". Você começa criando um perfil em que lista suas músicas e seus livros favoritos e outras paixões; depois, quando você andar pela rua, seu telefone lhe dirá se você está próximo de outro usuário de Ambient que tem interesses em comum com você. A tela também indica os amigos que vocês têm em comum, se houver algum. Você pode depois enviar uma mensagem para a pessoa, convidando-a, por exemplo, para tomar um café em sua companhia. O problema é que Ambient, como a maioria dos aplicativos interpessoais, foi projetado para conectar pessoas que têm interesses e amigos em comum, ao passo que nossos encontros empáticos mais estimulantes muitas vezes acontecem quando conhecemos pessoas extremamente diferentes de nós.

E quanto aos videogames? Pensei que esse seria certamente um domínio estéril, já que tantos jogos se destacam pelas armas de fogo e violência. Em *Grand Theft Auto: Vice City*, por exemplo, jogadores ganham pontos atraindo e matando prostitutas. Jogos desse tipo dificilmente seriam um campo de treino para a revolução da empatia: de fato, os jogadores são preparados para ser psicopatas virtuais num mundo hobbesiano.[33] Mas aprendi que há uma comunidade emergente de pessoas que estão jogando um número cada vez maior de jogos baseados na empatia, conhecidos na indústria como "simuladores de outras pessoas". Um que experimentei recentemente numa versão prototípica é *That Dragon, Cancer*, em que você assume o papel de um homem que está enfrentando o fato de o filho de quatro anos ter sido diagnosticado com câncer terminal. Diferentemente da maioria dos jogos, não são concedidos aos jogadores quaisquer poderes especiais, devendo eles, ao contrário, lidar com os traumas emocionais da morte e da agonia. Jogar esse jogo é uma experiência impressionante e emocionalmente dilacerante.[34] Posso recomendar também um jogo chamado *PeaceMaker*, em que você assume o papel ou do primeiro-ministro israelense ou do presidente palestino e tenta criar uma "solução de dois Estados" durante um período de conflito violento. Os criadores descrevem-no como um "videogame para promover a paz" e enfatizam que "as questões de administração do conflito principal de que tratamos giram em torno da criação de empatia e de uma compreensão mais profunda de múltiplas perspectivas".[35] O jogo estimula a empatia cognitiva porque o jogador acaba concluindo que o sucesso depende de fomentar a cooperação mediante a consideração de uma série de partes interessadas, dentre as quais grupos políticos extremistas e moderados. Ele também estimula a empatia afetiva ao usar fotos reais e vídeos de cenas que mostram o impacto do conflito sobre vidas individuais, como uma mãe palestina chorando a morte de parentes.

Sejamos realistas. Jogos como *PeaceMaker* ainda são a diversão de uma minoria. E, de todo modo, o vínculo entre jogar um videogame que envolve

Uma imagem da tela do jogo *PeaceMaker*.

empatia e depois agir de maneira empática no mundo real ainda não foi seriamente pesquisado. Ao mesmo tempo, como a maior parte dos desenvolvedores de software manifestou pouco interesse em criar plataformas projetadas especificamente para fomentar a conexão empática, o que nos resta são coisas semelhantes ao Chatroulette. Mas com certeza você poderia pensar: Facebook, Twitter e outras redes sociais populares estão permitindo a milhões de pessoas estar em constante contato umas com as outras e compartilhar pensamentos e sentimentos sobre tudo, de problemas de relacionamento a ideologias políticas e concepções religiosas. Essa vasta teia de conexões e conversas digitais não está dando um forte estímulo ao quociente global de empatia?

Isto é, lamentavelmente, um sonho utópico. A mídia social e as tecnologias digitais de maneira mais ampla tanto oferecem oportunidades para empatia quanto representam, na mesma medida, ameaças a ela. Uma maneira útil de explorar isso – e as implicações para a vida de cada um de nós – é seguir o conselho do filósofo e pioneiro da realidade virtual Jaron Lanier, que acredita que "a pergunta mais importante a fazer sobre qualquer tecnologia é como ela muda as pessoas".[36] Precisamos investigar o que o mundo on-line está fazendo por nossa mente e nosso caráter.

A visão pessimista de Lanier é que a tecnologia digital e a mídia social estão erodindo a singularidade e a individualidade humanas. Ele mostra que a primeira onda da cultura da web nos anos 1990 exibiu uma "orgulhosa extroversão", visível nos websites extravagantes que as pessoas projetavam para si mesmas. Depois desse florescimento inicial, "uma interminável série de estratagemas patrocinados por investimentos gigantescos estimularam os jovens a entrar no mundo on-line pela primeira vez para criar perfis padronizados em sites como o Facebook". Os usuários da internet foram se encaixando cada vez mais em modelos de personalidade preexistentes que definem quem eles são e foram reduzidos a "identidades por múltipla escolha".[37] O resultado, declara a romancista Zadie Smith, é que "tudo que seja peculiar numa pessoa é achatado." Ela nos lembra que

Hábito 5: Viaje em sua poltrona

o Facebook, nossa nova queridinha interface com a realidade, foi projetado por um estudante de Harvard, com as preocupações de um estudante de Harvard. Qual é seu status de relacionamento? (Escolha um. Só pode haver uma resposta. As pessoas precisam saber.) Você tem uma "vida"? (Prove isso. Poste fotos.) Você gosta das coisas certas? (Faça uma lista. As coisas das quais se deve gostar incluem: filmes, músicas, livros e programas de televisão, mas não arquitetura, ideias ou plantas.)

Essas categorias tornam mais fácil descobrir traços em comum com outras pessoas e "conectar-se" com elas, mas também empobrecem a complexidade do caráter humano. Além disso, há a questão da qualidade da conexão. A maior parte da mídia social, afirma Smith, "estimula as pessoas a estabelecer conexões fracas, superficiais ... Zuckerberg pensa que essa troca de trivialidades pessoais é o que a amizade é".[38] O orgulho que as pessoas muitas vezes sentem por ter reunido milhares de "amigos" no Facebook ou "seguidores" no Twitter é testemunho da crença de que é a quantidade, não a qualidade de nossos relacionamentos, que importa. A situação não fica muito melhor quando vemos as evidências que se acumulam de que a cultura digital de alta velocidade está tornando nossos períodos de atenção mais curtos e mais superficiais. À medida que nos movemos rapidamente entre janelas e programas, estamos nos habituando a ficar num estado conhecido como "atenção parcial contínua", em que nossa capacidade de nos concentrar por completo por um período prolongado numa única tarefa – como a leitura de um artigo ou o desenvolvimento de uma conversa – é diminuído.[39]

O problema é que a empatia floresce melhor em relacionamentos que têm profundidade e quando podemos mergulhar na visão de mundo única de outra pessoa, não num perfil on-line pré-fabricado. Redes sociais podem nos pôr em contato com comunidades globais de que nos sentimos parte (todos os que compartilham o amor pelos origamis, ou pelo grupo Abba, ou pela preservação das florestas pluviais) e nos alertar para importantes eventos na vida de estranhos (uma reportagem sobre um tsunami no Japão ou uma revolta nas ruas de Damasco), mas em e por si mesmas essas redes não são, em geral, projetadas para facilitar o salto imaginativo para outras mentes. Elas têm a ver com troca eficiente de informação, e não com a menos facilmente empacotável troca de intimidade. Podemos realmente transmitir nossos pensamentos e sentimentos mais fundamentais numa mensagem de texto ou tweet e usando *emoticons*? Temo que não :-(. Para qualquer pessoa que não seja um poeta de haicais, é difícil expressar quem somos e o que nos importa na vida em 140 caracteres.

O psiquiatra de Stanford Elias Aboujaoude afirma que o problema não é tanto a cultura digital "achatar" nossa personalidade, mas nos dividir em dois. Desenvolvemos pouco a pouco uma "e-personalidade" ou "e-identidade" que é distinta de nossa personalidade off-line: "para cada ser real com uma conexão de internet, existe agora uma versão virtual vivendo lado a lado."[40] Mais ainda, nosso eu virtual está começando a dominar nossa vida. Estar on-line está se transformando depressa em nosso estado-padrão, com uma crescente proporção de pessoas passando metade das horas do dia ligada em tecnologia digital: o adolescente americano típico passa quase oito horas por dia conectado, atualizando seu status no Facebook, consumindo mídia e enviando mensagens de texto para os amigos.[41]

Há algumas vantagens muito reais em ter uma e-personalidade separada, segundo Aboujaoude. Algumas pessoas, ele observa, acham mais fácil se abrir emocionalmente através de seu eu virtual. Isso também pode proporcionar uma forma de expressar a identidade sem medo ou preconceito: se for um adolescente gay que vive na zona rural do Texas, pode ser que encontre na internet uma comunidade empática que compartilha seus interesses, ao passo que revelar sua orientação sexual no mundo off-line pode levá-lo ao ostracismo em sua própria cidade. Mas os perigos são extremamente óbvios. Um que ele destaca é a tendência a se comportar de uma maneira enganosa e autoenaltecedora. Seja através de um perfil de namoro na internet ou de um avatar inteiramente desenvolvido em Second Life, podemos achar difícil resistir "a fingir ser mais magro, mais popular e mais bem-sucedido do que realmente somos". Há sempre aquela tentação de contar algumas mentiras nos sites de namoro sobre emprego, salário ou instrução – e de aplicar *air brush* em nossas fotografias também.

Hábito 5: Viaje em sua poltrona

Outro perigo é que a possibilidade de anonimato e invisibilidade cria um "efeito de desinibição on-line", em virtude do qual as pessoas se sentem autorizadas a se envolver em comportamento antissocial. Recebo regularmente comentários extraordinariamente rudes e cruéis em meus artigos de jornal e vídeos on-line que as pessoas quase certamente nunca se disporiam a dizer na minha frente. O *cyberbullying* também se tornou um sério problema entre estudantes. Aboujaoude deixa claro que "o sistema normal de freio, que sob circunstâncias normais mantém pensamentos e comportamentos sob controle, fica constantemente avariado na supervia da informação".[42]

O problema mais fundamental, contudo, é que nossa e-personalidade pode se mover lentamente em direção ao narcisismo, que passa em seguida a infectar nossa personalidade off-line também. A manifestação mais óbvia de autoabsorção digital é o "egossurfe" (também conhecido como "narcissurfe" ou "autogooglagem") , que consiste em "fazer buscas no Google com o próprio nome para ver onde, quando e com que frequência você aparece na internet" – 47% dos adultos nos Estados Unidos admitem ter feito essa busca.[43] Ele se manifesta também em manias como a de checar constantemente quantos seguidores você tem no Twitter ou no número de horas que você gasta ajustando seus perfis na mídia social e postando mensagens destinadas a ganhar novos "amigos" ou mais "curtidas". Na verdade, estamos nos transformando em outdoors virtuais, anunciando e vendendo nossas personalidades para consumidores on-line. Talvez não seja nenhuma surpresa estudos que revelam que quanto mais interações as pessoas têm com usuários no Facebook, mais elevada é sua pontuação em testes de narcisismo.[44]

Claramente, no entanto, nem todo mundo que está on-line está egossurfando e checando suas solicitações de amizade. Outros estão tentando tirar proveito do poder da mídia social para criar empatia de massa e mudança política, como se viu durante a Primavera Árabe e o movimento Occupy. A onda de revolta política global entre 2009 e 2012, desde o Occupy Wall Street e protestos estudantis em Madri até as demonstrações de massa em Túnis e Teerã, teriam sido impossíveis sem tecnologia digital e redes sociais. Os manifestantes estavam usando o Facebook para formar grupos, o Twitter para disseminar notícias e o Yfrog, o Flickr e o YouTube para espalhar fotos e vídeos. Sustentando a mídia social, diz o analista político Paul Mason, estava a telefonia móvel: "em meio às pessoas imprensadas em cada multidão, vemos braços segurando telefones celulares no ar, como pequenos bandos de avestruzes, batendo instantâneos de cenas de repressão ou revolta, oferecendo uma captura de imagens instantânea e indelével para um público global."[45]

Os movimentos de protesto foram motivados por uma estonteante mistura de raiva, antiautoritarismo, frustração política, desespero econômico e desejo de liberdade individual e de se sentir membro de uma comunidade. Como mostra Jeremy Rifkin, a empatia também desempenhou um papel decisivo:

> Jovens saíram às ruas em protesto contra os resultados equivocados na eleição iraniana. Uma moça chamada Nadia, aluna de um curso preparatório de medicina, estava numa manifestação e, enquanto uma amiga a filmava, ela foi baleada pelos soldados. Dentro de uma hora, milhões de pessoas no mundo todo conheciam seu Facebook, sua família, seus parentes, sabiam quem ela vinha a ser. Nadia era agora uma irmã para milhões de jovens que podiam se identificar com ela de uma maneira muito, muito profunda. Isto é empatia global. É o início de uma civilização empática.[46]

A Primavera Árabe e o movimento Occupy revelaram que a tecnologia digital pode ajudar a canalizar e espalhar emoções poderosas, como a empatia e a raiva. Mas as revoltas também mostraram que novas tecnologias não podem por si sós sustentar a energia emocional e a ação prática que os movimentos de massa requerem. A mídia social foi uma ferramenta extraordinária para o objetivo de curto prazo de mobilizar pessoas para participar de protestos e comunicar o que estava acontecendo no mundo todo, mas não foi tão boa para fornecer outros ingredientes essenciais para o sucesso de movimentos sociais a longo prazo. Nenhuma quantidade de tweets pôde ajudar o movimento Occupy a elucidar seus objetivos políticos muito gerais, desenvolver a capacidade e a estratégia de sua liderança ou conservar a paixão de seus partidários por um período prolongado. Tudo isso requer o encontro face a face e o trabalho árduo e demorado da organização coletiva. Além disso, não esqueçamos que, embora a web possa gerar intensas reações empáticas em grande escala – lembra-se do vídeo *Kony 2012*? –, ela depois muitas vezes não é capaz de convertê-las em ação muito difundida no mundo real. Poderíamos estar deslizando rumo a uma era do que foi chamado "slacktivismo",* em que as pessoas se iludem, convencendo-se de que assistir a um clipe ou clicar numa petição on-line constitui ativismo político autêntico.[47]

Trazendo a análise de volta para nossas vidas, como deveríamos pensar sobre nossa relação pessoal com a tecnologia digital? À medida que nos envolvemos cada vez mais com o mundo interconectado, precisamos nos perguntar como ele está remodelando nosso caráter e nossos relacionamentos. A internet está nos oferecendo uma hiperconexão "rala" em detrimento de amizades "densas" em que a empatia pode prosperar? Estamos usando mídia social de maneiras egoístas, autoenaltecedoras que alimentam nosso narcisismo nascente? Ainda nos encontramos nos primeiros estágios da compreensão de como essa nova cultura está afetando a personalidade humana. Eu gostaria de ser mais otimista, mas há crescentes evidências de que a revolução digital, em sua forma atual, não está conseguindo nos pôr no caminho que conduz a uma civilização empática. Em vez disso, talvez estejamos testemunhando um resgate da "década do eu" dos anos 1970. A tecnologia digital, ao que parece, está ampliando a voz do *Homo autocentricus*.

Qualquer pessoa que espere expandir sua empatia – e também preservar a que já possua – deveria adotar uma abordagem reflexiva, até cautelosa, à cultura da internet. O pior erro que podemos cometer é cultivar nossa vida on-line sem refletir sobre a maneira como ela está afetando nossa identidade off-line e nosso relacionamento com outras pessoas. Como Sócrates diria, "conhece teu eu digital". Se você descobrir que a resposta rápida da mídia social o está deixando faminto de amizades mais profun-

---

* Do adjetivo *"slack"*, traduzido como bambo, lento, sem atividade. (N.T.)

das, ou que você está sendo atraído para o egoísmo ou para a apatia, talvez seja hora de entrar numa dieta digital e começar a racionar as horas que passa conectado ao cérebro eletrônico global.

Apesar dessas advertências, continuo empenhado em minha busca do mais eficaz aplicativo da empatia. Dei-me conta, porém, que talvez tenhamos de olhar além do que está sendo oferecido atualmente e inventar novos softwares, intencionalmente projetados para expandir a empatia cognitiva e afetiva. Minha esperança é que leitores deste livro, com as devidas habilidades técnicas, venham a se colocar na vanguarda da criação de aplicativos que rivalizem em popularidade com Chatroulette e *Grand Theft Auto*, mas que visem, em vez disso, provocar ondas de ação na escala do Occupy e da Primavera Árabe.

Em louvor do *ekstasis*

A arte e a literatura têm conduzido seres humanos por jornadas empáticas desde que os cidadãos da antiga Atenas choravam pelos personagens que viam no palco durante o festival de Dionísio. O teatro, o cinema, a pintura e a fotografia desempenharam todos um papel na geração do que os gregos chamavam de *ekstasis*, ou êxtase, em que saímos temporariamente de nós mesmos e somos transportados para outras vidas e culturas. Na melhor de suas formas, o *ekstasis* empático assemelha-se ao filme *Quero ser John Malkovich*, em que pessoas entram rastejando pela minúscula porta de um prédio comercial em Nova York e escorregam por um túnel para a mente do famoso ator, onde podem literalmente ver o mundo através de seus olhos.

Os limites da empatia de poltrona foram exagerados. Pode haver críticos que acreditam que meios como a fotografia e o romance pouco podem fazer para nos oferecer experiências profundamente empáticas que levem à ação prática, e têm maior probabilidade de nos deixar emocionalmente entorpecidos ou impassíveis. No entanto, se continuarmos criteriosos e optarmos pelas melhores obras empáticas que nossas culturas produziram –

Hábito 5: Viaje em sua poltrona

o tipo que deveria estar disponível numa Biblioteca da Empatia virtual – é provável que fiquemos inspirados a ver o mundo de novas maneiras e nos tornemos agentes de mudança social. Por outro lado, temo que estejamos exagerando o potencial empático das tecnologias digitais que acessamos facilmente de nossas poltronas. Devemos estar vigilantes para que elas não acabem com nossa capacidade de dar o salto para outras mentes.

Em nosso esforço para expandir nossa capacidade empática, pode ser difícil, ou mesmo impossível, explorar a vida de outras pessoas por meio de abordagens como experiência direta ou conversa. Como pode um homem experimentar algum dia a sensação de estar grávido? Que chances você tem de encontrar um ancião samoano com quem possa conversar sobre religião ou o sentido do amor? Sempre precisaremos, portanto, da empatia de poltrona – para nos ajudar a imaginar todos aqueles mundos ocultos que nos são inalcançáveis em nossa vida cotidiana.

HÁBITO 6

Inspire uma revolução

Empatistas do mundo todo, uni-vos!

Você não encontrará as palavras "Revolução da empatia" impressas em muitas camisetas. A razão disso é que, em geral, a empatia é associada a relações entre indivíduos, não à mudança social e política radical. No entanto, é hora de resgatarmos a empatia do domínio da vida privada e desencadear seu potencial de transformar a vida pública também. Para isso, precisamos compreender que ela pode ser um fenômeno tanto coletivo quanto individual. Quando uma massa significativa de pessoas se une para dar o salto imaginativo para a vida de outros, a empatia tem o poder de alterar os contornos da história. Para cada um de nós, a culminação de nossas jornadas empáticas é ajudar a criar essas ondas de empatia coletiva que podem desempenhar um papel no enfrentamento dos grandes problemas de nosso tempo, da pobreza e desigualdade à violência armada e ao colapso ambiental.

A ideia de empatia coletiva é especialmente relevante hoje porque contrabalança o foco extremamente individualista da cultura moderna da autoajuda, que tende a ver a procura da felicidade ou do bem-estar como uma busca pessoal relacionada com as nossas ambições e desejos, e não como uma busca que envolve o trabalho com outros em prol de metas comuns. Entretanto, pensadores desde o tempo de Aristóteles reconheceram que somos animais sociais e que a alegria e o significado da vida brotam, em boa parte, da imersão em algo maior do que nós mesmos. Os seres humanos prosperaram no "nós'" tanto quanto no "eu". Podemos ter o *Homo autocentricus* e o *Homo empathicus* disputando espaço

Hábito 6: Inspire uma revolução　　　193

a cotoveladas dentro de nós, mas precisamos dar algum lugar para o *Homo socioempathicus* também: somos criaturas cujos egos empáticos se realizam plenamente ao atuar em conjunto para gerar mudança.

Como podemos produzir uma explosão de empatia coletiva que nos impulsione a passar da Era da Introspecção obcecada pelo eu para a nova Era da Outrospecção? Para começar, vamos descobrir que aspecto tem a empatia coletiva explorando os mais notáveis encontros ocorridos na história britânica. Extrairemos em seguida lições para a ação prática das três grandes ondas de empatia que moldaram o curso da história ocidental: a invenção de organizações humanitárias na Europa do século XVIII, a extensão de direitos a novos grupos, como as minorias étnicas após a Segunda Guerra Mundial, e a expansão da empatia em domínios como a educação e a construção da paz a partir dos avanços da neurociência nos anos 1990. Por fim, olharemos para o futuro. Poderíamos estar desenvolvendo uma consciência empática global que abarque não apenas todos os seres humanos, mas também a vida animal e vegetal, e até a própria Gaia?

A empatia, como você está prestes a descobrir, pode mudar não apenas nós mesmos, mas o mundo. Vamos então arrumar as camisetas, desenrolar as faixas e lançar uma Revolução da Empatia nas ruas.

Os mais notáveis encontros de estranhos na história

É comum ler relatos de colapso empático maciço – há uma profusão de livros sobre os massacres durante as Cruzadas, a violência do colonialismo na América Latina ou o genocídio do Holocausto. Muito menos esforço, porém, foi aplicado à documentação de ocasiões em que a empatia floresceu numa escala coletiva – em que comunidades inteiras se puseram imaginativamente na pele de estranhos, compreenderam alguma coisa de seu sofrimento e fizeram algo para aliviá-lo. Um dos exemplos mais iluminadores, que ajuda a revelar como podemos utilizar a empatia para transformar a sociedade, diz respeito ao mais notável encontro de estranhos na história britânica.

Uma imagem clássica da vida na Grã-Bretanha é uma plataforma ferroviária cheia de crianças segurando pequeninas maletas e pacotes de comida, sendo removidas das cidades para fugir das bombas alemãs. Houve várias ondas de evacuação entre 1939 e 1944, em que mais de 2 milhões de crianças foram realocadas da cidade para a zona rural como parte de planos do governo.[1] Em vez de ser alojadas em acampamentos, elas foram em sua maioria acomodadas em residências privadas, e muitas permaneceram vários anos com as famílias adotivas. O historiador A.J.P. Taylor descreveu a evacuação como uma "revolução social" por causa do enorme impacto sobre a criação de novos programas de assistência à infância.[2] E foi uma revolução em que a empatia desempenhou um papel decisivo – embora muitas vezes negligenciado.

O processo de evacuação foi repleto de dificuldades práticas e emocionais, especialmente na fase inicial, antes da Blitz em 1940. Os funcionários

Crianças esperando o trem para embarcar, 1940.

Hábito 6: Inspire uma revolução 195

encarregados da instalação de refugiados nas cidades e aldeias receptoras muitas vezes não conseguiam encontrar lares suficientes para os recém-chegados, e as famílias de classe média alta mostravam-se particularmente relutantes em receber alguma criança.[3] Havia os famigerados "mercados de escravos", em que pais adotivos potenciais podiam escolher a dedo entre as crianças refugiadas, estigmatizando as que eram deixadas para trás. As crianças sofriam o trauma de ficarem separadas dos pais por longos períodos, e em alguns casos isolados foram maltratadas. Mães adotivas queixavam-se de camas molhadas, xingamentos e delinquência, e de que os pagamentos do governo eram insuficientes para cobrir os custos de seus pequenos hóspedes.[4]

É muito fácil, porém, insistir nos problemas. Dadas as condições de austeridade do tempo de guerra, a falta de tempo para planejamento e a simples novidade e extensão da remoção, ela foi extraordinariamente bem-sucedida. De modo geral, conseguiu-se encontrar acomodação para as crianças, elas foram bem cuidadas pelas famílias adotivas, frequentaram a escola e fizeram amigos. No mais fidedigno estudo sobre os serviços sociais na guerra, Richard Titmuss nos pede que não esqueçamos de todos aqueles chefes de família e refugiados "que se encontraram num espírito de tolerância e superaram as dificuldades da vida em comum".[5] Um relatório de 1947 sobre a remoção em Oxfordshire sugeriu que "esse levantamento deveria ser chamado de memorial de guerra à Mãe Adotiva Desconhecida", pois ele mostrava como, em sua maioria, essas mães haviam sido devotadas às crianças que lhes foram confiadas.[6]

Os debates sobre a qualidade dos cuidados mascaram um aspecto vital da remoção: pela primeira vez chefes de família rurais relativamente prósperos foram expostos à pobreza urbana. Subitamente, centenas de milhares de lares em cidadezinhas e aldeias encheram-se de crianças magricelas dos bairros miseráveis de Londres, Liverpool e outras cidades que estavam desnutridas, infestadas de piolhos, sofriam de raquitismo e não tinham sapatos ou roupa de baixo decente. A nação ficou chocada com a indigência que foi jogada dentro de suas salas de estar provincianas. Segundo um editorial publicado na *Economist* em 1943, a grande migração da remoção "revelou a todo o povo as manchas negras existentes em sua vida social".[7]

A evacuação criou as condições para uma das maiores explosões de compreensão empática na história britânica, permitindo a pessoas da zona rural entrar na vida de pobres urbanos. Embora eles não tivessem observado a imundície dos cortiços do East End com os próprios olhos, puderam ouvir relatos em primeira mão das crianças e ver as terríveis consequências da pobreza de pé na sua frente. Os extremos da privação urbana que até então haviam estado fora da vista ficaram gravados na imaginação da população regional. Os pais adotivos nem sempre gostaram do que viram: muita gente de classe média sentiu-se enojada ao ver crianças imundas sujando seus bonitos sofás.[8] Outros ficaram comovidos até as lágrimas. Mas em ambos os casos houve um claro reconhecimento de que alguma coisa precisava ser feita. A consciência da nação havia sido despertada.

Uma onda de ação pública seguiu-se às revelações da remoção. Cartas foram escritas ao *Times*, organizações como The National Federation of Women's Institutes e o Women's Voluntary Service fizeram campanha por mudanças no programa de saúde infantil, e membros do Parlamento exigiram reforma. Neville Chamberlain, primeiro-ministro durante o primeiro estágio da evacuação, escreveu em carta à sua mulher: "Nunca soube que tais condições existiam e sinto-me envergonhado por ter sido tão ignorante de meus vizinhos. Pretendo reparar isso pelo resto de minha vida ajudando essas pessoas a viverem vidas mais limpas e saudáveis."[9]

Houve uma resposta quase imediata do governo na forma de uma vasta expansão dos serviços assistenciais para a infância. Isso foi ainda mais surpreendente porque ocorreu enquanto o país estava imerso numa guerra. O padrão das refeições escolares foi elevado, leite barato foi disponibilizado para as crianças e mulheres grávidas, e vitaminas e óleo de fígado de bacalhau tornaram-se parte de suas provisões. Durante toda a primeira metade da década de 1940, uma nova legislação foi introduzida para assegurar melhor saúde pública, nutrição e educação para as crianças, e a maior parte dela se tornou permanente depois que a guerra terminou.[10]

Hábito 6: Inspire uma revolução 197

Dentro de apenas poucos anos, serviços sociais inadequados enraizados nas Leis dos Pobres do século XIX, prestados durante décadas, foram virados de cabeça para baixo. Não admira que A.J.P. Taylor tenha concluído: "A evacuação foi ela própria um plano disfarçado de assistência social, e o período mais perigoso da guerra tornou-se paradoxalmente o mais frutífero para a política social ... A *Luftwaffe* foi um poderoso missionário para o Estado previdenciário."[11]

Os livros de história dizem com frequência que o Estado previdenciário nasceu do Relatório Beveridge de 1942, que levou ao estabelecimento do Serviço Nacional de Saúde pelo governo trabalhista do pós-guerra. Mas os mais significativos serviços sociais para crianças emergiram de uma fonte mais improvável: a explosão de empatia que teve lugar quando famílias adotivas se encontraram com crianças refugiadas nos lares da Inglaterra rural.

A história da evacuação nos conta que a empatia é muito mais do que uma emoção agradável limitada ao domínio da experiência individual: ela pode também ser uma força coletiva com o poder de mudar a sociedade. Imagine se pudéssemos replicar essa experiência nos dias de hoje. O que aconteceria se centenas de milhares de crianças afegãs, iraquianas e sírias afetadas pela guerra em seus países fossem alojadas em lares adotivos por toda a Europa e a América do Norte? Ou se moradores de favelas das megacidades da América Latina ganhassem subitamente camas nos apartamentos de luxo dos cidadãos abastados que vivem em condomínios fechados dos quais avistam os telhados de ferro corrugado? Nenhuma das duas coisas é uma possibilidade sequer remota. A realidade é que muitos casos de empatia coletiva, como a remoção das crianças, surgem de uma confluência de forças sociais, políticas e econômicas complexas que não pode ser facilmente duplicada. Não há nenhuma evidência de que os burocratas e políticos que instigaram a remoção tivessem qualquer intenção de provocar uma mudança substancial nos programas de bem-estar social destinados às crianças. O que se viu de fato foi o que os romanos antigos chamavam de *Fortuna*, ou acaso, moldando a vida das pessoas.

Sendo assim, deveria isso significar que cada um de nós deve ficar sentado à espera de ser arrastado pelo turbilhão de algum episódio semelhante, já que tudo está fora de nosso controle pessoal? De maneira alguma. Ao longo de toda a história, pessoas fizeram um esforço consciente para promover empatia coletiva organizando movimentos sociais para alterar o cenário cultural e político ou ingressando neles. E muitas vezes elas foram enormemente bem-sucedidas em seus esforços. Se esperamos aprender com seu exemplo, de modo a podermos atiçar empatia coletiva em nossa era, precisamos observar as três ondas de empatia que transformaram a história ocidental, a começar pela revolução humanitária inglesa na Europa do século XVIII.

A primeira onda: a ascensão do humanitarismo no século XVIII

Segundo Marx, a força motriz fundamental da história humana era o conflito entre as classes. Para Darwin, era a luta evolucionária pela sobrevivência. Outros afirmaram que a força mais importante para a mudança é o choque de civilizações, ou lutas pelo poder político, ou avanços no desenvolvimento tecnológico.[12]

Um número crescente de pensadores reconhece agora que falta algo nessas narrativas tradicionais: empatia. A história, acreditam eles, foi influenciada tanto por fatores como classe ou tecnologia quanto pela empatia. "A extraordinária evolução da consciência empática", afirma o cientista social Jeremy Rifkin, "é a história subjacente quintessencial da história humana." O psicólogo Steven Pinker sugere que a "expansão da empatia" foi uma das principais causas do acentuado declínio da violência ao longo da segunda metade do milênio passado – inclusive tortura judicial, escravidão e a perseguição de minorias.[13]

Eu também estou convencido de que a empatia é uma força vital – embora negligenciada – para a mudança histórica. Mas não compartilho a visão otimista, linear, que presume que o círculo de preocupação empática da humanidade tem se alargado constantemente ao longo dos séculos,

Hábito 6: Inspire uma revolução

tendo abrangido de início a família e a tribo, depois a comunidade e a nação, e agora abarcando cada vez mais toda a humanidade e a natureza. Essa abordagem, imbuída da ideologia iluminista do progresso contínuo nos assuntos humanos, não pode explicar com facilidade casos recorrentes de colapso empático maciço, como o Holocausto, o genocídio de Ruanda e as atrocidades na antiga Iugoslávia nos anos 1990. Em contrapartida, penso na história muito mais como uma série de ondas, em que diferentes regiões, em diferentes momentos, experimentam períodos de florescimento empático coletivo, os quais sempre correm o risco de ser seguidos por períodos de terrível colapso. Nunca há garantia de que os ganhos empáticos feitos por uma geração sobreviverão na seguinte.

Na história ocidental moderna, houve três grandes ondas de empatia coletiva, cada uma das quais resultou num alargamento do círculo de preocupação moral. A primeira onda, que ocorreu no século XVIII (e continuou no XIX), viu o aumento de organizações e movimentos humanitários por toda a Europa.

Para apreciar plenamente o impacto e as realizações dessa revolução empática, é essencial compreender que antes de 1700 a vida cotidiana na Europa era saturada de violência num grau que hoje mal podemos compreender. A tortura era aceita como parte de procedimentos judiciais – ganchos, espigões, tarraxas e serrotes eram usados para quebrar ossos e rasgar carne humana. Se alguém tivesse a má sorte de ser acusado de bruxaria ou blasfêmia, ou desertasse de suas obrigações militares, podia ser queimado vivo na praça da cidade ou enforcado, pendurado e esquartejado. A crueldade contra crianças era lugar-comum, e um número assombroso de bebês era objeto de infanticídio ou de abandono pelos pais. A escravidão era uma instituição profundamente arraigada, ao mesmo tempo que pessoas muitas vezes resolviam suas disputas não com palavras, mas por meio de veneráveis tradições de assassinatos por vingança e duelos até a morte.[14]

Mas algo inesperado aconteceu durante os cem anos seguintes. Muitas dessas práticas brutais tornaram-se ilegais, ou pelo menos incomuns, e uma onda de preocupação humanitária varreu todo o continente. Houve

Prática judicial comum na época anterior à revolução humanitária no século XVIII. Cuthbert Simpson, um protestante, está sendo torturado no *rack* na Torre de Londres durante o reinado católico da rainha Maria, em 1558. Depois ele foi queimado vivo por suas crenças heréticas.

uma explosão de ativismo, com a fundação de organizações para combater a escravidão, reformar os sistemas carcerários, enfrentar o abandono de crianças e deter a crueldade judicial.[15] Segundo Steven Pinker:

> No Ocidente moderno e grande parte do resto do mundo, a pena capital e corporal foi efetivamente eliminada, o poder do governo de usar violência contra seus súditos foi severamente restringido, a escravidão foi abolida, e as pessoas perderam a sede por crueldade. Tudo isso aconteceu numa estreita fatia da história, começando na Idade da Razão no século XVII e culminando com o Iluminismo no fim do século XVIII.[16]

O que explica essa transformação fundamental? Foi ela fruto da ascensão de ideais racionalistas, como o igual valor de todos os seres humanos?

Hábito 6: Inspire uma revolução

Pode ser explicada pela expansão do comércio, que talvez tenha estimulado o desejo de uma atmosfera de paz e cooperação em que a atividade pudesse prosperar? Há, é claro, muitas explicações rivais, mas uma que prendeu a atenção de estudiosos nos últimos anos é a emergência de uma nova cultura da empatia. Pinker a descreve como "uma mudança emocional: um hábito de identificar-se com os prazeres e sofrimentos de outros".[17] De onde veio esse hábito?

Um de seus fundamentos foi a chamada "revolução da leitura". A difusão da alfabetização e a leitura de romances e jornais ofereceram às crescentes classes médias uma maneira de compreender como devia se sentir uma criança órfã, um agricultor pobre ou um escravo sofredor, o que ajudou a forjar solidariedade humana através das diferenças sociais. A historiadora Lynn Hunt afirma que foi o ato imaginativo de ler que não apenas motivou as pessoas a fundar organizações humanitárias, em especial na segunda metade do século XVIII, mas sustentou a reivindicação de direitos políticos e igualdade nas revoluções francesa e americana. Romances emocionalmente dilacerantes como *Julie*, de Rousseau, ou *Pamela*, de Richardson, estimularam "sensibilidade" e despertaram os circuitos empáticos das pessoas numa escala sem precedentes. Segundo Hunt:

> ... a empatia "imaginada" serve como alicerce dos direitos humanos. Ela é imaginada, não no sentido de inventada, mas no sentido de que a empatia requer um salto de fé, de imaginar que alguém se parece com você. Relatos de tortura produziram essa empatia imaginada através de novas visões da dor. Romances a geraram induzindo novas sensações sobre a interioridade. Cada um à sua maneira reforçou a noção de uma comunidade baseada em indivíduos autônomos e empáticos, capazes de se relacionar, além de suas famílias imediatas, filiações religiosas ou até nações, com valores universais maiores ... Sem esse processo de aprendizado, a "igualdade" não poderia ter qualquer sentido profundo e especialmente qualquer consequência política.[18]

Portanto nossa noção moderna, legalística, de direitos humanos, sugere Hunt, tem por base uma ética da empatia. É difícil, no entanto, rastrear a cadeia causal exata que levou de pessoas lendo romances à subsequente formação de associações que combateram a escravidão ou à Declaração Francesa dos Direitos Humanos em 1789. De fato, a revolução humanitária dos séculos XVIII e XIX foi alimentada não apenas pela leitura, mas pelo esforço concentrado de indivíduos e grupos para criar movimentos sociais capazes de mobilizar mesmo aquelas pessoas que não passavam noites com um romance nas mãos. E um aspecto impressionante de muitos desses movimentos é que eles se baseavam na empatia: faziam uma tentativa explícita de levar as pessoas a se pôr na pele de outras e compreender seu sofrimento.

Uma parte significativa das novas organizações humanitárias movidas pela empatia foi criada por quacres, uma seita protestante mais formalmente conhecida como Sociedade dos Amigos, fundada por um aprendiz de sapateiro, George Fox, em meados do século XVII. Os quacres se distinguiam não apenas por suas roupas simples e sua crença de que todas as pessoas têm uma relação direta e imediata com Deus, mas por acreditar na igualdade, no pacifismo e no valor do ativismo social. Em três séculos de existência, diz o historiador Theodore Zeldin, a Sociedade dos Amigos "teve mais influência no modo como os seres humanos se tratam uns aos outros do que qualquer governo".[19] Durante toda a sua história, os quacres acreditaram que deveríamos nos esforçar para compreender a vida e o sofrimento do outro. Nos idos de 1763, o quacre americano radical John Woolman visitou indígenas americanos em Wyalusing, na Pensilvânia, que tinham estado em conflito com colonos brancos locais. Na tentativa de ver a situação da perspectiva deles, escreveu: "Fui levado a meditar sobre as diversas dificuldades desses índios ... e uma quase afinidade com eles foi despertada em mim." Woolman pregava a importância de desenvolver a "afinidade" (com o que queria dizer "empatia") com todos os seres humanos, recusava-se a pagar tributos para financiar guerras contra indígenas e era um veemente opositor da escravidão.[20]

Os quacres foram agentes de mudança social particularmente importantes nos séculos XVIII e XIX. Em 1783, quacres britânicos fundaram a primeira organização do mundo para se mobilizar contra a escravi-

Hábito 6: Inspire uma revolução 203

dão e o tráfico negreiro. Os abolicionistas, afirma o historiador Adam Hochschild, "depositavam esperanças não em textos sagrados, mas na empatia humana". Eles tinham por objetivo dar uma noção vívida, quase visceral, do que poderia ser estar na pele de um escravo. Imprimiram um chocante cartaz do navio negreiro *Brookes*, mostrando como quase quinhentos africanos eram enfiados no casco escuro e sem ar na viagem para *plantations* de açúcar britânicas no Caribe. Promoveram por toda a Grã-Bretanha palestras em que ex-escravos descreviam o tratamento que lhes era dispensado em vívidos detalhes, como ser enganchado em guindastes com pesos de 25 quilos pendurados nos pés e depois açoitado com espinhentos ramos de ébano. Puseram instrumentos de tortura em exposição pública, inclusive anéis e colares de ferro e o *speculum oris*, um instrumento que permitia alimentar à força escravos que estivessem tentando se suicidar mediante a recusa de alimentos, abrindo-lhes a boca. Organizaram também o primeiro boicote ao açúcar produzido por escravos na história. O resultado do trabalho determinado dos quacres foi que dezenas de milhares de pessoas abriram os olhos para os sofrimentos enfrentados por escravos. Suas campanhas inovadoras desempenharam um papel vital na abolição do comércio de escravos em 1807 e, mais tarde, no fim da própria escravidão.[21]

Os quacres foram também extremamente atuantes em outros campos, como a reforma das prisões. A principal figura entre eles foi Elizabeth Fry, que em 1813 começou a visitar prisões britânicas e ficou estarrecida com as condições sórdidas, desumanas que descobriu, em especial para mulheres presas e crianças. Ela revelou tudo ao público em livros como *Prisons in Scotland and the North of England*, em que narra como passou a noite em algumas cadeias – um dos primeiros casos de imersão empática experiencial – e instou membros da aristocracia a fazer o mesmo, para que pudessem experimentar as condições deploráveis em primeira mão. Em 1817, Fry ajudou a fundar a Association for the Reformation of the Female Prisoners in Newgate, que mais tarde se tornou a primeira organização nacional para mulheres prisioneiras. Fry foi uma firme adepta da Regra de Ouro, acreditando que devíamos nos esforçar para "Fazer como gostaríamos que fosse feito conosco", quer fosse em relação aos presos, aos sem-tetos ou aos criados.[22] Além do trabalho em prisões, os quacres inventaram a ideia de proporcionar ajuda humanitária a civis durante a guerra: na Guerra Franco-Prussiana, no início dos anos 1870, eles levaram roupas e medicamentos a ambos os lados do conflito. Estiveram também por trás de campanhas políticas pioneiras pelos direitos das mulheres, formando um grupo de quatro entre as cinco líderes do movimento feminista nos Estados Unidos durante o século XIX.[23]

O papel dos quacres na revolução humanitária é instrutivo. A empatia coletiva estava em primeiro plano no seu pensamento: suas organizações esforçavam-se para alterar a imaginação empática de sociedades inteiras, alertando ambos os lados do Atlântico para o sofrimento humano negligenciado e lembrando-lhes de sua humanidade comum com estranhos distantes, como escravos, prisioneiros e as vítimas da guerra. Seu exemplo também mostra que a empatia é mais poderosa quando está arraigada como parte do éthos de uma comunidade. Hoje os quacres continuam defendendo a ideia de nos colocarmos no lugar de outras pessoas, exatamente como John Woolman e Elizabeth Fry: a palavra "empatia" tem um lugar de destaque na declaração de propósitos de muitas organizações quacres. Talvez não haja nenhum outro grupo na sociedade tão comprometido com o ideal de uma revolução das relações humanas.

Há uma mensagem de esperança no ativismo empático dos quacres. Eles sempre enfrentaram barreiras e fizeram campanhas que tiveram êxito contra todas as probabilidades. Na luta contra a escravidão, envolveram-se na tarefa aparentemente impossível de mobilizar a opinião pública em favor de estranhos de uma raça diferente do outro lado do planeta, numa época em que a maioria das pessoas acreditava que a escravidão era moralmente justificada ou uma necessidade econômica. O sucesso do movimento confirma que a empatia coletiva pode levar a história em novas direções. Quando pensamos em enfrentar crises contemporâneas como a desigualdade global ou a mudança climática, devemos nos lembrar da fé dos quacres no espírito de empatia.

Hábito 6: Inspire uma revolução

A segunda onda: a expansão dos direitos
após a Segunda Guerra Mundial

A primeira onda de empatia coletiva na história ocidental produziu conquistas extraordinárias. Mas não sejamos complacentes. Duas guerras mundiais no século XX pareceram reverter os ganhos da revolução humanitária, demonstrando tragicamente que a capacidade de crueldade e barbarismo continua fazendo parte de nossa natureza. Na década seguinte à Segunda Guerra Mundial, no entanto, emergiu uma segunda onda de empatia coletiva, que expandiu direitos para novos grupos sociais e empurrou os limites da preocupação ética para além das fronteiras nacionais. Segundo Jeremy Rifkin:

> No período que se seguiu ao Holocausto na Segunda Guerra Mundial, a humanidade disse "nunca mais". Estendemos a empatia para amplos números de nossos semelhantes previamente considerados menos do que humanos – incluindo mulheres, homossexuais, inválidos, pessoas de cor e minorias étnicas e religiosas – e codificamos nossa sensibilidade na forma de direitos e políticas sociais, leis de direitos humanos e agora até estatutos de proteção a animais. Estamos na longa batalha final para incluir "o outro", "o estrangeiro", o "não reconhecido".[24]

A batalha final é de fato longa, e cheia de recuos, promessas quebradas e vitórias parciais. As mulheres continuam sendo discriminadas no local de trabalho e sujeitas a violência doméstica, o casamento gay ainda é proibido na maioria dos países, e os direitos dos povos indígenas não cessam de ser violados com impunidade no mundo todo. Os avanços, contudo, foram muito reais e não poderiam ter ocorrido sem um esforço conjugado para forjar empatia numa escala maciça.

O movimento dos direitos civis nos Estados Unidos nos anos 1950 e 1960 fornece um extraordinário exemplo do impacto político da empatia. Martin Luther King recorreu explicitamente ao pensamento empático ao defender a igualdade racial. Em sua famosa *Carta da cadeia de Birmingham* –

um dos mais influentes documentos da luta pelos direitos civis –, de 1963, ele se refere diretamente às ideias empáticas do filósofo Martin Buber, especialmente a distinção que Buber estabelece entre a relação Eu-Tu e a relação Eu-Isso. As leis de segregação, escreveu King, assumem esta última forma, na qual pessoas são tratadas como inferiores e relegadas à condição de objetos ou "coisas" de forma desumana. Outros além de Martin Luther King aplicaram a empatia ao movimento pelos direitos civis. Lembre-se de como John Howard Griffin conduziu uma imersão empática para comunicar a americanos brancos como deveria se sentir um afro-americano vivendo no Deep South racista, e escritores como James Baldwin revelaram as injustiças da segregação e discriminação através de olhos afro-americanos. Juntamente com protestos não violentos, ação legal e outras estratégias, a empatia desempenhou papel fundamental para a transposição da linha que separa as raças e na introdução de legislação sobre direitos iguais nos códigos legais.

O período do pós-guerra viu também surgir uma nova geração de organizações humanitárias que trabalhavam para difundir uma preocupação empática a partir de dentro de fronteiras nacionais para incluir pessoas que viviam no mundo em desenvolvimento. A Oxfam, fundada na Grã-Bretanha em 1942 para enviar alimento para gregos que passavam fome sob a ocupação pelas potências do Eixo, logo estendeu seu trabalho de alívio da fome à África, à Ásia e à América Latina. A Anistia Internacional – que, como a Oxfam, teve quacres entre os fundadores – adotou uma perspectiva internacionalista semelhante. Essas e outras agências humanitárias internacionais como Médicos sem Fronteiras basearam suas campanhas tanto em apelos diretos a ideais como os dos direitos humanos quanto no incentivo ao estabelecimento de uma conexão empática com as vítimas de privação econômica e violência política. A fotografia, o cinema e o testemunho oral foram todos usados nesse esforço para despertar nosso *Homo socioempathicus* latente.

Enquanto a primeira onda de empatia coletiva foi baseada em grande parte na revolução da leitura e nas campanhas de grupos sociais como os quacres, o ímpeto para a segunda onda veio de uma variedade de outras

Hábito 6: Inspire uma revolução

fontes. A perseguição aos judeus e ciganos durante a Segunda Guerra Mundial pôs a proteção aos direitos das minorias étnicas e religiosas no topo da pauta pública internacional. A difusão da televisão a partir dos anos 1950 levou imagens de sofrimento do mundo todo diretamente para a casa das pessoas, sensibilizando-as para questões globais como a Guerra do Vietnã e a fome em Biafra. A mudança da política baseada em classes para a política baseada em identidades ajudou a dar origem aos movimentos pelos direitos dos gays e das mulheres e a esforços para pôr fim à discriminação contra deficientes. Todos esses fatores abriram o caminho para a explosão da empatia coletiva no pós-guerra e o crescente reconhecimento da humanidade comum de todos os povos.

As organizações e os movimentos por trás da segunda onda descobriram que a possibilidade de criar empatia de massa depende da presença de condições específicas que permitem às pessoas converter envolvimento emocional em ação prática. Ajuda se houver coisas claras que possamos empreender para fazer uma diferença, como foi o caso após o tsunami asiático em 2004, quando bastava clicar o botão "doar" num website. Somos mais propensos a fazer alguma coisa se já tivermos experimentado um sofrimento semelhante: se você sobreviveu a um câncer de intestino, isso aumenta a probabilidade de que apoie uma instituição filantrópica dedicada a esse mal. Ajuda também se tivermos uma conexão relacional com a questão: você marchará pelos direitos dos gays se por acaso sua melhor amiga for lésbica, mesmo que você não seja. Somos também mais propensos a prestar ajuda a pessoas quando não as julgamos culpadas por seu infortúnio.[25] Essas condições e contextos podem nos dar uma cutucada ou leve cotovelada, fazendo-nos passar do sentimento de empatia por alguém à ação em seu favor.

Segundo o psicólogo Paul Bloom, a empatia é um guia não confiável para a ação moral, pois estendemos mais facilmente nossa empatia a vítimas isoladas, identificáveis em nossa vizinhança imediata, que a massas de estranhos, quer estes sejam vítimas de violações dos direitos humanos em outros países ou crianças pobres enfrentando a desnutrição no nosso. Em vez disso, ele acredita que deveríamos basear nosso pensamento ético no uso da razão: "uma análise racional e até mesmo contraempática da obrigação moral e prováveis consequências é um guia melhor para o planejamento para o futuro que a comoção visceral da empatia." "Precisamos entender", afirma ele, "que mesmo que não empatizemos com estranhos distantes, suas vidas têm o mesmo valor que as daqueles que amamos."[26]

O que escapa a Bloom aqui é uma compreensão histórica do vínculo entre empatia e razão. Como a primeira e a segunda ondas de empatia demonstram, se acreditamos que todos os seres humanos devem ser tratados e valorizados igualmente – uma crença fundamental da Idade da Razão – e cultivamos esses ideais em leis e convenções de direitos, é precisamente *porque* a empatia nos levou a nos importar com o sofrimento de estranhos fora de nossa comunidade local. Desde a revolução da leitura e dos movimentos quacres, que ajudaram a abolir a escravidão, até a fotografia de Lewis Hine, que inspirou as leis contra o trabalho infantil e o ativismo em prol dos direitos civis dos anos 1960, a empatia foi uma força motora para a extensão de direitos universais a todos. Sem ela, poderíamos ainda estar vivendo num mundo sem proteção social adequada para crianças ou qualquer legislação assegurando os direitos dos gays. Como afirmou o pensador político Matthew Taylor, "a fundação emocional do universalismo é a empatia".[27] Empatia e razão não são polos opostos, como críticos como Bloom querem nos fazer acreditar, mas sim ideais mutuamente reforçadores sobre os quais podemos construir uma civilização mais humana. De fato, é a "comoção visceral da empatia" que arromba a porta de nossa preocupação comum – e somente então a razão tem uma chance de mantê-la aberta com a cunha de leis e direitos.

Em 1975, durante um discurso perante uma turma de formandos em Harvard, um membro da plateia pediu um poema a Muhammad Ali. Sua vigorosa resposta: "Me, We" [Eu, Nós]. Não foi apenas um dos mais curtos poemas na história, mas uma mensagem sobre a empatia – que somos todos parte de um todo maior e só realizamos plenamente nossa humanidade criando laços com outros. Pessoas extremamente empáticas compreendem essa filosofia do "Eu, Nós". Ela nos convoca a contribuir para a tarefa de criar empatia de massa participando de movimentos sociais

Hábito 6: Inspire uma revolução 209

e motivando outros a se juntar a nós. Podemos ir a uma manifestação, organizar uma reunião, doar tempo, bem como dinheiro, a causas que nos interessam, quer sejam os direitos dos imigrantes, a reforma da justiça criminal ou a solidão dos idosos. É por meio de atos de vontade que transformamos a política em muito mais do que uma área de recreio para políticos profissionais e injetamos na vida pública uma carga de paixão empática coletiva.

A terceira onda: o aprofundamento das relações pessoais na era da neurociência

As lutas sociais da primeira e da segunda ondas de empatia coletiva permanecem conosco. A escravidão pode ter sido abolida no Ocidente no século XIX, mas algumas de suas crias modernas, como a escravidão por dívida e a escravidão sexual, continuam em muitos países. Há volumes de leis proibindo a discriminação racial contra minorias étnicas, mas as desigualdades ainda são muitas, como no racismo da polícia e na discriminação no local de trabalho.

Enquanto essas lutas prosseguem, uma terceira onda de empatia coletiva emergiu desde os anos 1990 e está tendo uma ressonância global. Diferentemente das ondas anteriores, sua ênfase incidiu menos sobre a expansão de direitos a grupos sociais previamente negligenciados que sobre a utilização do poder da empatia para aprofundar e restaurar a qualidade de relações entre indivíduos Ela deixou sua marca em três promissores novos domínios: o ensino de habilidades empáticas para crianças de escola, a solução e mediação de situações de conflito e a propagação de empatia por gerações futuras para nos ajudar a enfrentar a mudança climática. Esta última onda, que ainda está apenas começando, foi alimentada pela pesquisa em neurociência e biologia evolucionista que elevou a consciência de nosso cérebro empático, e também pelas evidências fornecidas pela psicologia infantil e educacional de que a empatia pode ser aprendida e cultivada ao longo da vida.

Entre numa escola primária ou secundária num país ocidental, hoje, e terá uma boa chance de encontrar alunos aprendendo habilidades empáticas. Algumas das primeiras aulas de empatia do mundo tiveram lugar na Finlândia nos anos 1980, mas foi apenas na década seguinte que a ideia de ensinar empatia nas escolas começou a se tornar corrente. É surpreendente que mais de meio milhão de crianças tenham seguido o programa Roots of Empathy – em que o professor é um bebê – e que ele tenha se espalhado do Canadá para a Nova Zelândia, a Alemanha e outras nações. Essa não é a única iniciativa oferecida. Em 2005, o governo da Grã-Bretanha criou o programa Social and Emotional Aspects of Learning (Seal), que deu ênfase ao ensino da empatia ao lado de outras habilidades emocionais como autoconsciência e maneiras de lidar com sentimentos. Em 2010, cerca de 80% das escolas primárias e secundárias adotavam o Seal, embora ele não fosse parte obrigatória do currículo. Entre os temas ensinados, há um módulo sobre o *bullying*, em que os alunos discutem como as vítimas devem se sentir e fazem jogos de interpretação de personagens para expandir sua capacidade de adoção de perspectivas. A empatia também tem um papel central no International Baccalaureate (IB) Primary Years Programme. Quando visitei a International School de Amsterdã para vê-lo em ação, estudantes da quinta série (com dez e onze anos) estavam envolvidos numa unidade de aprendizado de oito semanas chamada "Pessoas diferentes, vidas diferentes" para desenvolver a empatia, o respeito e a tolerância. Uma atividade envolvia uma excursão a um museu da cegueira (onde foram imersos na escuridão com guias cegos), desenvolvendo depois um projeto de criação de seu próprio minimuseu para dar às pessoas a experiência de entrar na pele dos que têm deficiência visual.[28]

A terceira onda está também ganhando força devido a um número crescente de projetos de criação e mediação de paz que usa a empatia para ajudar a resolver situações de conflito e a estão transformando numa poderosa força coletiva. Um dos projetos mais inovadores – e controversos – é o Círculo de Pais – Fórum das Famílias, que reúne israelenses e palestinos que tiveram familiares mortos no conflito. Sua atividade central é realizar reuniões em que indivíduos de ambos os lados compartilhem

Hábito 6: Inspire uma revolução 211

histórias pessoais de dor e perda. A organização, que reúne mais de seiscentas famílias, tem recebido duras críticas de políticos israelenses, grupos religiosos e da grande imprensa por suas tentativas de criar diálogos entre israelenses e palestinos no nível mais básico das pessoas comuns. O ministro da Educação de Israel chegou a tentar proibir as reuniões, alegando que elas "legitimam terroristas", e proibiu alguns membros palestinos de dar palestras públicas. Isso não impediu o grupo de se envolver numa série de projetos pioneiros de reconciliação.

Uma iniciativa começou com um número de telefone errado. Em 2000, durante a Segunda Intifada, uma israelense chamada Natalia Wieseltier ligou para uma amiga judia em Tel-Aviv, mas se viu falando com uma palestina chamada Jihad que morava na Faixa de Gaza. Em vez de desligar, Natalia deu início a uma conversa em que as duas falaram sobre suas vidas muito diferentes. Logo Natalia estava recebendo telefonemas da família de Jihad, e em seguida a pôs em contato com sua própria rede de amigos. A ideia foi adotada pelo Círculo de Pais, que criou a linha telefônica Hello Peace. Podia-se fazer uma ligação gratuita para um número de telefone: se você fosse israelense, era posto em contato com um palestino, com quem poderia conversar por meia hora, e se você fosse palestino, falaria com um israelense. Entre 2002 e 2009 houve mais de 1 milhão de conversas entre os dois lados. Embora algumas começassem como competições de gritos, outras levavam a amizades duradouras. Uma família israelense acabou se encontrando regularmente com sua homóloga palestina num posto de fronteira para entregar insulina a um filho diabético que não conseguia obter a quantidade suficiente da droga em hospitais palestinos.

Para um projeto posterior, chamado Relações de Sangue, israelenses enlutados viajavam para um hospital em Ramallah e doavam sangue para vítimas palestinas, enquanto famílias palestinas enlutadas iam a Jerusalém e doavam sangue para a Cruz Vermelha israelense. O objetivo do projeto era sintetizado numa única questão: "Você seria capaz de ferir uma pessoa que tivesse seu sangue correndo nas veias dela?" O Círculo de Pais também opera um programa nas escolas, em que um israelense e um palestino se juntam e dão palestras para adolescentes israelenses prestes a ingressar no serviço militar, simplesmente lhes contando a história de suas perdas pessoais. No âmago de todos os projetos está a crença no poder da conversação, refletida no lema do grupo: "Isso não vai parar enquanto não conversarmos." Como um ativista do Círculo de Pais enfatiza, o diálogo empático é a chave para o fim do conflito: "Devemos estar dispostos a ouvir 'o outro'. Do contrário, não seremos capazes de compreender a fonte de sua dor e não deveríamos esperar que o outro compreendesse a nossa."[29]

Outra iniciativa de paz pioneira é uma novela de rádio ruandesa chamada *Musekeweya*, ou *Novo amanhecer*, que é transmitida para todo o país nas tardes de quarta-feira e ouvida por 90% da população. Seu enredo, que envolve tútsis e hutus vivendo em aldeias adjacentes, é especificamente escrito para promover a importância da empatia. Embora as duas aldeias sejam ficcionais, as tensões entre elas espelham aquelas presentes nas vésperas do genocídio de 1994. O objetivo da novela é promover a cura comunitária e a reconciliação nacional e reduzir as possibilidades de um ressurgimento da violência étnica.[30] O que todos esses programas de resolução de conflito têm em comum é um reconhecimento de que novas leis e acordos de paz negociados no nível político não são suficientes: a paz duradoura requer a reconstrução das relações pessoais a partir da estaca zero – e a empatia é o instrumento para isso.

O maior desafio contemporâneo para a empatia está em ajudar no enfrentamento da mudança climática. A magnitude da crise climática é extrema. O último relatório do Painel Intergovernamental da ONU sobre Mudança Climática, que reúne o trabalho de milhares dos mais eminentes cientistas do clima do mundo, é absolutamente claro em suas principais conclusões: o aquecimento global é uma realidade científica, a principal força motriz é a atividade humana e os níveis de emissão de gases do efeito estufa continuam a se elevar acima dos níveis seguros. Dados de 2012 revelam que há no Ártico somente um quinto da extensão do mar de gelo que havia em 1980. Acordos internacionais para evitar o aumento das emissões de carbono falharam até agora, e em meados de 2013 a concentração de dióxido de carbono na atmosfera ultrapassou a perigosa marca de quatrocentas partes por milhão (os níveis seguros situam-se em

Hábito 6: Inspire uma revolução

Atores encenam tensões étnicas na novela de rádio ruandesa *Musekeweya*, ouvida por milhões de pessoas todas as semanas.

torno de 350ppm). Apenas 14% da população do mundo – de países ricos como os Estados Unidos, Japão e os da Europa ocidental – são responsáveis por 60% das emissões desde 1850.[31] Apesar dessas estatísticas, a quantidade de ações que estão sendo tomadas por indivíduos, governos e empresas para estancar o aquecimento global é perigosamente limitada, e estamos seguindo para uma catástrofe ecológica.

Precisamos sacudir nosso pensamento para compreender como a empatia poderia contribuir para aliviar a crise. Se lemos os jornais, a questão do aquecimento global costuma ser formulada como um problema que requer soluções tecnológicas, por exemplo captura e armazenamento de carbono, ou regulamentação nos níveis de emissão pelo governo. Permita-me explicar, portanto, por que é tão essencial que também consideremos a empatia como parte do mosaico de estratégias que deveríamos adotar e depois revelar algumas das ações práticas que já estão em curso.

Para começar, precisamos gerar mais empatia *através do espaço*. Somos muito ignorantes da difícil situação daqueles cujas vidas estão sendo devastadas pelas consequências de nossos elevados níveis de emissão, especialmente pessoas que vivem em países em desenvolvimento. Quer sejam inundações em Bengala ocidental, seca na Etiópia ou elevações do nível do mar em Tuvalu, mudanças climáticas relacionadas ao aquecimento global estão causando importantes impactos humanos, obrigando comunidades a cercar suas aldeias com defesas contra inundações, a vender seu gado devido à seca ou deixar para trás o único lar que conheceram. Contudo, quanto esforço fazemos para imaginar a realidade de suas vidas e ver os indivíduos por trás das manchetes e estatísticas? Como poderíamos agir de maneira diferente se empatizássemos com mulheres como Annapurna Beheri, cuja casa e a lojinha de biscoitos da família em Orissa, na Índia, foram levadas pelas águas em inundações repentinas alguns anos atrás?[32]

Há um déficit de empatia igualmente severo *através do tempo*. Estamos deixando de adotar a perspectiva de gerações futuras que terão de viver com os efeitos prejudiciais dessa dependência de estilos de vida de alto carbono. Dificilmente trataríamos nossos parentes próximos com esse insensível desdém. Mas a ideia de fazer sacrifícios pessoais agora para o benefício de pessoas que ainda não existem e com as quais nunca nos encontraremos é desafiadora. Isso se deve em parte ao pensamento de curto prazo que permeia a cultura ocidental, em que os políticos mal conseguem enxergar além da próxima eleição e as empresas, além dos próximos resultados trimestrais. Falta-nos a sabedoria da máxima iroquesa: "Em cada deliberação, devemos considerar o impacto sobre a sétima geração ... mesmo que isso signifique ter a pele tão grossa quanto a casca de um pinheiro." Mas também sucumbimos ao imediatismo porque nem todo mundo faz parte da nossa progênie. Somos biologicamente constituídos para nos preo-

Hábito 6: Inspire uma revolução

cuparmos com o bem-estar futuro de nossos filhos e netos, mas se nos parece tão difícil sentir interesse pelas perspectivas para os descendentes de nossos vizinhos, que dirá para pessoas que vivem em terras distantes.[33]

Muitos ativistas das mudanças climáticas, organizações ambientais e formuladores de políticas estão começando a perceber que a expansão da empatia através do espaço e do tempo pode elevar nossa preocupação moral para novos níveis e nos estimular a empreender ações concretas. Eles compreendem que devemos nos tornar especialistas em nos imaginar na vida e nos pensamentos das vítimas atuais e futuras do aquecimento global. Entre os muitos esforços poderosos para desenvolver a empatia através do espaço está a exposição do Hard Rain Project, que vem percorrendo o mundo desde 2006. Ela contém fotos tocantes relacionadas à mudança climática, à perda de hábitats, à pobreza e aos direitos humanos, combinadas com a letra da canção de Bob Dylan "A Hard Rain's A-Gonna Fall".[34] Muitas das fotos, como a de um caçador inuíte de pé sobre um minúsculo pedaço de gelo que está derretendo, apelam para a adoção de uma perspectiva empática e personalizam a realidade do aquecimento global em países em desenvolvimento e regiões remotas. Em 2007, a agência de desenvolvimento Oxfam tomou uma iniciativa inovadora para elevar a consciência pública sobre a mudança climática. Em junho daquele ano, Jenna Meredith, moradora da cidade de Hull, perdeu sua casa numa das piores inundações que a Grã-Bretanha viu em sessenta anos. Depois que ela se tornou um porta-voz da comunidade para conseguir que o governo apoiasse os esforços de socorro aos desabrigados, a Oxfam a levou para visitar vítimas de inundações na Índia oriental, onde milhões de pessoas haviam perdido suas casas. "Foi doloroso", disse ela após voltar da viagem de uma semana de duração. "Minha casa foi inundada e perdi tudo, por isso sei como é isso para as pessoas na Índia. Mas em comparação sinto-me afortunada. Podemos ir às lojas e comprar comida, mas as pessoas que encontrei perderam suas colheitas. Elas não têm nada." Depois que Jenna estabeleceu uma conexão empática, sua experiência a transformou numa veemente defensora pública da tomada de medidas com relação à mudança climática no mundo em desenvolvimento.[35]

A tarefa realmente difícil consiste em gerar empatia através do tempo. A notícia positiva é que mentes criativas têm trabalhado para encontrar maneiras de nos ajudar a entrar na pele de futuras gerações. Um exemplo é o filme de 2009 *A era da estupidez*, em que a história é contada da perspectiva de um velho que vive no mundo devastado de 2055, vendo antigas cenas "de arquivo" e perguntando: "Por que não detivemos a mudança do clima quando tínhamos a chance?" Esse é exatamente o tipo de filme que pode nos fazer compreender que nossos hábitos cotidianos de consumidores poderiam ser vistos por gerações futuras como "crimes de carbono". Queremos realmente agir como criminosos? A Oxfam produziu um recurso educativo chamado Climate Chaos para uso entre crianças do curso primário. Um exercício, "From my Grandchild", pede aos alunos que imaginem como poderia ser a vida daqui a cinquenta anos, quando poderão ter um neto com a idade que têm agora, se o clima continuar a mudar. Em seguida eles escrevem uma história do ponto de vista de seus netos.[36] Deveríamos estar fazendo campanhas para inserir atividades desse tipo no cerne da educação de nossos filhos.

Um campo em que precisamos pensar com mais afinco é o uso da empatia interativa para nos catapultar para vidas futuras. Muitas organizações dirigidas por crianças e jovens, como a Children in a Changing Climate, estão tentando alertar os adultos para as preocupações com o aquecimento global e envolvê-los em diálogo.[37] No entanto necessitamos urgentemente de iniciativas que façam mais para arrebatar a imaginação pública. Minha sugestão, baseada em minha experiência de organizar as "Conversas às refeições" em The Oxford Muse, é a promoção dos "Banquetes de Rua do Clima". Na França do século XIX, havia banquetes que reuniam pessoas de diferentes classes para ajudá-las a conversar e transpor as barreiras sociais. Precisamos de algo semelhante para a mudança do clima – não entre classes, mas entre gerações. Os legisladores e os políticos ouvem muito mais o que é falado entre eles mesmos do que o que é falado pelas crianças e jovens cujas vidas serão afetadas pelo aquecimento global e cujas ideias representam as perspectivas de futuras gerações, mais que as de qualquer outro grupo na sociedade. Por isso proponho que todos os

Hábito 6: Inspire uma revolução

anos, num dia combinado, todas as cidades importantes promovam um Banquete do Clima transgeracional, em que mil jovens sejam convidados para se sentar diante de mil pessoas mais velhas com as quais discutirão os impactos futuros do aquecimento global. Entre os adultos estariam políticos, executivos de companhias petrolíferas, céticos do aquecimento global e pessoas que fazem regularmente voos de curta distância para curtir as férias. Imagine só uma linha de 1,6 quilômetro de comprimento de mesas sobre cavaletes serpenteando pelas ruas de uma cidade, com mil conversas acontecendo ao mesmo tempo.

Estes são os tipos de projeto que podem ajudar a nos despertar para a ação, quer seja protestando nas ruas, viajando de trem e não de avião, quer ingressando numa comunidade que adote um modo de vida baseado no baixo consumo de carbono. Ao escolher desempenhar um papel, vamos nos tornar agentes da difusão da terceira onda de empatia coletiva. A gigantesca tarefa de enfrentar a crise climática deixa muitas pessoas paralisadas pelo desespero. Prefiro a esperança. Alguns anos atrás, eu estava num comício para discutir a mudança climática em Londres com cerca de 40 mil pessoas. Uma avó idosa perto de mim tinha, pendurada no pescoço, a fotografia de um bebezinho dentro de uma capa de plástico. Sob a foto estava escrito: "Estou aqui por Alice, com um mês de idade." Para mim, essa fotografia foi um pequeno e comovente sinal de esperança de que venhamos todos a compreender a importância da empatia para o destino da humanidade.

As perspectivas para a bioempatia

A mudança do clima é apenas parte da crise ecológica que enfrentamos. Ao lado dela, a perda da biodiversidade, o esgotamento dos recursos naturais e a poluição ambiental estão pondo o planeta sob enorme pressão. A extinção de espécies acelerou-se exponencialmente ao longo dos últimos cem anos. Se todos no planeta consumissem recursos naturais na taxa em que o europeu médio o faz, precisaríamos de dois planetas Terra para nos sustentar – e se consumíssemos na taxa em que o fazem os americanos, precisaríamos de quase cinco.[38] As pressões estão sendo exacerbadas por uma classe média global em crescimento e uma população global em expansão que pode chegar a 9 bilhões de pessoas em 2050.

Por que não estamos fazendo mais para impedir a dizimação de nosso frágil ambiente? Talvez o problema seja que simplesmente não nos importamos o bastante com a natureza, tanto como algo valioso em si mesmo quanto como ser o sistema de sustentação da vida. Se ao menos nos importássemos mais, e reconhecêssemos verdadeiramente nossa interdependência com a natureza, agiríamos para estancar a maré de destruição. É por isso que um crescente coro de vozes, desde ecologistas convictos a ativistas dos direitos dos animais, afirma que precisamos urgentemente expandir nossa empatia para incluir animais, a vida vegetal e a própria Terra, com o objetivo de criar o que Jeremy Rifkin chama de uma "consciência empática global".[39]

A tentativa de estender os limites da terceira onda de empatia através das espécies está se provando controversa, pois durante o século passado os psicólogos pensaram quase exclusivamente sobre a empatia como um fenômeno puramente de ser humano para ser humano. Mas seria possível possuirmos uma capacidade oculta para a "bioempatia"?

Há fortes evidências de que podemos empatizar com certas espécies animais, especialmente aquelas que parecem exibir traços emocionais semelhantes aos dos seres humanos, como os chimpanzés, os bonobos e os gorilas.[40] Quando passou treze anos estudando gorilas das montanhas em Ruanda, a primatologista Dian Fossey desenvolveu fortes ligações empáticas com muitos deles, em particular os que vira crescer. Ela observava seu medo quando confrontados com perigo físico, sua alegria quando brincavam juntos e notava quando ficavam furiosos ou agitados. Era-lhe evidente que os gorilas experimentavam toda uma série de emoções semelhantes às humanas – as quais ela muitas vezes espelhava empaticamente em suas próprias reações a eles. A conexão emocional entre espécies de Fossey nunca ficou mais clara do que quando um de seus favoritos, um gorila chamado Digit, que ela conhecia havia dez anos, foi encontrado com a cabeça e as mãos mutiladas por caçadores ilegais:

Hábito 6: Inspire uma revolução

Há ocasiões em que não podemos aceitar os fatos por medo de despedaçar nosso ser ... Daquele momento em diante, passei a viver dentro de uma parte insulada de mim mesma ... Tentei não me permitir pensar na angústia, na dor de Digit, e no que deve ter sofrido compreendendo o que seres humanos estavam lhe fazendo.[41]

A empatia animal não acontece apenas nas montanhas da África central. A visão de um cachorro chorando e recuando porque está prestes a ser agredido por alguém provoca uma reação visceral na maioria de nós. Podemos nos esquivar fisicamente e sentir um interesse desesperado por seu sofrimento (especialmente se ele for o nosso cachorro). Nesses casos, a empatia se baseia numa característica fundamental que compartilhamos com muitas espécies: uma preferência por evitar a dor e preservar a vida. Sabemos que o cão – exatamente como nós – não quer ser agredido ou morto. Esse tipo de sensibilidade empática motivou pessoas a aliviar o sofrimento de outras criaturas desde a fundação da Society for the Protection of Cruelty to Animals, na Inglaterra, em 1824.[42] Apenas uma geração atrás, parecia excêntrico atribuir direitos aos animais, mas hoje isso é algo banal. Precisamos agora de uma mudança de atitude semelhante para que a ideia de empatia entre espécies se torne uma norma cultural aceita.

Mas há, evidentemente, limites para nossa capacidade de empatia com animais. As pessoas muitas vezes afirmam que podem ver culpa ou tristeza na cara de seu cão de estimação. Corremos o risco, contudo, de estar antropomorfizando – atribuindo emoções humanas a animais sem poder ter certeza de que eles as estão experimentando. A defesa da empatia animal torna-se ainda mais obscura quando consideramos espécies que têm semelhança biológica mínima com seres humanos. Com que facilidade podemos compreender a perspectiva de um mosquito, uma minhoca ou um minúsculo peixe *Paedocypris*, de cerca de oito milímetros de comprimento? Podemos espelhar seus estados emocionais (se é que têm algum)? Há alguns organismos cuja maneira de sentir continuam sendo um mistério para nós, tanto no nível cognitivo quanto no afetivo. Essas criaturas estão fora do alcance de nossas capacidades empáticas.

O mesmo acontece com relação às plantas. Não há nenhuma evidência comprovada de que girassóis ou carvalhos possuem consciência ou se envolvem em pensamento intencional (falta-lhes um sistema nervoso).[43] E isso exclui a definição estrita de empatia, pois não podemos entrar na mente de um organismo que não tem uma: não há perspectiva para apreendermos, imaginação para compreendermos.

Isto não quer dizer que seres humanos sejam biológica ou emocionalmente dissociados da natureza. Longe disso. Como muitas outras pessoas, chorei ao ver uma de minhas árvores favoritas sendo derrubada e sinto uma pontada de dor cada vez que passo de bicicleta pelo cemitério no centro de Oxford onde ela ficara por mais de um século. Estudos de pacientes de hospital mostram que aqueles que podem ver vida vegetal pela janela se recuperam de operações mais depressa e requerem menos analgésicos do que aqueles que encaram uma parede de tijolos. Crianças com distúrbio do déficit de atenção experimentam uma redução de sintomas quando entram em contato com a natureza.[44] E a maior parte de nós experimentou a estranha sensação de calma mental que certos hábitats podem evocar em nós, como quando caminhamos por uma floresta de faias numa manhã fresca de primavera. O que está acontecendo nesses casos? A principal explicação é que estes são todos exemplos de "biofilia", termo inventado pelo biólogo evolucionista Edward O. Wilson para designar nossa "tendência inata para nos concentrarmos em vidas e formas naturais e, em alguns casos, nos associarmos a elas emocionalmente".[45] A ideia é que nossa existência está intimamente entrelaçada ao nosso ambiente natural e que nos separarmos da natureza pode destruir nossa saúde física e mental. Por que outra razão enchemos nossos escritórios e lares de vasos de planta?

A verdadeira questão é como biofilia e empatia poderiam se conectar, se é que isso seria possível. Será que nossa reação emocional à natureza – quando nos sentimos esmorecendo e deprimidos, por exemplo, ao ver uma planta murchar – poderia envolver alguns dos mesmos processos baseados em neurônios-espelho associados à empatia entre seres humanos? Neste momento qualquer relação entre biofilia e empatia permanece especulativa. Explorar a ligação entre elas é um dos mais empolgantes desafios

Hábito 6: Inspire uma revolução

futuros para os que trabalham nas fronteiras da pesquisa em neurociência, e é o próximo passo na busca pelo desenvolvimento de uma consciência empática global. Já há trabalhos científicos sendo feitos sobre a maneira como a exposição à vida vegetal pode alterar o humor humano e desencadear emoções e lembranças – algo que poetas e naturalistas já reconheciam desde a era romântica do século XVIII.[46] Não é um passo tão grande supor que a natureza pode induzir alguma forma de resposta empática também. Meu palpite é que estamos à beira de descobrir a capacidade humana para a "bioempatia".

Mesmo que se revele que não podemos, num sentido estrito, estender empatia a toda a vida na Terra, ainda podemos usar as *habilidades* que a capacidade de empatizar nos confere para aprofundar nossa preocupação com a natureza e valorização de nosso vínculo simbiótico com ela. Assim como podemos cultivar curiosidade por vizinhos, podemos aplicar nossa curiosidade às plantas e aos animais pelos quais tipicamente passamos sem os notar no parque, explorando suas belezas únicas e expandindo nosso sentimento de admiração diante deles. Assim como podemos experimentar imersões como a excursão de George Orwell pelas ruas de East London, podemos mergulhar na vida agreste e ver como a experiência nos transforma – acampando no alto de uma montanha, nadando num riacho ou perambulando por uma mata e ficando de repente cara a cara com um veado. Uma vez perguntei ao ecologista britânico e especialista em ouriços Hugh Warwick se era possível empatizar com animais como o humilde ouriço. Sua resposta, ao mesmo tempo brincalhona e séria, me ajudou a compreender que a capacidade empática de ver a partir da perspectiva de outra pessoa é a habilidade transferível por excelência, e tem o poder de nos ligar à natureza:

> É impossível saber exatamente como é ser ouriço. Mas o que peço que as pessoas façam é mudar de perspectiva. Literalmente. Descer ao nível do ouriço, ficar cara a cara com um, e depois olhar para o mundo deles a partir de sua posição. Isso lhes permitirá descortinar as complicações que lançamos no caminho dos ouriços. Quer sejam os carros nas estradas que não só os

ameaçam de extinção, mas também fragmentam seu ambiente ao impedir o movimento, quer seja o lixo em que os ouriços ficam presos e acabam morrendo, ou os jardins que foram transformados em garagens, deques e pátios e as fronteiras nas quais a vida foi exaurida pelos agrotóxicos – conseguimos ver essas ameaças antropogênicas ainda mais claramente. Mas para mim a coisa mais importante é o contato visual – olhar para um ouriço que olha para mim –, os olhos se encontrando e produzindo essa centelha quase intangível de selvageria. Fite um ouriço e permita-se apaixonar-se pela natureza.[47]

Surfando na onda revolucionária

Voltando os olhos para o registro histórico, não podemos contar a história da jornada humana sem incluir um alentado capítulo sobre o poder da empatia. Durante trezentos anos, graças ao trabalho de ativistas sociais e aos movimentos que eles fundaram, ondas de empatia coletiva têm transformado a paisagem cultural e política.

Quando comecei a pesquisar a empatia, escrever sobre ela e fazer experimentos há mais de uma década, dificilmente poderia ter imaginado o grau de popularidade que o conceito iria alcançar. Por muito tempo confinado a círculos de psicologia acadêmica e terapia, ela é agora uma ideia familiar para cientistas do cérebro, formuladores de políticas, especialistas em felicidade e educadores. A última onda de empatia está produzindo iniciativas revolucionárias no mundo todo, das aulas do Roots of Empathy nas escolas aos projetos de paz do Círculo de Pais; dos diálogos inter-religiosos para promover a tolerância entre pessoas de diferentes religiões aos programas de justiça restauradora em prisões que permitem às vítimas de crimes sentarem-se e conversarem frente a frente com os perpetradores. Há um crescente interesse pela empatia demonstrado por designers e arquitetos, muitos deles inspirados por profissionais inovadores como Patricia Moore e por empreendedores sociais que compreendem que o principal objetivo de pôr-se no lugar de outra pessoa não é vender-lhe produtos, mas promover seu bem-estar. Além disso, a empatia está se

Hábito 6: Inspire uma revolução

tornando um lema para uma nova geração de ativistas que militam em questões como a desigualdade econômica, os direitos dos deficientes, a mudança climática e a justiça entre gêneros. Em 2012 os manifestantes do movimento Occupy no Reino Unido e nos Estados Unidos participaram de seminários de treinamento em empatia e promoveram discussões em "tendas da empatia" e em volta de "mesas da empatia".

A popularidade sem precedentes da empatia reflete-se em dados que mostram que entre 2004 e 2013 o uso da palavra "empatia" como termo de busca na internet duplicou, ao passo que durante a mesma década as buscas por "compaixão" caíram em cerca de 30%.[48] Tornamo-nos mais interessados em compreender outras pessoas, em vez de meramente nos apiedarmos delas. Quase exatamente um século depois de ter entrado na língua inglesa, a palavra empatia tornou-se o conceito favorito dos que têm preocupações sociais.

Nada disso poderia ter acontecido sem esforços coletivos para lançar a revolução da empatia em cada canto da vida social e política. Cada um de nós agora tem a oportunidade de se juntar a outros e contribuir para uma terceira onda histórica de empatia que deixe uma marca indelével de humanidade no mundo.

O futuro da empatia

> Desde cedo suspeitei que uma tarefa aparentemente tão importante, "Conhece a ti mesmo", é um estratagema de uma cabala de sacerdotes. Eles estão tentando arrancar o homem da atividade no mundo exterior, distraí-lo com exigências impossíveis: procuram arrastá-lo para uma falsa contemplação interior. O homem só conhece a si mesmo na medida em que conhece o mundo.
>
> JOHANN WOLFGANG VON GOETHE

COMO VIVER? Que fazer? Toda cultura ofereceu planos e soluções para a arte de viver. Os gregos antigos exaltavam as virtudes da coragem, sabedoria e temperança. Os primeiros cristãos estimulavam os fiéis a imitar a vida de Cristo para alcançar a comunhão com Deus. No Iluminismo fomos aconselhados a submeter nossas paixões aos ditames da razão. Desde o fim da Segunda Guerra Mundial, a mensagem dominante foi perseguir a realização de nossos desejos e interesses pessoais, com base no pressuposto de que somos em essência criaturas egoístas e de que a boa vida reside em prazeres de consumo e riqueza material.

Temos agora uma alternativa ao alcance: a empatia. Talvez não haja nenhuma maneira mais poderosa de escapar aos limites de nossos egos, e de ganhar novas perspectivas sobre como viver, do que olhando a vida através dos olhos de outros. Pense no quanto a empatia mudou a vida de pessoas como George Orwell, Harriet Beecher Stowe, Oskar Schindler e Patricia Moore. Precisamos de um equilíbrio melhor entre olhar para

O futuro da empatia

dentro e olhar para fora, entre introspecção e outrospecção. Como disse Goethe, deveríamos procurar compreender quem somos saindo de nós mesmos e descobrindo o mundo.

O futuro da empatia não reside apenas nas escolhas que fazemos como indivíduos para transformar nossas vidas. Se desejamos que a empatia realize seu potencial revolucionário como uma força de mudança social, devemos gerar uma profunda mudança cultural, de tal modo que olhar para o mundo através dos olhos de outras pessoas se torne tão comum quanto olhar para os dois lados quando atravessamos a rua. Essa mudança já está em curso graças à terceira onda de empatia e aos ativistas por trás dela. Mas podemos fazer muito mais para expandir seu alcance. Portanto aqui estão três ideias que podem ajudar a inflamar nossa imaginação coletiva e nos lançar numa nova era empática.

Conversas sobre a empatia

A primeira maneira de difundir a revolução da empatia é por meio da conversa. Precisamos nos tornar jardineiros da empatia, semeando milhões de conversas envolvendo troca de lugar em salas de aula, salas da diretoria e salas de guerra, em bares, igrejas, cozinhas e na internet. Eu gostaria de ver círculos de conversas sobre a empatia brotando em todo o globo, semelhantes aos círculos de conversa que emergiram na Europa nos séculos XVIII e XIX para difundir ideias radicais sobre liberdade e igualdade.[1] Para esse fim, há um cardápio de questões sobre os seis hábitos de pessoas extremamente empáticas que você pode usar como um ponto de partida para discussões com amigos, parentes, colegas e desconhecidos.

O poder da empatia

OS SEIS HÁBITOS DE PESSOAS EXTREMAMENTE EMPÁTICAS

Um cardápio para conversas

Hábito 1: Acione seu cérebro empático
- Como experiências da infância e juventude moldam sua capacidade de empatizar?
- A seu ver, o que altera o equilíbrio de poder entre o *Homo autocentricus* e o *Homo empathicus* em seres humanos, e por quê?

Hábito 2: Dê o salto imaginativo
- Pense numa ocasião em que você tenha realmente tentado se pôr na pele de outra pessoa. Que diferença isso fez?
- Com que tipos de pessoa você tem dificuldade em empatizar, e por quê? Como você poderia usar a empatia para começar a transpor a barreira entre vocês?

Hábito 3: Busque aventuras experienciais
- Qual seria seu projeto de férias ideal para mergulhar na vida de alguém de meio cultural ou socioeconômico diferente do seu?
- Pense num indivíduo de cujas ideias políticas ou religiosas você discorde. Em que aventuras experienciais você poderia se envolver para compreender melhor seu ponto de vista?

Hábito 4: Pratique a arte da conversação
- Qual foi a conversa mais surpreendente e estimulante que você já teve com um estranho?
- Qual é a maior fonte de tensão ou desentendimento na sua vida familiar? Como você poderia iniciar uma conversa para compreender melhor os sentimentos e necessidades das pessoas envolvidas?

Hábito 5: Viaje em sua poltrona
- Que filme, romance ou outra obra de arte mais contribuiu para expandir sua empatia e alterar o modo como você age no mundo?
- Como a cultura digital está afetando sua personalidade – sua mente, seu caráter e seus relacionamentos? Uma dieta digital ajudaria ou prejudicaria sua capacidade de empatia?

O futuro da empatia

> **Hábito 6: Inspire uma revolução**
> • Pense numa causa social ou política com que você realmente se importe. Como você poderia recorrer à empatia para levar mais pessoas a compreendê-la e fazer alguma coisa com relação a ela?
> • Que mudança isolada você poderia fazer em sua vida para aprofundar sua conexão empática com a natureza?
>
> **E finalmente:**
> • Qual dos seis hábitos você mais gostaria de desenvolver no futuro e qual é o primeiro passo prático que você teria de dar nas próximas 48 horas para isso?

A Biblioteca da Empatia

A Grande Biblioteca de Alexandria, fundada no Egito no século III a.C., pretendia ser um repositório de todo o conhecimento do mundo antigo. A construção do movimento global da empatia requer um novo tipo de biblioteca, talvez menos extenso, mas igualmente ambicioso em sua visão. Para começar, criei uma Biblioteca de Empatia on-line (você pode encontrá-la no site, em inglês, que acompanha este livro, www.romankrznaric.com/empathyrevolution), que almeja ser uma casa do tesouro digital onde as pessoas possam compartilhar livros, filmes, aplicativos e artigos inspiradores que despertem pensamento e ação empáticos – e à qual você pode acrescentar sua contribuição. Você poderia usar materiais da biblioteca para criar cineclubes da empatia ou círculos do livro, e como uma fonte de ideias para projetos de desenvolvimento da empatia em escolas, organizações comunitárias ou no seu local de trabalho. Como uma prova do que você vai encontrar na Biblioteca da Empatia, aqui está uma lista de meus recursos favoritos para a empatia.

228   *O poder da empatia*

Livros de não ficção

George Orwell, *Na pior em Paris e Londres* (1933)
Descubra como viver sem um tostão nas ruas de East London e o que você pode aprender sobre a vida como auxiliar de cozinha num hotel de luxo francês.

Jean-Dominique Bauby, *O escafandro e a borboleta* (1997)
Entre no mundo de um homem que está completamente paralisado e só pode se comunicar piscando o olho esquerdo.

Frans de Waal, *A era da empatia: lições da natureza para uma sociedade mais gentil* (2009)
Um dos mais interessantes e fidedignos livros sobre a ciência da empatia, escrito por um eminente primatologista.

Adam Hochschild, *Enterrem as correntes: profetas e rebeldes na luta pela libertação dos escravos* (2006)
Esplêndida história do progresso do primeiro movimento social do mundo motivado pela empatia.

John Howard Griffin, *Black Like Me* (1960)
Um homem branco disfarça-se de negro para descobrir as realidades da vida diária no sul dos Estados Unidos nos anos 1950.

Ficção

George Eliot, *Middlemarch* (1874)
A autora escreveu esse romance com a intenção específica de incutir nos leitores empatia por seus personagens perturbados. Ela conseguiu?

O futuro da empatia

Rohinton Mistry, *Um delicado equilíbrio* (1995)
Enrede-se nas vidas de quatro pessoas cujos caminhos se entrecruzam num labirinto de casta, classe e religião em Mumbai.

Zadie Smith, *Dentes brancos* (2000)
O garçom de um restaurante bangladeshiano e seu amigo inglês nos levam para uma jornada através das realidades e complexidades do multiculturalismo e da imigração na Grã-Bretanha.

Christopher Wakling, *What I Did* (2012)
Mergulhe na mente de um menino de seis anos cuja família é arrastada para uma investigação pelo serviço social do governo.

Ursula Le Guin, "Mais vasto que impérios e mais lento" (1971)
Um conto sobre um homem enviado para um mundo extraterrestre em razão de seu dom singular – o poder de empatia. Experimente também este outro conto, escrito por Le Guin em 1973: "Os que se afastam de Omelas".

Filmes

Nada de novo no front (1930)
Filme pacifista da perspectiva de um soldado alemão na Primeira Guerra Mundial, baseado no romance de Erich Maria Remarque.

Gandhi (1982)
Admire o retrato que Ben Kingsley traçou do mestre da empatia que passou anos vivendo em *ashrams* como um pobre camponês – e também como um excelente encrenqueiro político.

A conquista da honra (2006) e *Cartas de Iwo Jima* (2006)
Clint Eastwood dirigiu esses dois filmes sobre a Batalha de Iwo Jima na Segunda Guerra Mundial, um da perspectiva americana, o outro – em japonês – da perspectiva japonesa.

Love, Hate and Everything in Between (2012)

Documentário sobre o movimento empático global. Dirigido por Alex Gabbay, exibe entrevistas com grandes pensadores sobre a empatia como Jeremy Rifkin e Mary Gordon.

A lista de Schindler (1993)

Por que o simpatizante do nazismo Oskar Schindler tornou-se um dos maiores salvadores de vítimas do Holocausto? Baseado no romance *A lista de Schindler,* de Thomas Keneally, ganhador do Booker Prize.

Websites

Parents Circle-Families Forum, www.theparentscircle.com
Organização de base de construção da paz que reúne palestinos e israelenses que perderam membros de suas famílias no conflito.

Roots of Empathy, www.rootsofempathy.org
Organização canadense pioneira no ensino de empatia em escolas – usando bebês.

Start Empathy, www.startempathy.org
Movimento fundado pela organização Ashoka para desencadear a revolução da empatia no setor da educação.

Empathy Cafe Magazine, www.scoop.it/t/empathy-and-compassion
As últimas notícias sobre a empatia oriundas do mundo todo, aos cuidados de Edwin Rutsch, fundador do Center for Building a Culture of Empathy.

O Museu da Empatia

O grande desafio para o século XXI é expandir a terceira onda de empatia de tal modo que ela tenha o poder de eliminar os déficits de empatia

O futuro da empatia

que afligem a sociedade contemporânea. Conversas sobre a empatia e a Biblioteca da Empatia certamente ajudarão. Mas precisaremos também de algo mais audacioso. É por isso que minha ambição é fundar o primeiro Museu da Empatia do mundo.

Assim como muitas grandes cidades atualmente têm museus do Holocausto, é hora de elas criarem museus da empatia também. Estes teriam por objetivo nada menos que gerar um surto de consciência empática global mediante a criação de um espaço de aventura experiencial onde poderíamos explorar maneiras de ver a vida a partir da perspectiva de outras pessoas. Se a ideia de museu o faz pensar em objetos empoeirados expostos dentro de caixas de vidro, pense de novo. Um Museu da Empatia seria um espaço favorável a troca de ideias, experiências, lembranças e conhecimento entre indivíduos, rivalizando com as melhores galerias e atrações turísticas que uma cidade tem a oferecer. Ele estimulará a imaginação como o fizeram os primeiros museus públicos no século XVII, cujas coleções de curiosidades revelaram as maravilhas da natureza e da civilização humana pela primeira vez.

O que você poderia encontrar no Museu da Empatia? Ele pode nascer na forma de uma série de exposições *pop-up* em diferentes cidades, juntamente com uma galeria virtual que possa ser visitada em qualquer lugar. No fim, contudo, imagino o Museu da Empatia como um espaço de exposições permanente. Permita-me conduzi-lo por um tour daquilo com que ele poderia se parecer.

Biblioteca Humana

Estacionado no adro do museu você encontrará o ônibus da Biblioteca Humana. Nele estão sentados voluntários de espírito aberto que você pode "pegar emprestados" para conversas, tal como pode pegar um livro. Eles poderiam ser adolescentes siques ou consultores administrativos, soldados de folga ou enfermeiros de hospitais psiquiátricos. Sente-se ao lado de um deles e comece a conversar com alguém em cujo mundo você, em seu cotidiano, raramente entraria. O teto do ônibus está forrado de perguntas para estimular discussões, sobre tópicos como amor, crença, medo e curiosidade.

Trabalho por trás do rótulo

Nesta sala há fileiras de máquinas de costura e uma equipe de ex-costureiras de fábricas sórdidas no Vietnã que vão lhe ensinar como fazer uma camisa sob as condições de trabalho em que são feitas as de sua grife favorita. No final você receberá como pagamento o mesmo que uma operária de fábrica ganha por peça num país em desenvolvimento. Infelizmente, o valor não será nem de longe suficiente para você tomar uma xícara de chá ou café, embora possa estimulá-lo a escrever para as empresas cujas roupas você compra, exigindo que melhorem a remuneração e as condições de seus trabalhadores.

O mundo inteiro é um palco

Atores profissionais o guiarão em encenações, improvisações e outros exercícios de atuação para lhe ajudar a descobrir os segredos de entrar na pele de outra pessoa. Você pode ser convidado a assumir o papel de um modelo ou de um monge budista e passear pela sala conversando com outros visitantes em papéis imaginários, tendo o cuidado de fazer e responder a perguntas dentro do papel. Há também exibições de vídeo, em que atores famosos adeptos do método de Stanislavski discutem sua arte usando trechos de seus filmes.

Núcleo de relato de histórias

Aqui você pode encontrar gravações em áudio e vídeo de indivíduos dos mais diferentes meios e períodos da história conversando sobre momentos em que a empatia (ou a ausência dela) mudou suas vidas. Entre eles estão ricos banqueiros de Tóquio, professores de escola primária dos primeiros

O futuro da empatia

anos da Revolução Cubana e prisioneiros do corredor da morte. Os visitantes poderão gravar suas próprias experiências empáticas, que se tornarão parte de um arquivo digital publicamente acessível.

O caminho da água

Entre nessa sala circular e você ficará imediatamente impressionado com o calor seco e a poeira. Pelas paredes há projeções de vídeos de uma árida paisagem africana, com mulheres andando por uma planície com grandes e pesados potes d'água equilibrados na cabeça. Você as ouve conversar sobre a seca induzida pela mudança climática que vêm enfrentando e as longas distâncias que têm de transpor todo dia para encontrar água para suas famílias. Um caminho circular está marcado no piso. Você poderá ver outros visitantes pegando potes d'água e pondo-os na cabeça, para depois andar em círculo pela sala na mesma velocidade que as africanas (não tente fazer isso em casa). Você está pronto para se juntar a eles? Consegue imaginar isso como sendo sua rotina diária?

Caixa de fantasias

Passe pela porta e verá cabides com roupas que você poderá vestir para imaginar vidas que nunca viveu. Há todos os acessórios de que você precisa para passar uma hora mendigando na entrada do Museu da Empatia, ou para ajudar a varrer e esfregar pisos e os banheiros. Vista o conhecido traje de garçom e terá uma chance de servir o público limpando mesas na cafeteria (mas cuidado com o agitado período do almoço).

Qual é o nível de empatia do seu cérebro?

O mais avançado aparelho de imagiologia vai registrar os níveis de empatia através de diferentes regiões cerebrais. Suas respostas neurais serão testadas enquanto você assiste a filmes de pessoas experimentando tanto prazer quanto dor. Você verá também imagens de animais sofrendo em granjas e de árvores sendo derrubadas na Amazônia, como parte de um projeto de pesquisa em andamento sobre a empatia humana com a natureza. Ao final você será presenteado com um mapa mostrando os pontos de maior empatia de seu cérebro.

Café da Outrospecção

Ao comprar seu almoço na cafeteria, o caixa o registrará com um escâner especial e anotará o número da sua mesa. Depois que você se sentar, a tela sobre a mesa começará a exibir um vídeo de uma entrevista com os trabalhadores que produziram os itens que você acabou de comprar. Se você comprou café com certificação *Fair Trade*,* pode haver um colhedor de café mexicano conversando com você sobre a nova clínica que acaba de ser inaugurada na cooperativa da plantação em que ele trabalha. Se você escolheu café comum, talvez apareça uma agricultora explicando como seu salário é tão baixo que ela não tem condições de pôr os filhos na escola. À noite a cafeteria é convertida num "restaurante nas trevas". Garçons e garçonetes cegos lhe servirão uma refeição que você comerá em completa escuridão.

Sapataria da Empatia

Quando você deixa o museu uma tela sensível ao toque o convida para se inscrever pela internet nas aventuras empáticas que planeja fazer nas próximas semanas. Em seguida você entra numa sapataria singular. O que está

---

* A expressão *fair trade*, que significa mercado justo, designa uma certificação concedida ao café proveniente de uma produção comprometida com práticas social e ambientalmente responsáveis. (N.T.)

O futuro da empatia

à venda é a linha de Sapatos da Empatia do museu, calçados de lona cuja superfície está inteiramente coberta de questões impressas para estimular conversas empáticas. Quando você andar por aí com eles, será reconhecido como um embaixador ambulante da revolução da empatia – uma pessoa dedicada à arte de se pôr no lugar dos outros, calçar seus sapatos e ver o mundo de sua perspectiva.

A palavra "museu" vem das Musas da mitologia grega, cuja função era introduzir uma centelha divina na vida cotidiana. Minha esperança é que no futuro a fonte dessa centelha venha a ser uma rede global de Museus da Empatia que reinventarão o próprio significado de cultura pública e deixarão os visitantes transformados para sempre. Junto com a Biblioteca da Empatia, conversas empáticas e o trabalho de ativistas da empatia em curso em todo o planeta, eles alimentarão a revolução das relações humanas de que precisamos tão urgentemente.

Notas

O poder radical da empatia (p.9-29)

1. Veja Baron-Cohen (2011, p.11) e Gordon (2005, p.30) para definições relacionadas.
2. Entrevista 25/10/12; Moore 1985, p.160; http://www.youtube.com/watch?v= Xr3ibtQuf2o.
3. Rifkin, 2010, p.42-3.
4. Hanh, 1987, p.87.
5. As estimativas de "zero grau de empatia" variam normalmente entre 1% e 4% da população, sendo 2% a mais amplamente aceita. Veja Baron-Cohen (2011, p.29-64); Olson (2010, p.11); http://www.autism.org.uk/about-autism/myths-facts-and-statistics/statistics-how-many-people-have-autism-spectrum-disorders.aspx.
6. http://www.northwestern.edu/observer/issues/2006/06/22/obama.html.
7. Konrath, O'Brien e Hsing, 2011; http://www.scientificamerican.com/article.cfm?id=what-me-care; Twenge and Campbell, 2009.
8. http://www.oecd.org/els/socialpoliciesanddata/dividedwestandwhyinequality keepsrising.htm; Piff et al., 2012; http://www.scientificamerican.com/.article. cfm?id=how-wealth-reduces-compassion&print=true.
9. Pinker 2011, p.175. Veja também Hunt (2007).
10. Layard, 2007, p.20; 2005, p.234; Covey, 2004, p.236. Veja também Batson (2011, p.185-7). http://greatergood.berkeley.edu/article/item/feeling_like_partners/; http://www. mentalhealth.org.uk/content/assets/PDF/publications/the_lonely_society_report. pdf; http://greatergood.berkeley.edu/topic/empathy/definition#what_is.
11. Slote, 2007.
12. Entrevista em 25/10/12.
13. http://www.ianmcewan.com/bib/articles/love-oblivion.html.
14. Mukherjee, 1993, p.91.
15. Hollan e Throop, 2011, p.10-1, p.25-9.
16. Krznaric, 2012a.
17. Dworkin, 2012.
18. Singer, 1997, p.244-53.
19. http://nymag.com/news/features/45938/.
20. http://new.bostonreview.net/BR24.3/schor.html.
21. Ben-Shahar, 2008, p.125-6; http://www.thecrimson.com/article/2006/2/15/ the-science-of-smiling-strongcorrection-appendedstrongbrbr845/.
22. Seligman, 2003, p.148.
23. http://psychcentral.com/blog/archives/2011/09/06/statistics-europeans-have-mental-health-issues-too/.

238   *O poder da empatia*

24. Esta imagem é um *video still* de meu RSA Animate, *The Power of Outrospection* (Krznaric, 2012a).

25. Bloom, 2013.

Hábito 1: Acione seu cérebro empático (p.31-63)

1. http://www.gallup.com/poll/18802/gallup-panel-people-cant-trusted.aspx; Brewer e Steenbergen, 2002.
2. Obrigado a Alfie Kohn por este exemplo (Kohn, 1990, p.3).
3. Entrevista com Friedrich von Hayek no filme documentário de Adam Curtis *The Trap* (episódio 1).
4. Galbraith, 1977, p.45.
5. Entrevista com Richard Dawkins no filme documentário de Adam Curtis *The Trap* (episódio 2).
6. Freud, 1962, p.58-9.
7. Smith, 1976, p.499-502.
8. Rifkin, 2010, p.90-2.
9. Allport, 1937, p.530-1.
10. Kringelbach e Phillips, 2014, 104-5.
11. Baron-Cohen, 2004, p.1, 70-1, 95.
12. Baron-Cohen, 2004, p.200-5. Para críticas das medidas usuais de empatia, ver http://www.romankrznaric.com/outrospection/2010/01/30/359.
13. Gerhardt, 2010, p.57; Rifkin, 2010, p.69.
14. Citado em Rifkin (2010, p.70).
15. Gerhardt, 2010, p.66-7, p.170; Rifkin, 2010, p.74.
16. Gerhardt, 2010, p.56.
17. Citado em Rifkin (2010, p.78).
18. Gerhardt, 2010, p.168.
19. Bowlby, 1988, p.154; Gerhardt, 2004, p.195.
20. Kropotkin, 1998, p.53.
21. Entrevista em 14/11/9.
22. http://greatergood.berkeley.edu/article/item/the_evolution_of_empathy.
23. De Waal, 2010, p.91; http://greatergood.berkeley.edu/article/item/the_evolution_of_empathy.
24. Masserman et al., 1964.
25. http://greatergood.berkeley.edu/article/item/the_evolution_of_empathy.
26. Nowak e Highfield, 2011, p.xiii.
27. Citado em Olson (2010, p.14).
28. http://greatergood.berkeley.edu/article/item/the_evolution_of_empathy.
29. Citado em Keysers, 2011, p.11; Rifkin, 2010, p.82.
30. Entrevista em 21/7/11.

Notas

31. Pinker, 2011, p.577. Veja também Hickok (2008).
32. Baron-Cohen, 2011, p.19, 26-7; Kringelbach e Phillips, 2014, p.106.
33. Jackson et al., 2006.
34. Zak, 2012, p.63-4; Kringelbach e Phillips, 2014, p.115-7.
35. Até Keysers (2011, p.54) reconhece as lacunas em nossa compreensão: "O que ainda não compreendemos é *como* um escore numa escala de Adoção de Perspectiva está ligado à atividade em nosso sistema de neurônios-espelho." Veja também Singer e Lamm (2009, p.92-3).
36. Baron-Cohen, 2011, p.87, 118; Klimecki, Leiberg, Lamm e Singer, 2012.
37. Galinsky e Moskowitz, 2000.
38. Batson et al., 1997, p.508; Batson, 1991, p.121-38; Batson, 2011, p.11, 176; Pinker, 2011, p.586.
39. http://well.blogs.nytimes.com/2012/06/21/can-doctors-learn-empathy/; Reiss et al., 2012.
40. Klimecki et al., 2013; Leiberg et al., 2011.
41. Gordon, 2005, p.245-8; Gordon, 2002, p.242; Roots of Empathy, 2008; Schonert-Reichl, 2008; Santos et al. 2011; http://engageforeducation.org/news/roots-of-empathy-pioneering-anti-bullying-programme-offered-scotland-wide/; http://itv.com/news/london/story/2012-11-23/baby-tackles-bullying/; http://greatergood/berkeley.edu/article/item/taking_lessons_from_a_baby; comunicação pessoal com Mary Gordon, 8/6/8.
42. Gordon, 2005, p.xvi-xvii, 6, 9; Krznaric, 2008, p.24-5.
43. Lakoff, 2005, p.xv, 3.
44. http://www.youtube.com/watch?v=u6XAPnuFjJc.

Hábito 2: Dê o salto imaginativo (p.64-97)

1. Citado em Phillips e Taylor (2009, p.97).
2. Clark, 1997, p.34-5.
3. http://www.theaustralian.com.au/news/features/our-better-selves/story-e6frg8h6-1226535324061.
4. http://www.romankrznaric.com/outrospection/2010/09/12/609.
5. Gladwell, 2005, p.61-6, 84-6.
6. http://www.sbs.com.au/news/article/1761364/Analysis-Illegals-and-the-erosion-of-empathy.
7. Arendt, 1994, p.135.
8. Blass, 2004, p.102-3.
9. Burger, 2009.
10. Blass, 2004, p.87-9, 96-9, 108-11, 124, 307-9; Blass, 1999, p.967.
11. Blass, 2004, p.103.
12. http://www.youtube.com/watch?v=onsIdBanynY; Slote, 2007, p.22.

13. Smith, 1976, p.233-4.
14. http://www.romankrznaric.com/outrospection/2010/05/14/475.
15. http://www.guardian.co.uk/science/2013/jan/04/barack-obama-empathy-deficit. Ver também Bloom (2013) e Prinz (2011).
16. Moyn, 2006, p.400-1.
17. Sontag, 1979, p.20.
18. Cohen, 2001, p.1.
19. Levinas, 2006.
20. Keneally, 1994, p.35-7, 52, 139-47, 189-90, 220, 277, 318, 339, 355, 372, 423; Keneally, 2008, p.17, 23, 25, 46, 118, 125, 153, 191.
21. Keneally, 2008, p.152.
22. Oliner e Oliner, 1992; Monroe, 2004; Fogelman, 1994.
23. http://www.michaeldvd.com.au/Articles/WhoIsOskarSchindler/WhoIsOskar Schindler.html.
24. Batson, 2011, p.178-9.
25. Buber, 1965, p.70-1.
26. Armstrong, 2011, p.139.
27. Smith, 1976, p.66, p.502.
28. Eisner, 1994, p.6, p.33.
29. Hedrick, 1994, p.110.
30. Hedrick, 1994, p.193, 201, 237.
31. Armstrong, 2007, p.xiv, 390.
32. Fletcher, 1966, p.117.
33. http://www.theatlantic.com/international/archive/2013/01/signing-off/266925/.
34. Reynolds, 1995; Said, 2003.
35. Armstrong, 2011, p.103-4.
36. Gandhi, 1984.
37. Armstrong, 2011, p.5.
38. Hanh, 1987, p.62.
39. Batchelor, 1997, p.85-6.
40. Krznaric, 2003; Krznaric, 2010a.
41. Nagel, 1991, p.169.

Hábito 3: Busque aventuras experienciais (p.98-126)

1. Entrevista com Sophie Raworth, Andrew Marr Show, BBC, http://www.bbc.co.uk/news/entertainment-arts-21572983; McDonald, 2013, p.164-5; Stanislavski, 1937.
2. Rousseau, 1963, p.9; Dewey, 1997, p.25; Krznaric, 2012b, p.128.
3. Eide, 2007.
4. Seymour-Jones, 1993, p.132, 154-62; Webb, 1971, p.344-5; Webb, 1888.

Notas

5. Orwell, 1966, p.179-80, 189; 1962, p.120, 130.

6. Griffin, 2009, p.21, 28, 46, 51-2, 61-2, 159-67, 179, 180, 185, 211, 216-9, 226; Bonazzi, 1997; Terkel, 1982, p.335-9.

7. Wallraff, 1988, p.2, 71, 76, 177; Wallraff, 1978; Pilger, 2004, p.159.

8. Entrevista em 3/3/12; http://rs100aday.com/.

9. Mandela, 1995, p.536.

10. http://www.dialogue-in-the-dark.com/wp-content/uploads/Wall_street_journal_intemplate.pdf; http://www.nytimes.com/2011/08/19/arts/design/dialog-in-the-dark-at-south-street-seaport-exhibition-review.html?_r=2&; http://www.icubed.us/career-interviews-list/node/1809.

11. Anderson, 1997, p.50.

12. Anderson, 1997, p.65, 76, 78; Guevara, 1996, p.60.

13. http://www.marxists.org/archive/guevara/1960/08/19.htm.

14. http://news.nationalgeographic.co.uk/news/2004/10/1014_041014_motorcycle_diaries.html.

15. Anderson, 1997, p.96.

16. Anderson, 1997, p.386-8.

17. Anderson, 1997, p.126, 135; Granado, 2003, p.xi.

18. http://www.telegraph.co.uk/news/features/3634426/How-Nelson-Mandela-won-the-rugby-World-Cup.html.

19. Mandela, 1995, p.183, 194.

20. O caso Mandela gerou intenso debate no âmbito do movimento da Anistia Internacional na época: discutia-se a suspensão ou não da regra segundo a qual "prisioneiros de consciência" não podiam defender a violência ou usá-la. Embora a regra não tenha sido suspensa, a Anistia fez de fato campanha para que fosse dado a Mandela um julgamento justo.

21. Mandela, 1995, p.549, 680, 745.

22. Krznaric, 2011, p.176.

23. Sennett, 2012, p.6.

24. Solnit, 2010, p.4.

25. Solnit, 2010, p.188, 194, 206.

26. Solnit, 2010, p.2, 8.

27. Krznaric, 2011, p.60-4.

28. http://www.guardian.co.uk/music/2008/jul/13/classicalmusicandopera.israelandthepalestinians.

29. http://jewishquarterly.org/2010/11/said-barenboim-and-the-west-east-divan-orchestra/; Zaki 2012.

30. Barenboim e Said, 2004, p.10; http://www.guardian.co.uk/music/2008/jul/13/classicalmusicandopera.israelandthepalestinians.

31. Malone, 2012, localização no e-book 2967 de 3241.

32. Malone, 2012, localização no e-book 2992 de 3241.

33. http://www.radiotimes.com/news/2012-09-20/gareth-malone-on-the-choir-sing-while-you-work-military-wives-and-getting-competitive.

242 O poder da empatia

34. Crouch e Ward, 1988, p.94-109.
35. Sennett, 1999, p.136-40.
36. Kropotkin, 1998, p.184, 217-8; http://libcom.org/library/anarchy-milton-keynes-music-colin-ward.
37. Armstrong, 2011, p.147.

Hábito 4: Pratique a arte da conversação (p.127-59)

1. Gatenby, 2004; Tannen, 1999, p.211.
2. Zeldin e Krznaric, 2004, p.1.
3. Rowson, 2012, p.35; Warner, 2013, p.2, 4; Zeldin, 1995, p.191.
4. Zeldin, 1995, p.198-202.
5. Rowson, 2012, p.3.
6. Sennett, 2012, p.23.
7. Diamond, 2012, p.49-50.
8. Krznaric, 2011, p.45-6.
9. Parker, 1996, p.5.
10. Dibb, 1985/6.
11. Parker, 1996, p.21, 126.
12. Dibb, 1985/6.
13. Parker, 1996, p.21, 164-6.
14. Parker, 1996, p.166.
15. Parker, 1996, p.52.
16. Cain, 2013, p.13, 137-8.
17. Krznaric, Whalen e Zeldin, 2006, p.xvii-xviii; http://www.oxfordmuse.com/?q=portrait-of-oxford-project#oxford-unmasked.
18. Covey, 2004, p.237-8.
19. Rosenberg, 2003, p.2.
20. Rosenberg, 2003, p.91, 127.
21. Rosenberg, 2003, p.54.
22. Rosenberg, 2003, p.13-4.
23. Obama, 2007, p.66-8.
24. Rosenberg, 2003, p.96-100.
25. Faber e Mazlish, 2013, capítulo 1.
26. Hoffman, 2000, p.197-205.
27. Testemunho anônimo.
28. Baron-Cohen, 2011, p.13, 18; ver também Singer e Lamm (2009) e Klimecki, Leiberg, Lamm e Singer (2012).
29. Comunicação pessoal, 18/2/13, 10/7/13.
30. Zeldin, 2003.
31. Entrevista com Brené Brown, Londres, 3/10/12; http://www.romankrznaric.com/outrospection/2012/10/16/1729.

Notas 243

32. Brown, 2012, p.34-7.
33. James, 2013, p.3-4.
34. Brown, 2012, p.185-6.
35. Rosenberg, 2003, p.40.
36. Patnaik, 2009; Goleman, 1999.
37. Drayton, 2006, p.6; http://empathy.ashoka.org/rationale.
38. Brown, 2012, p.74-5.
39. Borg, 2010, p.8.
40. http://www.psandman.com/col/empathy2.htm.
41. http://www.empathytraining.co.uk/pages/emp_training_courses.html; http:// abbykerr.com/empathy-marketing/.
42. Olson, 2013, p.61.
43. Veja também Ewan (1996, p.3-4, 159-73).
44. Citado em Olson (2013, p.62); http://tobaccocontrol.bmj.com/content/3/3/270. full.pdf.
45. Citado em Schlosser, 2002, p.41.
46. Olson, 2013, p.54.
47. Patnaik, 2009, p.166-70.
48. Zeldin, 1998, p.14.
49. Mehl, Vazire, Holleran e Clark, 2010.
50. http://theforgivenessproject.com/stories/jo-berry-pat-magee-england/.
51. Rosenberg, 2003, p.103-4, 129-40; Neff, 2003, p.90; Niezink e Rutsch, 2013.
52. Neff, 2003, p.85; veja também Armstrong, 2011, p.67-81.
53. Krznaric, 2011, p.10-1.

Hábito 5: Viaje em sua poltrona (p.160-91)

1. http://www.guardian.co.uk/books/2012/jun/29/my-life-as-bibliophile-julian-barnes.
2. Pinker, 2011, p.589; Keen, 2007.
3. http://www.nybooks.com/articles/archives/2006/oct/19/death-at-marathon/ ?pagination=false; Mendelsohn, 2006.
4. Armstrong, 2011, p.87-8.
5. http://www.npr.org/templates/story/story.php?storyId=6781357.
6. Terkel, 2007, p.7; Kelly, 1998, p.158-61.
7. Kelly, 1998, p.2, 160; Terkel, 2007, p.7.
8. Kelly, 1998, p.122-3.
9. Olson, 2013, p.6-10, 92.
10. Olson, 2013, p.90-2; http://www.nybooks.com/articles/archives/2010/mar/25/ thewizard/?pagination=false.
11. Bennett, 2005, p.36.

12. Freedberg e Gallese, 2007, p.202.
13. http://query.nytimes.com/mem/archive-free/pdf?res=9D00E5DF133AE733A257 54C2A9679D946597D6CF.
14. Freedman, 1994, p.72.
15. Trachtenberg, 1989, p.203, 205.
16. Freedman, 1994, p.93, texto da sobrecapa; http://www.archives.gov/education/ lessons/hine-photos/.
17. Linfield, 2010, p.7, 127-32.
18. Sontag, 1979, p.20-1.
19. Olson, 2013, p.86.
20. Olson, 2013, p.90.
21. Linfield, 2010, p.22, 39.
22. Keen, 2007, p.37-8.
23. http://www.st-andrews.ac.uk/~jfec/ge/eliot.html; Keen, 2010, p.54.
24. Oatley, 2011, p.63; Nussbaum, 1995, p.xvi, 10, 66; Pinker, 2011, p.175-6.
25. Keen, 2007, p.vii, xx, 53, 55, 70-4, 102, 131, 140.
26. Keen, 2007, p.52.
27. http://www.romankrznaric.com/outrospection/2011/10/13/821.
28. Elderkin e Berthoud, 2013.
29. http://www.bbc.co.uk/news/technology-22464368.
30. Rifkin, 2010, p.472, 580.
31. http://www.coffeetrust.org/category/ask-a-coffee-farmer.
32. Turkle, 2011, p.225.
33. Aboujaoude, 2012, p.106-8.
34. http://www.polygon.com/2013/5/9/4313246/gamings-new-frontier-cancer-depres-sion-suicide.
35. Belman e Flanagan, 2010, p.12; http://www.changemakers.com/competition/ entrepreneuring-peace/entries/peacemaker-video-game-promote-peace.
36. Lanier, 2011, p.36.
37. Lanier, 2011, p.16, 48.
38. Smith, 2010.
39. Chatfield, 2012, p.42.
40. Aboujaoude, 2012, p.21, 45.
41. Chatfield, 2012, p.39.
42. Aboujaoude, 2012, p.21, 40, 107-8.
43. http://www.pewinternet.org/Media-Mentions/2007/Do-You-Use-Google-For-Vanity-Searching-Youre-Not-Alone.aspx.
44. Aboujaoude, 2012, p.68-74; http://www.sciencedirect.com/science/article/pii/ S0191886911005332.
45. http://www.guardian.co.uk/world/2012/jan/03/how-the-revolution-went-viral.
46. Rifkin, citado em Gabbay (2012).
47. Chatfield, 2013, p.134.

Notas

Hábito 6: Inspire uma revolução (p.192-223)

1. Holman, 1995, p.72.
2. Taylor, 1967, p.455.
3. Titmuss, 1950, p.393.
4. Isaacs, 1941, p.9.
5. Titmuss, 1950, p.388; Holman, 1995, p.97.
6. Barnett House Study Group, 1947, p.107.
7. *The Economist*, 1 mai 1943, p.545; Titmuss, 1950, p.516.
8. Women's Group on Public Welfare, 1944, p.xiii.
9. Citado em Holman (1995, p.140).
10. Holman, 1995, p.128-35; Titmuss, 1950, p.510-6.
11. Taylor, 1965, p.455, 503.
12. Krznaric, 2007.
13. Rifkin, 2010, p.10; Rifkin, citado em Gabbay (2012); Pinker, 2011, p.572, 590.
14. Pinker, 2011, p.129-33, 415-6.
15. Phillips e Taylor, 2009, p.27.
16. Pinker, 2011, p.133.
17. Pinker, 2011, p.143.
18. Hunt, 2007, p.32, 38-9, 40, 80. Veja também Knott (2009).
19. Zeldin, 1995, p.330.
20. Woolman, 1800, p.179; Krznaric, 2011, p.140-1.
21. Hochschild, 2006, p.5, 78, 118, 155, 197-8, 222, 366.
22. Diário, 30 nov 1808, citado em Skidmore (2005, p.80).
23. Zeldin, 1995, p.330-1.
24. Rifkin, 2010, p.26.
25. Clark, 1997, p.41, 84, 111-5.
26. Bloom, 2013.
27. Taylor, 2010, p.16.
28. Krznaric, 2008.
29. http://theparentscircle.org/Story.aspx?D=415; http://adage.com/article/goodworks/blood-relations-uniting-israelis-palestinians/229960/; http://news.bbc.co.uk/1/hi/world/middle_east/6948034; http://www.theparentscircle.org/MediaPage.aspx?ID=357.
30. http://www.labenevolencija.org/2010/12/the-task-of-la-benevolencija-in-rwanda/.
31. http://www.ipcc.ch/; http://www.nybooks.com/articles/archives/2013/may/09/some-like-it-hot/; http://www.guardian.co.uk/environment/blog/2013/may/30/carbon-milestone-newspapers; Krznaric, 2011, p.219.
32. Krznaric, 2010b, p.153-4.
33. Krznaric, 2010c, p.130.
34. http://www.hardrainproject.com.
35. Krznaric, 2010b.

36. http://www.oxfam.org.uk/education/resources/climate_chaos/day_two/files/afternoon3_from_my_grandchild.pdf.
37. http://www.childreninachangingclimate.org/home.htm.
38. Krznaric, 2011, p.219, 223.
39. Rifkin, 2010, p.42.
40. Kellert e Wilson, 1993; Schultz, 2000.
41. Fossey, 1985, p.206; Coetzee, 1999, p.114; http://www.vanityfair.com/society/features/1986/09/fatal-obsession-198609.
42. Bourke, 2011, p.68, 174-5.
43. http://www.scientificamerican.com/article.cfm?id=do-plants-think-daniel-chamovitz&page=3.
44. Louv, 2005; Krznaric, 2011, p.216-7.
45. Wilson, 1984, p.1; Barbiero, 2011, p.13.
46. Haviland-Jones et al., 2005.
47. http://www.romankrznaric.com/outrospection/2010/04/10/422.
48. http://chewychunks.wordpress.com/2013/01/09/empathy-replaces-sympathy-rsa-animate/.

O futuro da empatia (p.224-35)

1. Os primeiros círculos já foram formados: http://www.lidewijniezink.com/projects.

Referências bibliográficas

Aboujaoude, Elias. *Virtually You: The Dangerous Powers of the E-Personality*. Nova York, Norton, 2012.

Allport, Gordon. *Personality: A Psychological Interpretation*. Londres, Constable, 1937.

Anderson, Jon Lee. *Che Guevara: A Revolutionary Life*. Londres, Bantam, 1977. [Ed. bras.: *Che Guevara: uma biografia*. Rio de Janeiro, Objetiva, 2012.]

Arendt, Hannah. *Eichmann in Jerusalem: A Report on the Banality of Evil*. Londres, Penguin, 1994. [Ed. bras.: *Eichmann em Jerusalém: um relato sobre a banalidade do mal*. São Paulo, Companhia das Letras, 1999.]

Armstrong, Karen. *The Great Transformation: The World in the Time of Buddha, Socrates, Confucius and Jeremiah*. Londres, Atlantic, 2007. [Ed. bras.: *A grande transformação: o mundo na época de Buda, Confúcio e Jeremias*. São Paulo, Companhia das Letras, 2008.]

_____. *Twelve Steps to a Compassionate Life*. Londres, Bodley Head, 2011. [Ed. bras.: *Doze passos para uma vida de compaixão*. São Paulo, Companhia das Letras, 2012.]

Barbiero, Giuseppe. "Biophilia and Gaia: Two Hypotheses for an Affective Ecology", *Journal of Biourbanism*, n.1, 2011, p.11-27.

Barenboim, Daniel e Edward Said. *Parallels and Paradoxes: Explorations in Music and Society*. Londres, Bloomsbury, 2004.

Barnett House Study Group. *London Children in War-time Oxford*. Londres, Oxford University Press, 1947.

Baron-Cohen, Simon. *The Essential Difference*. Londres, Penguin, 2004.

_____. *Zero Degrees of Empathy: A New Theory of Human Cruelty*. Londres, Allen Lane, 2011.

Batchelor, Stephen. *Buddhism Without Beliefs: A Contemporary Guide to Awakening*. Nova York, Riverhead Books, 1997.

Batson, C. Daniel. *The Altruism Question: Toward a Social-Psychological Answer*. Hillsdale, NJ, Erlbaum Associates, 1991.

_____. *Altruism in Humans*. Nova York, Oxford University Press, 2011.

_____, Karen Sager, Eric Garst, Misook Kang, Kostia Rubchinsky e Karen Dawson. "Is empathy-induced helping due to self-other merging?", *Journal of Personality and Social Psychology*, vol.73, n.3, 1997, p.495-509.

Belman, Jonathan e Mary Flanagan. "Designing games to foster empathy", *Cognitive Technology*, vol.14, n.2, 2010, p.5-15.

Ben-Shahar, Tal. *Happier: Can you learn to be happy?*. Maidenhead, McGraw-Hill, 2008.

Bennett, Jill. *Empathic Vision: Affect, Trauma, and Contemporary Art*. Stanford, Stanford University Press, 2005.

Blass, Thomas (2004). *The Man Who Shocked the World: The Life and Legacy of Stanley Milgram*. Nova York, Basic Books, 2004, prova não corrigida.

Bloom, Paul (2013). "The baby in the well: The case against empathy", *The New Yorker*, 20 maio 2013.

Bonazzi, Robert. *Man in the Mirror: John Howard Griffin and the Story of Black Like Me*. Maryknoll, Orbis Books, 1997.

Borg, James. *Persuasion: The Art of Influencing People*. Londres, Prentice Hall, 2010. [Ed. bras.: *A arte da persuasão: consiga tudo o que quer sem precisar pedir*. São Paulo, Saraiva, 2011.]

Bourke, Joanna. *What it Means to Be Human: Reflections from 1791 to the Present*. Londres, Virago, 2011.

Bowlby, John. *A Secure Base: Clinical Applications of Attachment Theory*. Abingdon, Routledge, 1988.

Brewer, Paul e Marco Steenbergen. "All against all: how beliefs about human nature shape foreign policy options", *Political Psychology*, vol.23, n.1, 2002, p.39-58.

Brown, Brené. *Daring Greatly: How the Courage to Be Vulnerable Transforms the Way We Live, Love, Parent and Lead*. Nova York, Gotham, 2012.

Buber, Martin. "Distance and Relation", in *The Knowledge of Man*. Nova York, Harper and Row, 1965.

Burger, Jerry. "Replicating Milgram: Would people still obey today?", *American Psychologist*, vol.64, n.1, 2009, p.1-11.

Cain, Susan. *Quiet: The Power of Introverts in a World That Can't Stop Talking*. Londres, Penguin, 2013. [Ed. bras.: *O poder dos quietos: como os tímidos e introvertidos podem mudar um mundo que não para de falar*. Rio de Janeiro, Agir, 2012.]

Chatfield, Tom. *How to Thrive in the Digital Age*. Londres, Macmillan, 2012.

_____. *Netymology: From Apps to Zombies – A linguistic celebration of the digital world*. Londres, Quercus, 2013.

Clark, Candance. *Misery and Company: Sympathy in Everyday Life*. Chicago, University of Chicago Press, 1997.

Coetzee, J.M. *The Lives of Animals*. Princeton, Princeton University Press, 1999. [Ed. bras.: *A vida dos animais*. São Paulo, Companhia das Letras, 2012.]

Cohen, Stanley. *States of Denial: Knowing About Atrocities and Suffering*. Cambridge, Polity, 2001.

Covey, Stephen. *The Seven Habits of Highly Effective People*. Londres, Simon and Schuster, 2004. [Ed. bras.: *Os sete hábitos das pessoas altamente eficazes*. Rio de Janeiro, Best Seller, 2005.]

Crouch, David e Colin Ward. *The Allotment: Its Landscape and Culture*. Londres, Faber and Faber, 1988.

De Waal, Frans. *The Age of Empathy: Nature's Lessons for a Kinder Society*. Londres, Souvenir Press, 2010. [Ed. bras.: *A era da empatia: lições da natureza para uma sociedade mais gentil*. São Paulo, Companhia das Letras, 2010.]

Dewey, John. *Experience and Education*. Nova York, Touchstone, 1997.

Referências bibliográficas 249

Diamond, Jared. *The World Until Yesterday: What Can We Learn from Traditional Societies?* Londres, Allen Lane, 2012.

Dibb, Mike. *Studs Terkel's Chicago*. Londres, BBC, 1985-86, filme documentário.

Drayton, Bill. "Everyone a changemaker: Social entrepreneurship's ultimate goal", *Innovations*, MIT Press, inverno de 2006.

Dworkin, Ronald W. "Psychotherapy and the pursuit of happiness". *The New Atlantis*, primavera de 2012.

Eide, Elisabeth. "'Being the other' – or tourist in her reality? Reporters and writers' attempts at cross-identification", *Social Identities*, vol.13, n.1, 2007, p.3-17.

Eisner, Bruce (1994). *Ecstasy: The MDMA Story*. Berkeley, Ronin Publishing, 1994.

Elderkin, Susan e Ella Berthoud. *The Novel Cure: An A to Z of Literary Remedies*. Edimburgo, Canongate, 2013.

Ewan, Stuart. *PR! A Social History of Spin*. Nova York, Basic Books, 1996.

Faber, Adele e Elaine Mazlish. *How to Talk So Kids Will Listen and Listen So Kids Will Talk*. Londres, Piccadilly Press, 2013. [Ed. bras.: *Como falar para seu filho ouvir e como ouvir para seu filho falar*. Rio de Janeiro, Summus, 2003.]

Fletcher, Joseph. *Situation Ethics: The New Morality*. Louisville, Westminster John Knox Press, 1966.

Fogelman, Eva. *Conscience and Courage: Rescuers of Jews During the Holocaust*. Nova York, Anchor Books, 1994.

Fossey, Dian. *Gorillas in the Mist*. Londres, Penguin, 1985.

Freedberg, David e Vittorio Gallese. "Motion, emotion and empathy in esthetic experience", *Trends in Cognitive Sciences*, vol.11, n.5, 2007, p.197-203.

Freedman, Russell. *Kids at Work: Lewis Hine and the Crusade Against Child Labor*. Nova York, Clarion Books, 1994.

Freud, Sigmund. *Civilization and its Discontents*. Nova York, Norton, 1962. [Ed. bras.: *O mal-estar na civilização, novas conferências introdutórias à psicanálise e outros textos*. São Paulo, Companhia das Letras, 2010.]

Gabbay, Alex. *Love, Hate and Everything In Between*. Londres, Monkey and Me Films, 2012, filme documentário.

Galbraith, John Kenneth. *The Age of Uncertainty*. Londres, BBC Books e Andre Deutsch, 1977.

Galinsky, Adam e Gordon Moskowitz. "Perspective-Taking: Decreasing stereotype expression, stereotype accessibility and in-group favouritism", *Journal of Personality and Social Psychology*, vol.78, n.4, 2000, p.708-24.

Gandhi, Mahatma. *An Autobiography, or The Story of My Experiments with Truth*. Ahmedabad, Navajivan Publishing House, 1984.

Gatenby, Reg. *Married Only At Weekends? A Study of the Amount of Time Spent Together by Spouses*. Londres, Office for National Statistics, 2004.

Gerhardt, Sue. *Why Love Matters: How Affection Shapes a Baby's Brain*. Londres, Routledege, 2004.

Gladwell, Malcolm. *Blink: The Power of Thinking Without Thinking*. Londres, Penguin, 2005. [Ed. bras.: *Blink: a decisão num piscar de olhos*. Rio de Janeiro, Rocco, 2005.]

Goleman, Daniel. *Working With Emotional Intelligence*. Londres, Bloomsbury, 1999. [Ed. bras.: *Trabalhando com a inteligência emocional*. Rio de Janeiro, Objetiva, 1999.]

Gordon, Mary. "Roots of Empathy: Responsive parenting, caring societies", *Keio Journal of Medicine*, vol.52, n.4, 2002, p.236-43.

____. *Roots of Empathy: Changing the World Child by Child*. Toronto, Thomas Allen, 2005.

Granado, Alberto. *Travelling with Che Guevara: The making of a revolutionary*. Londres, Pimlico, 2000.

Griffin, John Howard. *Black Like Me*. Londres, Souvenir Press, 2009.

Guevara, Che. *The Motorcycle Diaries: A Journey around South America*. Londres, Fourth Estate, 1996.

Hanh, Thich Nhat. *Being Peace*. Londres, Rider, 1987.

Haviland-Jones, Jeannette, Holly Hale Rosario, Patricia Wilson e Terry McGuire, "An Environmental Approach to Positive Emotions: Flowers", *Evolutionary Psychology*, vol.3, 2005, p.104-32.

Hedrick, Joan D. *Harriet Beecher Stowe: A Life*. Nova York, Oxford University Press, 1994.

Hickok, Gregory. "Eight problems for the mirror neuron theory of action understanding in monkeys and humans", *Journal of Cognitive Neuroscience*, vol.21, n.7, 2008, p.1229-43.

Hochschild, Adam. *Bury the Chains: The British Struggle to Abolish Slavery*. Londres, Pan, 2000. [Ed. bras.:. *Enterrem as correntes: profetas e rebeldes na luta pela libertação dos escravos*. Rio de Janeiro, Record, 2007.]

Hoffman, Martin. *Empathy and Moral Development: Implications for Caring and Justice*. Cambridge, Cambridge University Press, 2000.

Hollan, Douglas e Jason Troops (orgs.). *The Anthropology of Empathy: Experiencing the Lives of Others in Pacific Societies*. Nova York, Berghahn Books, 2011.

Holman, Bob. *The Evacuation: A Very British Revolution*. Oxford, Lion, 1995.

Hunt, Lynn. *Inventing Human Rights: A History*. Nova York, Norton, 2007.

Isaacs, Susan (org.). *The Cambridge Evacuation Survey: A Wartime Study in Social Welfare and Education*. Londres, Methuen, 1941.

Jackson, Philip, Eric Brunet, Andrew Meltzoff e Jean Decety. "Empathy examined through the neural mechanisms involved in imagining how I feel versus how you feel pain", *Neuropsychologia*, vol.44, 2006, p.752-61.

James, Oliver. *Office Politics: How to Thrive in a World of Lying, Backstabbing and Dirty Tricks*. Londres, Vermilion, 2013.

Keen, Suzanne. *Empathy and the Novel*. Oxford, Oxford University Press, 2007.

Kellert, Stephen R. e Edward O. Wilson (orgs.). *The Biophilia Hypothesis*. Washington, Island Press e Shearwater Books, 1993.

Kelly, Andrew. *All Quiet in the Western Front: The Story of a Film*. Londres, I.B. Tauris, 1998.

Keneally, Thomas. *Schindler's List* (título original *Schindler's Ark*). Londres, BCA, 1994. [Ed. bras.: *A lista de Schindler*. Rio de Janeiro, Bestbolso, 2008.]

_____. *Searching for Schindler*. Londres, Sceptre, 2008.

Keysers, Christian. *The Empathic Brain: How the discovery of mirror neurons changes our understanding of human nature*. Christian Keysers, Amazon Kindle, 2011.

King, Martin Luther, Jr. *Why We Can't Wait*. Nova York, Signet Books, 1964.

Klimecki, Olga, Susanne Leiberg, Claus Lamm e Tania Singer. "Functional neuroplasticity and associated changes in positive affect after compassion training", *Cerebral Cortex*, 2012 (acesso antecipado publicado em 1 jun 2012).

Klimecki, Olga, Susanne Leiberg, Matthieu Ricard e Tania Singer. "Differential pattern of functional brain plasticity after compassion and empathy training", *Social Cognitive and Affective Neuroscience*, 2013 (acesso antecipado publicado em 9 mai 2013), doi:10.1093/scan/nst060.

Knott, Sarah. *Sensibility and the American Revolution*. Chape Hill, University of North Carolina Press, 2009.

Kohn, Alfie (1990). *The Brighter Side of Human Nature: Empathy and Altruism in Everyday Life*. Nova York, Basic Books, 1990.

Konrath, Sara, Edward O'Brien e Courtney Hsing. "Changes in dispositional empathy in American college students over time: a meta-analysis", *Personality and Social Psychology Review*, vol.15, n.2, 2011, p.180-98.

Kringelbach, Morten e Helen Phillips. *Emotion: pleasure and pain in the brain*. Oxford, Oxford University Press, 2014.

Kropotkin, Piotr. *Mutual Aid: A Factor of Evolution*. Londres, Freedom Press, 1988.

Krznaric, Roman. *The Worldview of the Oligarchy in Guatemalan Politics*. Tese de doutorado, Universidade de Essex, 2003.

_____. "You Are therefore I am: how empathy education can create social change", Oxfam GB Research Report. Oxford, Oxfam, 2007.

_____. "Empathy with the enemy". *The Pedestrian*, n.1, 2010a, p.117-30.

_____. "Empathy and climate change: proposals for a revolution of human relationships", in Stefan Skimshire (org.), *Future Ethics: Climate Change and Apocalyptic Imagination*. Londres, Continuum, 2010b.

_____. "Five lessons for the climate crisis: what the history of resource scarcity in the United States and Japan can teach us", in Mark Levene, Rob Johnson e Penny Roberts (orgs.), *History at the End of the World? History, Climate, Change and the Possibility of Closure*. Penrith, Humanities E-Books, 2010c.

_____. *The Wonderbox: Curious Histories of How to Live*. Londres, Profile Books, 2011. [Ed. bras.: *Sobre a arte de viver: lições da história para uma vida melhor*. Rio de Janeiro, Zahar, 2013.]

_____. *The Power of Outrospection*, RSA Animate Video. Londres, Royal Society of the Arts, 2012a.

_____. *How to Find Fulfilling Work*. Londres, Macmillan, 2012b. [Ed. bras.: *Como encontrar o trabalho da sua vida*. Rio de Janeiro, Objetiva, 2012.]

_____, Christopher Whalen e Theodore Zeldin (orgs.). *Guide to an Unknown University*. Oxford, The Oxford Muse, 2006.

Lakoff, George. *Don't Think of an Elephant! Know your values and frame the debate*. Melbourne, Scribe Short Books, 2005.

Lanier, Jaron. *You Are Not a Gadget*. Londres, Penguin, 2011.

Layard, Richard. *Happiness: Lessons from a New Science*. Londres, Allen Lane, 2005.

_____. "Happiness and the teaching of values", *CentrePiece*, verão de 2007, p.18-23.

Leiberg, Susanne, Olga Klimecki e Tania Singer. "Short-term compassion training increases prosocial behaviour in a new developed prosocial game", *PloS ONE*, vol.6, n.43, 2011.

Levinas, Emmanuel. *Humanism of the Other*. Urbana, University of Illinois Press, 2006.

Linfield, Susie. *The Cruel Radiance: Photography and Political Violence*. Chicago, Chicago University Press, 2010.

Louv, Richard. *Last Child in the Woods: Saving Our Children from Nature-Deficit-Disorder*. Londres, Atlantic Books, 2005.

Malone, Gareth. *Choir*. Londres, Collins, 2012, e-book.

Mandela, Nelson. *Long Walk to Freedom*. Londres, Abacus, 1995. [Ed. bras.: *Longa caminhada até a liberdade*. Curitiba, Nossa Cultura, 2012.]

Masserman, Jules, Stanley Wechkin e William Terris. "Altruistic behaviour in Rhesus monkeys", *American Journal of Psychiatry*, vol.121, dez 1964, p.584-5.

McDonald, Paul. *Hollywood Stardom*. Chichester, Wiley-Blackwell, 2013.

McMahon, Darrin. *Happiness: A History*. Nova York, Grove Press, 2006.

Mehl, M.R., S. Vazire, S.E. Holleran e C.S. Clark. "Eavesdropping on happiness: well-being is related to having less small talk and more substantive conversations", *Psychological Science*, 21, 2010, p.539-41.

Mendelsohn, Daniel. "September 11 at the movies", *New York Review of Books*, 21 set 2006, p.43-6.

Monroe, Kristen Renwick. *The Hand of Compassion: Portraits of Moral Choice During the Holocaust*. Princeton, Princeton University Press, 2004.

Moore, Patricia. *Disguised*. Waco, World Books, 1985.

Moyn, Samuel. "Empathy in history, empathizing with humanity", *History and Theory*, vol.45, out 2006, p.397-415.

Mukherjee, Rudrangshu (org.). *The Penguin Gandhi Reader*. Nova Délhi, Penguin Books, 1993.

Nagel, Thomas. *Mortal Questions*. Cambridge, Cambridge University Press, 1991.

Neff, Kristin. "Self-compassion: an alternative conceptualization of a healthy attitude towards oneself", *Self and Identity*, vol.2, 2003, p.85-101.

Niezink, Lidewijn e Edwin Rutsch. "Empathy circles: an instrument to practice empathy". www.lidewijniezink.com/projects.

Nowak, Martin com Roger Righfield. *Supercooperators: Evolution, Altruism and Human Behaviour or Why We Need Each Other to Succeed*. Edimburgo, Canongate, 2011.

Nussbaum, Martha. *Poetic Justice: The Literary Imagination and Public Life*. Boston, Beacon Press, 1995.

Oatley, Keith. "In the mind of others", *Scientific American Mind*, nov/dez 2011, p.63-7.

Referências bibliográficas

Obama, Barack. *The Audacity of Hope: Thoughts on Reclaiming the American Dream.* Edimburgo, Canongate, 2001.

Oliner, Samuel P. e Pearl M. Oliner. *The Altruistic Personality: Rescuers of Jews in Nazi Europe.* Nova York, Free Press, 1992.

Olson, Gary. "Empathy and neuropolitics: this is your brain on neoliberal culture. Any questions?", Department of Political Science, Moravian College, Bethlehem, Pensilvânia, 2010.

_____. *Empathy Imperiled: Capitalism, Culture and the Brain.* Nova York, Springer, 2013.

Orwell, George (1962). *The Road to Wigan Pier.* Harmondsworth, Penguin, 1962. [Ed. bras.: *O caminho para Wigan Pier.* São Paulo, Companhia das Letras, 2010.]

_____. *Down and Out in Paris and London.* Harmondsworth, Penguin, 1966. [Ed. bras.: *Na pior em Paris e Londres.* São Paulo, Companhia das Letras, 2012.]

Parker, Tony. *Studs Terkel: A Life in Words.* Nova York, Henry Holt, 1996.

Patnaik, Dev. *Wired to Care: How Companies Prosper When They Create Widespread Empathy.* Upper Saddle River, NJ, FT Press, 2009.

Phillips, Adam e Barbara Taylor. *On Kindness.* Londres, Hamish Hamilton, 2009.

Piff, Paul, Daniel Stancato, Stéphane Côté, Rodolfo Mendoza-Denton, Dacher Keltner. "Higher social class predicts unethical behaviour", *Proceedings of the National Academy of Sciences*, 27 fev 2012.

Pilger, John (org.). *Tell Me No Lies: Investigative Journalism and Its Triumphs.* Londres, Jonathan Cape, 2004.

Pinker, Steven. *The Better Angels of our Nature: The Decline of Violence in History and its Causes.* Londres, Allen Lane, 2011.

Prinz, Jesse. "Is empathy necessary for morality?", in Peter Goldie e Amy Coplan (orgs.), *Empathy: Philosophical and Psychological Perspectives.* Oxford, Oxford University Press, 2011.

Reynolds, Henry. *The Other Side of the Frontier: Aboriginal Resistance to the European Invasion of Australia.* Ringwood, Victoria, Penguin, 1995.

Riess, Helen, John M. Kelley, Robert W. Bailey, Emily J. Dunn e Margot Phillips. "Empathy training for resident physicians: a randomized controlled trial of a neuroscience-informed curriculum", *Journal of General Internal Medicine*, 2 mai 2012, doi:10.1007/S11606-012-2063-z.

Rifkin, Jeremy. *The Empathic Civilization: The Race to Global Consciousness in a World in Crisis.* Cambridge, Polity, 2010.

Roots of Empathy. "Roots of Empathy: a summary of research studies conducted 2000-2007", mar 2008, Roots of Empathy, Toronto.

Robenberg, Marshall. *Nonviolent Communication: A Language of Life.* Encinitas, CA, PuddleDancer Press, 2003.

Rousseau, Jean-Jacques. *Émile.* Londres, J.M. Dent & Sons, 1963. [Ed. bras.: *Emílio ou Da educação.* São Paulo, Martins Fontes, 2014.]

Rowson, Jonathan. "The power of curiosity: how linking inquisitiveness to innovation could help to address our energy challenges". Londres, Royal Society of the Arts, 2012.

Said, Edward. *Orientalism*. Londres, Penguin, 2003.

Santos, R.G., M.J. Chartier, J.C. Whalen, D. Chateau e L. Boyd. "Effectiveness of school-based violence prevention for children and youth: cluster randomized controlled field trial of the Roots of Empathy program with replication and three-year follow-up", *Healthcare Quarterly*, vol.14, 2011, p.80-91.

Schlosser, Eric. *Fast Food Nation: What the All-American Meal is Doing to the World*. Londres, Penguin, 2002. [Ed. bras.: *País Fast Food*. Ática, 2001.]

Schonert-Reichl, Kimberly. "Effectiveness of Roots of Empathy Program: Research Summary, 2000-2008", Child and Adolescent Development Laboratory, Faculty of Education, Department of Educational and Counselling Psychology, and Special Education, University of British Columbia, Vancouver, 2008.

Schultz, P. Wesley (2000). "Empathizing with nature: the effects of perspective taking on concern for environmental issues", *Journal of Social Issues*, vol.56, 2000, p.391-406.

Seligman, Martin. *Authentic Happiness: Using the New Positive Psychology to Realize Your Potential for Lasting Fulfillment*. Londres, Nicholas Brealey, 2003.

Sennett, Richard. *Together: The Rituals, Pleasures and Politics of Cooperation*. Londres, Allen Lane, 1999.

Seymour-Jones, Carole. *Beatrice Webb: Woman of Conflict*. Londres, Pandora Press, 1993.

Singer, Peter. *How Are We To Live?: Ethics in an Age of Self-Interest*. Oxford, Oxford University Press, 1997.

Singer, Tania e Claus Lamm. "The social neuroscience of empathy", *The Year in Cognitive Neuroscience 2009*, New York Academy of Sciences, n. 1156, 2009, p.81-96.

Skidmore, Gill. *Elizabeth Fry: A Quaker Life – Selected Letters and Writings*. Oxford, Altamira Press, 2005.

Slote, Michael. *The Ethics of Care and Empathy*. Londres, Routledge, 2007.

Smith, Adam. *The Theory of Moral Sentiments*. Indianapolis, Liberty Classics, 1976. [Ed. bras.: *Teoria dos sentimentos morais*. São Paulo, WMF Martins Fontes, 1999.]

Smith, Zadie. "Generation Why?", *New York Review of Books*, 25 nov 2010.

Solnit, Rebecca. *A Paradise Built in Hell: The extraordinary communities that arise in disaster*. Londres, Penguin, 2010.

Sontag, Susan. *On Photography*. Londres, Penguin, 1979. [Ed. bras.: *Sobre fotografia*. São Paulo, Companhia das Letras, 2004.]

Stanislavski, Constantin. *An Actor Prepares*. Londres, Geoffrey Bles.

"Taking on concern for environmental issues". *Journal of Social Issues*, vol.56, n.3, 1937, p.391-406.

Tannen, Deborah. "Women and men in conversation", in Rebecca S. Wheeler (org.), *The Workings of Language: From Prescriptions to Perspectives*. Wesport, Conn., Praeger, 1999.

Taylor, A.J.P. *English History 1914-1945*. Londres, Readers Union e Oxford University Press, 1967.

Taylor, Matthew. "Twenty-First century enlightenment". Londres, Royal Society of the Arts, 2010.

Referências bibliográficas

Terkel, Studs. *Touch and Go: A Memoir*. Nova York, New Press, 2007.

Titmuss, Richard. *Problems of Social Policy*. Londres, H.M.S.O. e Longmans, Green & Co. 1950.

Trachtenberg, Alan. *Reading American Photographs: Images as History, Matthew Brader to Walker Evans*. Nova York, Hill and Wang, 1989.

Turkle, Sherry. *Alone Together: Why we expect more from technology and less from each other*. Nova York, Basic Books, 2011.

Twenge, Jean e Keith Campbell. *The Narcissism Epidemic: Living in the Age of Entitlement*. Nova York, Atria, 2009.

Wallraff, Günter. *The Undesirable Journalist*. Londres, Pluto Press, 1978.

_____. *Lowest of the Low*. Londres, Methuen, 1988. [Ed. bras.: *Cabeça de turco*. Ed. Globo, 2004.]

Warner, Marina. "Contradictory curiosity", manuscrito inédito, 26 jan 2013.

Webb, Beatrice (1888). "Pages from a work-girl's diary", *The Nineteenth Century*, vol.139, set 1888, p.301-14.

_____. *My Apprenticeship*. Harmondsworth, Penguin Books, 1971.

Wilson, Edward O. *Biophilia: The Human Bond With Other Species*. Cambridge, MA, Harvard University Press, 1984.

Women's Group on Public Welfare. *Our Towns: A Close-Up*. Londres, Oxford University Press, 1944.

Woolman, John. *The Works of John Woolman (in Two Parts)*. Filadélfia, Benjamin & Jacob Johnson, 1800.

Zak, Paul. *The Moral Molecule: The New Science of What Makes Us Good and Evil*. Londres, Bantam Press, 2012.

Zaki, Jamil. "The curious perils of seeing the other side", *Scientific American Mind*, n.23, 2012, p.20-1.

Zeldin, Theodore. *An Intimate History of Humanity*. Londres, Minerva, 1995.

_____. *Conversation*. Londres, Harvill, 1998.

_____. "The new conversation", manuscrito, 2003.

_____ e Roman Krznaric. *Guide to an Unknown City*. Oxford, The Oxford Muse, 2004.

Agradecimentos

Uma das razões que me fizeram deixar a academia mais de uma década atrás foi o desejo de levar adiante meus estudos da empatia, tema que não parecia se encaixar muito bem dentro de nenhuma das fronteiras disciplinares tradicionais e requeria uma exploração que ia muito além do domínio das bibliotecas das universidades. Este livro é a culminação de minha pesquisa e reflexão.

Ao longo dos anos, recebi enorme apoio de uma variedade de pessoas, entre as quais estudiosos, ativistas, amigos e parentes. Entre aqueles a quem eu gostaria especialmente de agradecer estão: Abi Stephenson, Adam Swift, Andrew Park, Anna Krznaric, Bill Drayton, Bill McKibben, Brené Brown, Christian Keysers, Christopher Wakling, Daniel Crewe, Darren James, Edwin Rutsch, Frans de Waal, George Marshall, Hugh Warwick, Jean Knox, Jenny Raworth, Joey Katona, Lina Nahhas, Mary Gordon, Matthew Cherian, Mike Dibb, Patricia Moore, Peter Holmes à Court, Peter Krznaric, Pieter Serneels, Richard Raworth, Ryan Green, Sarah Stuart-Brown, Sue Weaver, Theodore Zeldin e Tushar Vashisht.

Um obrigado muito especial à minha equipe extremamente preparada e competente de leitores interdisciplinares que comentou o manuscrito: Darwin Franks, John-Paul Flintoff, Konstantin Dierks, Lisa Gormley, Morten Kringelbach, Philippa Perry, Quentin Spender, Sarah Knott, Sophie Howarth, Sue Gerhardt e Tom Chatfield. Também tirei enorme proveito das ideias, questões e críticas de pessoas que assistiram às minhas palestras e participaram das oficinas sobre empatia na The School of Life, festivais literários e musicais, clubes de filosofia, agências internacionais de desenvolvimento, escolas, empresas, igrejas e grupos comunitários.

Judith Kendra, na Rider Books, foi uma editora de texto maravilhosa, sábia e solidária. Obrigado também a Alice Latham, Amelia Evans, Catherine Knight, Sue Lascelles, Shona Abhyankar, Alex Cooper, Helen Pisano e outros na equipe da Rider por toda a sua ajuda, bem como à Two Associates pelo desenho da capa original. Minha agente, Maggie Hanbury, foi ótima como sempre e realmente compreendeu como este livro era importante para mim. Henry de Rougemont e Harriet Poland, na Hanbury Agency, também merecem um agradecimento especial por terem trazido este livro à vida.

Agradecimentos 257

Sinto-me afortunado por viver com três pessoas que fizeram tanto para inspirar não apenas meu pensamento sobre empatia, mas minhas tentativas de pôr as ideias sobre as quais escrevo em prática na vida cotidiana: minha companheira, Kate Raworth, e nossos filhos, Siri e Casimir.

O autor e o editor gostariam de agradecer aos que se seguem por darem permissão para incluir material cujos direitos autorais lhes pertencem:

CRÉDITOS DAS IMAGENS: p.11 Fotografias reproduzidas com a gentil permissão de Patricia Moore; p.27 © 2012, Cognitive Media Limited; p.40 "Child's Eye View Exhibition", de Paul Ritter e Jean Ritter, com a gentil permissão de Jean Ritter; p.52 © Elizabeth Best/Alamy; p.60 © Roots of Empathy; p.65 © Hulton-Deutsch Collection/Corbis; p.86 © The Schlesinger Library, Radcliffe Institute, Harvard Universiy; p.107 © ANP Foto; p.111 Museo Che Guevara (Centro de Estudios Che Guevara em Havana, Cuba)/Wikimedia Commons/Public Domain; p.118 Fotografia reproduzida com a gentil permissão de Kate Raworth; p.133 © Steve Kagan/Time & Life Pictures/Getty Images; p.136 Fotografia reproduzida com a gentil permissão de Kate Raworth; p.156 Fotografia reproduzida com a gentil permissão de Brian Moody e The Forgiveness Project; p.165 © Bettmann/Corbis; p.170 Fotografia de Lewis Hine (1908) reproduzida com a gentil permissão da Library of Congress; p.183 © ImpactGames LLC; p.194 © Hulton-Deutsch Collection/Corbis; p.200 © Mary Evans Picture Library; p.213 © Anoek Steketee.

CRÉDITOS DOS TEXTOS: revista *The Atlantic* pelo material de *Signing off*, de Robert Wright (The Atlantic, 2013); Canongate Books pelo material de *The Audacity of Hope: Thoughts on Reclaiming the American Dream*, de Barack Obama (Canongate, 2007); Adam Curtis e a BBC pelo material de "Everyone a changemaker: social entrepreneurship's ultimate goal", de Bill Drayton, em *Innovations* (MIT Press, 2006); Dundurn Press Limited pelo material de *Roots of Empathy: Changing the World, Child by Child*, de Mary Gordon (Thomas Allen Publishers). Copyright © 2005, Mary Gordon; The Forgiveness Project pelo material de The Forgiveness Project; Nikki Gemmell pelo material de "Our better selves", de Nikki Gemmell (*The Australian*, 15 dez 2012); Greater Good Science Center pelo material tal como adaptado a partir de *Our Inner Ape: A Leading Primatologist Explains Why We Are Who We Are*, de Frans de Waal (Riverhead, 2006); *Guardian* pelo material de "Bridging theg", de Daniel Barenboim (*Guardian* on-line); Harper Collins Publishers Ltd., e

258   *O poder da empatia*

Curtis Brown Group Ltd. pelo material de *Choi,* de Gareth Malone. Copyright © 2012, Gareth Malone; Little, Brown Book Group pelo material de *Long Walk to Freedom*, de Nelson Mandela (Abacus, 1995); Monkey & Me Films pelo material de *Love, Hate and Everything in Between*, de Alex Gabbay (Monkey & Me Films, 2012); Kristin Neff pelo material de "Self-compassion: an alternative conceptualization of a healthy attitude towards oneself", por Kristin Neff em *Self and Identity*; www. oxfordmuse.com (Conversation, Dining and Dancing) pelo material de "The new conversation", de Theodore Zeldin; Norton pelo material de *Inventing Human Rights: A History*, de Lynn Hunt (Norton, 2007); Oxford University Press pelo material de *How Are We to Life? Ethics in an Age of Self-Interest,* de Peter Singer; Penguin Books Ltd. pelo material de *The Better Angels of Our Nature*, de Steve Pinker (Allen Lane, 2011). Copyright © 2011, Steven Pinker; Polity Press e Jeremy P. Tarcher, uma impressão de Penguin Group (EUA); LLC pelo material de *The Empathic Civilization: The Race to Global Consciousness in a World in Crisis,* de Jeremy Rifkin. Copyright © 2009, Jeremy Rifkin; PuddleDancer Press pelo material de *Nonviolent Communication: A Language of Life,* de Dr. Marshall B. Rosenberg (2ª ed., 2003); Radio Times Online pelo material de "Gareth Malone on the choir: sing while you work, military wives and getting competitive", de Claire Webb, 2012; Random House Group Limited pelo material de *Twelve Steps to a Compassionate Life,* de Karen Armstrong (The Bodley Head); Riverhead Books, uma impressão de Penguin Group (EUA); LLC pelo material de *Buddhism Without Beliefs,* de Stephen Batchelor. Copyright © 1997, Stephen Batchelor & The Buddhist Ray, Inc.; Zadie Smith pelo material de "Generation Why?". Copyright © 2010, Zadie Smith. Publicado originalmente em *New York Review of Books* e reproduzido com a permissão do autor a/c Rogers, Coleridge & White Ltd., 20 Powis Mews, Londres W11, 1JN; Souvenir Press pelo material de *Black Like Me*, de John Howard Griffin (Souvenir Press, 2009); Special Broadcasting Service pelo material citado em "'Illegals' and the erosion of empathy", por Helen Davidson. Copyright © 2013, SBS; Stanford University Press pelo material de *Empathic Vision: Affect, Trauma, and Contemporary Art*, de Jill Bennett (Stanford University Press, 2005); The Tanja Howarth Agency pelo material de *Lowest of the Low,* de Günther Wallraff (Methuen, 1998); University of Chicago Press pelo material de *The Cruel Radiance: Photography and Political Violence*, de Susan Linfield (University of Chicago Press, 2010).

Todos os esforços foram feitos para identificar possíveis detentores de direitos. Caso tenha havido alguma violação involuntária, eventuais omissões serão incluídas em futuras edições.

Índice remissivo

11 de setembro, ataques de, 119

aborígenes australianos, povos, 89, 167
Aboujaoude, Elias, 186-7
adoção de perspectiva:
    conceito de empatia, 39-42
    influência sobre a empatia, 57-8
África do Sul, apartheid, 113-4, 174
afro-americanos:
    movimento dos direitos civis, 121, 205-6
    segregação e discriminação, 104-5
Agostinho, santo, 129
Ainsworth, Mary, 44
ajuda humanitária, 204
Ajuda mútua: um fator de evolução (Kropotkin, 1902), 46
Alemanha nazista, 68, 69, 76-80, 104, 122, 166, 230
alfabetização, difusão da, 201
Ambient, aplicativo, 182
American Tobacco Company, 150
amígdala, 54
amor-próprio (*philautia*), 159
anarquismo, 125
Anderson, Jon Lee, 110
Anistia Internacional, 115, 206
antissemitismo, 77, 80, 104; *ver também*
    Holocausto; judeus, perseguição aos
apartheid na África do Sul, 113-4, 174
aplicativo para a empatia, busca de, 180-90
aprendizagem experiencial, 98-126
    cooperação social, 119-25
    exploração (viagens empáticas), 110-9
    imersão direta, 98-110
    importância para o desenvolvimento
      da empatia, 98-9, 125-6
    método Stanislavski, 98-9
aquecimento global, desafio para a empatia, 212-7
Arendt, Hannah, 69
Aristóteles, 159, 162, 192
Armstrong, Karen, 81-2, 163

arte e empatia, 160-1
    cinema, 163-8
    conversas sobre empatia, 226
    imagens empáticas, 168-74
    teatro, 161-3
Ashoka, organização, 109, 147, 230
asilo, solicitantes de, 68
aspecto empático da natureza humana,
    reconhecimento do, 37-45
Asperger, síndrome de, 16
ativismo empático, quacres, 202-4
Atwater, Ann, 121
"autoempatia", 158-9
autogooglagem, 187
autoridade, barreira à empatia, 69-71, 76
Avatar (filme, 2009), 167-8
aventuras experienciais, 15
    conversas sobre empatia, 226
Ayres, Lew, 166

Baldwin, James, 206
Banquete do Clima, proposta do, 217
Barenboim, Daniel, 121-2
Barnes, Julian, 160
Baron-Cohen, Simon, 16, 42, 53-4
Batchelor, Stephen, 92
Batson, C. Daniel, 57-8
Bauby, Jean-Dominique, 228
Beecher Stowe, Harriet, 85-7, 96, 224
Beheri, Annapurna, 214
Bennett, Jill, 169
Bernays, Edward, 150-1
Berry, Jo, 155-7
Berthoud, Ella, 179
Biafra, fome de, 172, 207
Biblioteca da Empatia, 179-80, 191, 227-30
    ficção, 229
    filmes, 229-30
    livros de não ficção, 228
    website para, 227
    websites, 230
Biblioteca Humana, movimento da, 134

biblioterapia, 179
bioempatia, 217-22
biofilia em humanos, 220-1
biologia evolucionista, evolução da empatia e da cooperação, 13
Black Like Me (Griffin), 105, 228
Blink: a decisão num piscar de olhos (Gladwell), 67
Bloom, Paul, 207-8
bonobos, 47, 218
Booth, Charles, 101
Borg, James, 149
Bowlby, John, 43-5, 47
Brasil, garimpeiros, 174
Brown, Brené, 144-8
Brown, Christy, 98, 99
Buber, Martin, 80-1, 110, 206
budismo, 87, 92
Building Bridges for Peace, 157
bullying, 59, 61, 210
    cyberbullying, 187
Bush, Administração, 173

cabana do Pai Tomás, A (Beecher Stowe, 1852), 85-7, 177
Cain, Susan, 134
Cameron, James, 167
capacidades empáticas, potencial para expandir, 14-7, 56-63
capitalismo, 49
"Cardápio de conversas", 135-7
carnê dourado, O (Lessing, 1962), 177
Carnegie, Dale, 128
Cartas de Iwo Jima (filme, 2006), 163, 230
Castro, Fidel, 110
Center for Building a Culture of Empathy, 230
cérebro *ver* cérebro empático
cérebro empático:
    acionamento do, 29, 31-63
    capacidade humana para a empatia, 32-6
    circuito da empatia, 54-6
    conversas sobre a empatia, 226
    evidências da neurociência, 50-6
    expansão de capacidades empáticas, 56-63
    papel da amígdala, 54
    plasticidade neural do cérebro, 56
    reestruturar nossa mente, 61-3
    significação dos neurônios-espelho, 51-4, 55

Chamberlain, Neville, 196
Chatroulette (website de conversas), 181-2
Cherian, Matthew, 108
Children in a Changing Climate, 216
chimpanzés, 46-7, 218
Choir, The (série de televisão da BBC), 122
ciganos, perseguição dos, 68, 80, 207
cinema, impacto empático, 163-8
Circuito Humano da Empatia Mediada pela Oxitocina (Home, na sigla em inglês), 55
Círculo de Pais, iniciativas (Israel e Palestina), 210-1, 230
Clube de Cinema de Empatia, 168
Cohen, Stanley, 75
colapso empático, consequências do, 19
colapso empático maciço, 193, 199
colonialismo, 67-8
compaixão, diferença de empatia, 41-2
"Comunicação não violenta", 138-41
confucianismo, 73, 87, 92
Congresso Nacional Africano (CNA), 114
conquista da honra, A (filme, 2006), 163, 230
consciência empática global, 218-22
Conselho Australiano de Refugiados, 68
conversa corajosa, 155-7
conversação, 127-59
    barreiras à conversação empática, 137-8
    como uma arte, 128-9
    conversas sobre empatia, 226
    criativa e substancial, 153-5
    curiosidade por estranhos, 129-37
    e empatia, 127-8
    e empatia consigo mesmo, 157-9
    escassez de conversa de qualidade, 127-8
    escuta radical, 137-43
    necessidade de simples coragem, 155-7
    prática da arte da, 15
    preocupação com o outro, 148-53
    qualidades de pessoas extremamente empáticas, 127-8
    remoção da máscara emocional, 143-8
"Conversas às refeições", 135-7, 216
conversas criativas e substanciais, 153-5
Conversas sobre a empatia, 225-7
Cook, Thomas, 116
cooperação:
    e aprendizagem experiencial, 119-25
    em espécies animais, 46-50
cooperação social, aprendizagem experiencial, 119-25

Índice remissivo

corais, desenvolvimento experiencial da
empatia, 122-5
Covey, Stephen, 20, 138
crianças:
    o ensino da empatia a, 59-61
    evacuação em tempo de guerra, 194-8
    expressão da curiosidade, 130
Crick, Francis, 153
crise climática, desafio para a empatia, 212-7
cristianismo, 88, 92-3, 224
    pinturas da crucifixão, 168-9
Cruzadas, 19
cultura da terapia, 23-5
cultura on-line, cultura empática, 180-90
curiosidade por estranhos, 129-37
Curtis, Adam, 150
cyberbullying, 187

Da Vinci, Leonardo, 100
Darwin, Charles, 32, 35, 36, 37-8, 63, 198
darwinismo social, 101
Dawkins, Richard, 35
Day-Lewis, Daniel, 98-9
de Waal, Frans, 46-50, 228
"década do eu" dos anos 1970, 25-6, 189
deficiência:
    discriminação, 207
    experimentos empáticos de Patricia
        Moore, 10-3
    projeto inclusivo, 12
déficit de empatia:
    aumento no narcisismo, 18
    efeitos sobre a sociedade e indivíduos,
        19-22
    evidências de, 18-9
    tema da campanha de Obama, 17-8
delicado equilíbrio, Um (Mistry, 1995), 179, 229
Dentes brancos (Smith), 177, 229
desastres, reação humana a, 119-21
descendência do homem, A (Darwin, 1871), 38
desenvolvimento emocional, influência de
relacionamentos na infância, 42-5
desenvolvimento infantil:
    consequências da privação emocional,
        43-5
    importância da afeição humana, 43-5
design inclusivo, 12
design universal, 12
destruição ambiental, 218

Dewey, John, 100
Dialogue in the Dark, 109-10
Diamond, Jared, 130
Dickens, Charles, 176
Dionísio, festival de, 162-3
direitos animais, 193
direitos da vida vegetal, 193
direitos humanos, 193
    expansão após a Segunda Guerra
        Mundial, 205-9
distância, efeito sobre empatia, 72-4, 76
distância social, efeito sobre a empatia, 73-4
distância temporal, efeito sobre a empatia, 74
Dolci, Danilo, 130
Donne, John, 22
dopamina, 55
Drayton, Bill, 147
Dworkin, Ronald W., 24
Dylan, Bob, 215

Eastwood, Clint, 163-4, 230
economia, ideologia do livre-comércio, 34-5, 49
ecstasy, 85
ego empático, descoberta do, 13-7
egoísmo:
    ideologia do livre-comércio, 34-5
    natureza humana definida pelo, 33-6
    uso da empatia para manipular pessoas, 41
"egossurfe", 187
Ehrenreich, Barbara, 107
Eichmann, Adolf, 69
e-identidade, 186-8, 189
Einfühlung (raiz da palavra empatia), 38
ekstasi, 163, 164, 190-1
ekstasis dionisíaco, 163, 164
Elderkin, Susan, 179
Eliot, George (Mary Anne Evans), 175-6, 229
Ellis, Clairbone Paul, 121
Empathy Cafe Magazine, 230
empatia:
    através do espaço, 214-7
    com você mesmo, 157-9
    como adoção de perspectiva, 39-42
    como resposta emocional compartilhada,
        39, 40-2
    como um meio de manipular pessoas, 41
    desafios associados à, 28
    diferença de compaixão, 41-2
    diferença de piedade, 10, 41

e a Regra de Ouro, 10, 53
e natureza humana, 13-7
e qualidade de vidas individuais, 19-22
influência de relacionamentos na
infância, 42-5
origem da palavra, 38-9
perspectiva alternativa sobre como
viver, 224-5
significado atual, 39-43
significados de, 10, 38-43
significados iniciais, 38-9
tipos de, 39-43
empatia, barreiras à, 64-76
autoridade, 69-71, 76
distância, 72-4, 76
negação, 74-6
preconceito, 65-9, 76
relação Eu-Isso, 80-1, 206
empatia afetiva, 39, 40-3
empatia animal, 219
empatia cognitiva, 39-42
empatia coletiva, 192-223
condições para a criação de empatia de
massa, 207-8
conversas sobre empatia, 226
desafio da crise climática, 212-7
direitos humanos, expansão após
Segunda Guerra Mundial, 205-9
efeitos transformadores, 222-3
empatia interespécies, 217-22
encontros de estranhos na história, 193-8
era da neurociência, 209-17
evacuação de crianças em tempo de
guerra, 194-8
humanitarismo no século XVIII, 198-204
legado para gerações futuras, 214-7
perspectivas para a bioempatia, 217-22
primeira onda (século XVIII), 198-204
relevância na atualidade, 192-3
segunda onda (pós-Segunda Guerra
Mundial), 205-9
seres humanos como animais sociais,
192-3
terceira onda (desde os anos 1990), 209-17,
222-3
empatia com o inimigo, 90-5
empatia de poltrona, 160-91
cinema, 163-8
conversas sobre empatia, 227

cultura on-line, 180-90
ekstasis, 190-1
imagens empáticas, 168-74
teatro, 161-3
empatia interespécies, 217-22
empresa:
demonstração de vulnerabilidade, 145-8
falta de empatia no local de trabalho, 145-8
*Enterrem as correntes: profetas e rebeldes na luta
pela libertação dos escravos* (Hochschild,
2006), 228
e-personalidades, 161, 186-7, 189
Era Axial (800-300 a.C.), 87
*era da empatia, A: lições da natureza para uma
sociedade mais gentil* (De Waal, 2009), 228
era da estupidez, A (filme, 2009), 216
Era da Introspecção, 22-8, 193
Era da Outrospecção, 22-8, 193
Erhard Seminars Training (EST), 25
escafandro e a borboleta, O (Bauby, 1997), 167, 228
escravidão, 199-200
abolicionistas, 202-3
escuta radical, 15, 137-43
esgotamento, superexcitação empática, 142
espécies animais, evidência de cooperação
e empatia, 46-50
espectro do autismo, distúrbios do, 16
Ésquilo, 161-2
Estado previdenciário, fundação, 197
estereotipagem, 65-8, 104
estrada, A (McCarthy, 2006), 179
estranhos, curiosidade por, 129-37
estruturas mentais, reestruturação de sua
mente, 61-3
evacuação de crianças em tempo de guerra,
194-8
Evans, Mary Anne *ver* Eliot, George
Evans, Walker, 171
experiências compartilhadas, criação de
laços empáticos, 84-9
experiências em comum, criação de laços
empáticos, 84-9
exploração, aprendizagem experiencial, 110-9

fábricas com péssimas condições de trabalho,
101-2
trabalho infantil, 169-71
Facebook, 18, 184-8
fadiga da compaixão, conceito, 75

Índice remissivo

fadiga da empatia, conceito, 75
Finlândia, 130, 210
Flickr, 188
florescimento empático, exemplos históricos, 19
Fossey, Dian, 47, 218
fotografia, poder de imagens empáticas, 168-74
Fox, George, 202
França, Declaração dos Direitos Humanos (1789), 202
Francisco de Assis, são, 100
Freedman, Russell, 171
Freud, Sigmund, 13, 23-4, 35-6, 44, 63, 150
Fry, Elizabeth, 203-4
futuro da empatia, 224-35
    Conversas sobre empatia, 225-7
    Biblioteca da Empatia, 227-30
    Museu da Empatia, 231-5
    geração de uma mudança cultural, 224-5
    perspectiva alternativa sobre como viver, 224-5

Gabbay, Alex, 230
Gaia, 193
Galbraith, John Kenneth, 35
Galinsky, Adam, 57
Gandhi (filme, 1982), 229
Gandhi, Mahatma, 21, 90-1, 94, 96, 114
Gemmell, Nikki, 66
gênero e capacidade empática, 42-3
gerações futuras, empatia através do tempo, 214-7
Gerhardt, Sue, 44
Gladwell, Malcolm, 67
Goebbels, Joseph, 166
Goethe, Johann Wolfgang von, 224
Goldblatt, David, 174
Google, 187
Gordon, Mary, 60-1, 230
gorilas, 47, 218
Granado, Alberto, 110-1
Grand Theft Auto: Vice City (videogame), 182, 190
Grécia Antiga, 135, 161-3, 224
Griffin, John Howard, 103-5, 206, 228
Grünewald, Matthias, 168
Grupos de Encontro, 25
Guatemala:
    golpe militar apoiado pela CIA (1954), 113
    oligarguia, 93-5
    vidas do povo maia, 28-9, 93-4, 117

Guerra Civil Espanhola, 113
Guerra Civil Inglesa, 34
Guerra do Vietnã, 171, 207
Guerra dos Bôeres, 90
Guevara, Ernesto "Che", 110-3, 115-6

hábitos de pessoas extremamente empáticas, 13-7
    Hábito 1, 31-63, 226
    Hábito 2, 64-97, 226
    Hábito 3, 98-126, 226
    Hábito 4, 127-59, 226
    Hábito 5, 160-91, 226
    Hábito 6, 192-223, 227
Haldane, J.B.S., 74
Hanh, Trich Nhat, 92
Hard Rain Project, exposição, 215
Hayek, Friedrich von, 35
Heinecke, Andreas, 109-10
hinduísmo, 88, 91-2
Hine, Lewis, 169-71, 174
Hiroshima, bomba atômica (agosto de 1945), 73
Hitler, Adolf, 166
Hobbes, Thomas, 13, 34, 35, 36-7, 50, 63
Hochschild, Adam, 203, 228
Holocausto, 19, 69, 193, 199, 230
    Oskar Schindler, 76-81
    ver também antissemitismo; judeus, perseguição dos
Homem-elefante, O (filme, 1980), 167
Homo autocentricus, 32, 36, 62, 189, 192
Homo empathicus, 13-5, 22, 32, 62, 89, 161, 167, 176, 192
    descoberta do, 36, 37-45
    evidências da neurociência, 50-6
    evidências na natureza humana, 46-50
Homo socioempathicus, 193, 206
Honigsbaum, Mark, 73
Hopkins, Thurston, 66
humanitarismo:
    organizações, 206
    século XVIII, 198-204
humanização do "Outro", 76-84
Humboldt, Alexander von, 129
Hume, David, 37
Hunt, Lynn, 201

Idade da Razão, 208
ideologia do livre-comércio, 34-5, 49

Igreja católica, 18
Iluminismo, ideologia do, 129, 199
imagens, poder empático das, 168-74
imagens empáticas, poder político de, 168-74
imersão, aprendizagem experiencial, 98-110
imersão direta, aprendizagem experiencial, 98-110
imigrantes turcos na Alemanha, 105-8
Índia, vítimas de inundações, 214, 215
indígenas americanos, 21, 202-3
inimigos, empatia com, 90-5
instituições filantrópicas, fatores que influenciam apoio às, 207
International Baccalaureate (IB) Primary Years Programme, 210
International Charter for Compassion, 92
internet, possibilidades para a empatia de poltrona, 161
introspecção:
    Era da, 22-8, 193
    equilíbrio com outrospecção, 22-8
ioga, círculos de, 25
islã, 92, 125
israelenses, construção da paz com palestinos, 210-1, 230
Iugoslávia, atrocidades nos anos 1990, 199

James, Oliver, 146
jogos de personagem, 82
Jornada nas estrelas, fusão mental vulcana, 32
Judaísmo, 87, 92
judeus, perseguição dos, 68, 104, 207; *ver também* antissemitismo; Holocausto
Julgamentos de Nuremberg, 61

Katrina, furacão, 119
Keen, Suzanne, 176-7
Kelly, Andrew, 166
Keneally, Thomas, 77, 79, 230
Keysers, Christian, 51, 53
King, Martin Luther, 105, 205-6
Kingsley, Ben, 229
Kony 2012 (filme, 2012), 189
Kroc, Ray, 151
Kropotkin, Piotr, 46, 48-9, 125
Kruger, Barbara, 26
Ku Klux Klan, 105, 121, 131

Lakoff, George, 62
Lange, Dorothea, 171

Lanier, Jaron, 184
Layard, Richard, 19
Le Guin, Ursula, 179, 229
Lei dos Americanos Portadores de Deficiências (ADA, na sigla em inglês), 12
Leis dos Pobres, 197
Lessing, Doris, 177
Leviatã (Hobbes, 1651), 34
Lincoln, Abraham, 85
Linfield, Susie, 174
Lipps, Theodor, 38
lista de Schindler, A (filme, 1993), 79, 167, 230
lista de Schindler, A (Keneally, 1982), 77, 230
literatura, impacto empático da, 175-80
local de trabalho:
    demonstração de vulnerabilidade no, 145-8
    falta de empatia no, 145-8
London, Jack, 102
London School of Economics, 102
Longa caminhada até a liberdade (Mandela, 1994), 114-5
Love, Hate and Everything in Between (documentário, 2012), 230

Macaca, 50
macacos *Rhesus*, 48, 53
macacos-capuchinhos, 48
Magee, Pat, 155-6, 157
"Mais vasto que impérios e mais lento" (Le Guin, 1971), 229
Mal-estar na civilização (Freud, 1930), 35
Malone, Gareth, 123
Mandela, Nelson, 109, 113-6, 174
Mannheim, Karl, 32
mão esquerda da escuridão, A (Le Guin, 1969), 179
marketing, uso de comunicação empática, 148-53
marketing da empatia, 148-53
Marx, Karl, 198
máscara emocional, retirada, 143-8
Mason, Paul, 188
Masserman, Jules, 48
McCarthy, Cormac, 179
McCullin, Don, 172
McDonald's Corporation, 151
McEwan, Ian, 21
médicos, treinamento para a empatia, 57-9
Médicos sem Fronteiras, 206

Índice remissivo

Meredith, Jenna, 215
Merrick, John, 167
metáfora do gene egoísta (Dawkins), 35
Meu pé esquerdo (filme, 1989), 98
Middlemarch (Eliot, 1874), 177, 229
mídia social:
    impacto empático, 180-90
    possibilidades para a empatia de
      poltrona, 161
Milgram, Stanley, 69-71
minorias étnicas, 207
minorias religiosas, 207
Mistry, Rohinton, 179, 229
Moore, Patricia, 10-2, 13, 20, 125, 152
Moskowitz, Gordon, 57
movimento das mulheres, 177-8, 203-4, 207
movimento dos direitos civis, Estados
    Unidos, 121, 205-6
movimento feminista, 204; *ver também*
    movimento das mulheres
movimento pelos direitos dos gays, 207-8
movimentos de protesto, uso de mídia
    social, 187-9
muçulmanos, discriminação contra, 80
Muhammad Ali, 208
Museu da Empatia, 231-5
    Biblioteca humana, 231-2
    Café da Outrospecção, 234
    Caixa de fantasias, 233
    O caminho da água, 233
    O mundo inteiro é um palco, 232
    Núcleo de relato de histórias, 233
    Qual é o nível de empatia do seu
      cérebro?, 234
    Sapataria da Empatia, 234-5
    Trabalho por trás do rótulo, 232

Na pior em Paris e Londres (Orwell, 1933), 103, 228
Nachtwey, James, 174
Nada de novo no front (filme, 1930), 164-6, 168, 229
Nada de novo no front (Remarque, 1929), 177
Nagel, Thomas, 96
narcisismo, 18, 25, 159
    e-personalidade, 161, 186-7, 189
narcissurfe, 187
natureza humana:
    aspecto egoísta e agressivo, 33-6
    definida pela busca do interesse pessoal,
      33-6

    evidências para *Homo empathicus*, 46-50
    reconhecimento do aspecto empático,
      13-7, 32-45
    retratos negativos da, 33-6
Neff, Kristin, 158-9
negação, barreira à empatia, 74-6
neurociência:
    conjuntos de circuitos da empatia
      cérebro, 13
    era da, 209-17
    evidências para o cérebro empático,
      50-6
neuromarketing, 149
neurônios-espelho, 51-4, 55
New Statesman, 102
Newton, Isaac, 129
Nussbaum, Martha, 176

Oatley, Keith, 176
Obama, Barack, 17-8, 140
Occupy, movimento, 9, 187-8, 223
Oliver Twist (Dickens), 175, 177
Olson, Gary, 149, 151, 167, 173
origem das espécies, A (Darwin, 1859), 35, 37
Orwell, George, 86, 102-3, 113, 228
ouriços, empatia com, 221-2
outras vidas, dar o salto imaginativo, 15, 35,
    64-97
outro, preocupação com, 148-53
Outrospecção:
    e empatia, 23-5
    equilíbrio com introspecção, 22-8
    Era da, 22-8, 193
ouvir empaticamente, 15, 137-43
Oxfam, 108, 206, 215-6
Oxford Muse, The, 135, 216
oxitocina, 55

palestinos, 139-40
    construção da paz com israelenses,
      210-1, 230
PeaceMaker (videogame), 183
Peress, Gilles, 174
Perry, Philippa, 256
persas, Os (Ésquilo), 161-3
perspectivas, descoberta de aspectos com-
    partilhados e diferentes, 84-9
pessoas extremamente empáticas *ver* hábi-
    tos de pessoas extremamente empáticas

266   *O poder da empatia*

philautia (amor-próprio), 159
Philip Morris, 151
Piaget, Jean, 39, 43, 47
piedade, diferença de empatia, 10, 41
Pinker, Steven, 19, 53, 160, 176, 198, 200-1
pinturas, poder de imagens empáticas, 168-74
Plutarco, 129
políticas de assistência à infância, influência
    das evacuações de tempo de guerra, 194-8
população humana global, 218
povo banabano de Fiji, 21
povo maia na Guatemala, 28-9, 93-4, 117
povos das ilhas do Pacífico, 21
preconceito, barreira à empatia, 65-9, 76
Primavera Árabe, 187-8
psicanálise/psicoterapia, 23-5,
psicologia, atenção ao conceito de empatia,
    38-41
psicologia infantil:
    consequências da privação emocional,
      43-5
    empatia em crianças pequenas, 13-4, 39-41
psicopatia, 146

quacres (Sociedade dos Amigos), 202-4, 206
"que se afastam de Omelas, Os" (Le Guin,
    1973), 229
Quero ser John Malkovich (filme, 1999), 190

Ramachandran, Vilayanur, 51
Rand, Ayn, 26
razão e empatia, 207-8
reaganismo, 35
reforma das prisões, 203-4
Regra de Ouro, 10, 53, 87-9, 203
Regra de Platina, 88-9
relação Eu-Isso (Buber), 80-1, 206
relação Eu-Tu, 81, 206
relações humanas, revolução empática das, 9-13
Remarque, Erich Maria, 164, 166, 229
resposta emocional compartilhada, conceito
    de empatia, 39, 40-2
retiros para meditação, 25
revolução da leitura, influência da, 201
Ricard, Matthieu, 59
Rifkin, Jeremy, 180, 188, 198, 205, 218, 230
riqueza das nações, A (Smith, 1776), 34, 37
Rizzolatti, Giacomo, 50-1
Rogers, Carl, 138

Roots of Empathy, programa, 9, 60-1, 210,
    222, 230
Rosenberg, Marshall, 138-9, 140, 147
Rousseau, Jean-Jacques, 100, 201
Ruanda:
    genocídio, 19, 199
    novela de rádio, iniciativa pela paz, 9,
      212-3
Rutsch, Edwin, 230

Said, Edward, 121
salas de conversa, 161
Salgado, Sebastião, 174
salto imaginativo em outras vidas, 35, 64-97
    conversas sobre empatia, 226
Schindler, Oskar, 76-81, 96
School of Life, The, Londres, 136, 146, 179
Segunda Guerra Mundial, expansão dos
    direitos pós-guerra, 205-9
Seligman, Martin, 26
Sennett, Richard, 119, 124
serotonina, 54, 55
Serviço Nacional de Saúde, estabelecimento
    do, 197
Shaw, George Bernard, 10
Singer, Peter, 24-5, 72
Skype, 181
Smith, Adam, 13, 34-5, 36, 37-8, 48, 63
    sobre a empatia, 84
    sobre distância e preocupação moral, 72-3
Smith, Peter, 162
Smith, Wilfred Cantwell, 125
Smith, Zadie, 176, 177, 184-5, 229
Social and Emotional Aspects of Learning
    (Seal), 210
sociedade, implicações da capacidade
    humana para a empatia, 49-50
Sociedade dos Amigos *ver* quacres
Sociedade Fabiana, 102
Sócrates, 27, 153, 189
sol é para todos, O (Lee, 1960), 177
Solnit, Rebecca, 119-20
Sontag, Susan, 75, 172
Spencer, Herbert, 35, 101
Spitz, René, 43-4
Sroufe, Alan, 44-5
Stanislavski, Constantin, 98
Stanislavski, método, 98-9
States of Denial (Cohen), 75

Índice remissivo

Steinbeck, John, 176
Stern, Itzhak, 77, 79-80
superexcitação empática, 142-3

"talismã de Gandhi", 21
Taylor, A.J.P., 194, 197
Taylor, Matthew, 208
teatro, impacto empático, 161-3
tecnologias digitais:
    conversas sobre empatia, 227
    impacto empático, 180-90
    possibilidades de empatia de poltrona, 161
televisão, influência sobre empatia pública, 207
teoria da mente ver empatia cognitiva;
    adoção de perspectiva
"teoria do apego", 44-5
Teoria dos sentimentos morais (Smith, 1759), 37, 84
Terkel, Studs, 130-3, 138, 164
That Dragon, Cancer (videogame), 182
thatcherismo, 35
Titchener, Edward, 38
Titmuss, Richard, 195
Toynbee, Polly, 107
trabalho infantil, 169-71
Trachtenberg, Alan, 171
tragédia grega, 161-3
transportar-se para outras mentes, recursos
    para ajudar, 15
treinamento da compaixão, 58-9
tsunami asiático, 207
Turkle, Sherry, 181-2
Tutu, Desmond, 22
Twitter, 72, 184, 185, 187-8

Ubuntu, filosofia humanista do, 21-2
universalismo, 208
Ut, Nick, 171

Vashisht, Tushar, 108
viagens empáticas, aprendizagem experien-
    cial, 110-9
videogames, 161, 182-3
Vilas, Carlos, 112
vítimas de inundações, 214, 215

Wakling, Christopher, 178, 229
Wallenberg, Raoul, 80
Wallraff, Günther, 105-8
Warwick, Hugh, 221
Watson, Don, 68
Watson, James, 153
Webb, Beatrice, 101-2
Webb, Sidney, 102
West-Eastern Divan Orchestra, 121-3
What I Did (Wakling, 2012), 178, 229
Wieseltier, Natalia, 211
Wilson, Edward O., 220
Winnicott, Donald, 64
Wolfe, Tom, 25
Woolman, John, 202, 204
Wright, Robert, 88

Yfrog, 188
YouTube, 188

Zak, Paul, 55
Zeldin, Theodore, 127, 134, 144, 153, 202
Zuckerberg, Mark, 185

1ª EDIÇÃO [2015] 9 reimpressões

ESTA OBRA FOI COMPOSTA POR MARI TABOADA EM DANTE PRO E
IMPRESSA EM OFSETE PELA GRÁFICA SANTA MARTA SOBRE PAPEL PÓLEN NATURAL
DA SUZANO S.A. PARA A EDITORA SCHWARCZ EM NOVEMBRO DE 2022

A marca FSC® é a garantia de que a madeira utilizada na fabricação do papel deste livro provém de florestas que foram gerenciadas de maneira ambientalmente correta, socialmente justa e economicamente viável, além de outras fontes de origem controlada.